TEMAS DE PSICOLOGIA E ADMINISTRAÇÃO

ÍRIS BARBOSA GOULART (ORGANIZADORA)

TEMAS DE PSICOLOGIA E ADMINISTRAÇÃO

Adelaide Maria Coelho Baêta
Adriane Vieira
Adriano Cordeiro Leite
Candido Vieira Borges
Cássia Helena Pereira Lima
Fernando Coutinho Garcia
Flávia Maria Coelho Baeta
Gilberto Braga Pereira
Hugo Ferreira Braga Tadeu
Íris Barbosa Goulart
Jader dos Reis Sampaio
João Batista Moreira Pinto
José Marcos Carvalho de Mesquita
Kleber Pansanato
Manoel Deusdedit Júnior
Maria Elizabeth Antunes Lima
Talita Ribeiro da Luz
Wanderley Ramalho
Vanessa Andrade Barros

Casa do Psicólogo®

1ª Edição
2006

Editores
Ingo Bernd Güntert e Christiane Gradvohl Colas

Editora Assistente
Aparecida Ferraz da Silva

Produção Gráfica & Editoração Eletrônica
Renata Vieira Nunes

Capa
Renata Vieira Nunes

Revisão
Maria de Fátima Madeira

Dados Internacionais de Catalogação na Publicação (CIP)
(Câmara Brasileira do Livro, SP, Brasil)

Temas de psicologia e administração / Íris Barbosa Goulart (organizadora). — São Paulo: Casa do Psicólogo®, 2006.

Bibliografia.
ISBN 85-7396-512-6

1. Administração – Pesquisa 2. Pesquisa psicológica 3. Psicologia industrial I. Goulart, Íris Barbosa.

06-8446   CDD-158-7

Índices para catálogo sistemático:
1. Psicologia e administração: Psicologia organizacional   158-7

Impresso no Brasil
Printed in Brazil

Reservados todos os direitos de publicação em língua portuguesa à

Casa Psi Livraria, Editora e Gráfica Lt0da.
Rua Santo Antonio, 1010 Jardim México 13253-400 Itatiba/SP Brasil
Tel.: (11) 45246997 Site: www.casadopsicologo.com.br

All Books Casa do Psicólogo®
Rua Simão Álvares, 1020 Vila Madalena 05417-020 São Paulo/SP Brasil
Tel.: (11) 3034.3600 E-mail: casadopsicologo@casadopsicologo.com.br

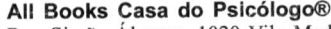

QUEM É A ORGANIZADORA

Íris Barbosa Goulart é psicóloga e pedagoga; tem especialização em Administração Pública pela FGV, Mestrado em Educação pela UFMG e Doutorado em Psicologia pela PUC-São Paulo. Foi professora da Universidade Federal de Minas Gerais de 1969 a 1990, na área de Psicologia da Educação e de 1993 a 2005, na área de Psicologia do Trabalho. Já orientou diversas dissertações de Mestrado, principalmente sobre temáticas ligadas à Psicologia social e do trabalho e à Administração. Atualmente é professora do Curso de Mestrado Profissional da FEAD – Centro de Gestão Empreendedora, em Belo Horizonte. É autora de diversos livros, entre os quais *Psicologia do trabalho e gestão de recursos humanos; estudos contemporâneos*, organizado juntamente com Jader dos Reis Sampaio e publicado em 1998 pela Casa do Psicólogo; e *Psicologia Organizacional e do trabalho: teoria, pesquisa e temas correlatos*, publicado em 2002 também pela Casa do Psicólogo.

Quem são os Autores

Adelaide Maria Coelho Baêta é administradora, Doutora em Engenharia de Produção pela COPPE-UFRJ, Pós-doutora pela Université du Québec e Coordenadora do Mestrado Profissional em Administração das Faculdades Integradas da Fundação Pedro Leopoldo-MG/BRASIL. adelaide@task.com.br; abaeta@teluq.uquebec.ca

Adriane Vieira é psicóloga pela Universidade Federal de Santa Catarina, Mestre em Administração pela UFSC e Doutora em Administração pela UFMG. É professora do curso de Mestrado Profissional em Administração da FEAD. adriane.vieira@fead.br

Adriano Cordeiro Leite é psicólogo pela UFMG, Mestre em Educação Tecnológica pelo CEFET-MG, participa de grupo de pesquisa sobre Processos organizacionais e Inovação, é professor da PUC-Minas e do Curso de Graduação em Psicologia e do Programa de Pós-graduação da FEAD-Minas e da Rede Pitágoras.

Candido Vieira Borges é Doutorando em administração pela HEC-Université du Montreal. Québec. CA. mailto:candido.borges@hec.ca

Cássia Helena Pereira Lima é Bacharel em Comunicação Social, pós-graduada em Marketing e em Gestão de Negócios e Mestre em Administração pela FEAD-Minas, Consultora, Professora do Programa de Pós-graduação da FEAD-Minas e Coordenadora do Curso de Comunicação da Faculdade Pitágoras. cassiah@bhlink.com.br

Fernando Coutinho Garcia é Mestre em Administração pela UFMG, Doutor em Ciências Políticas pela USP e Pós-Doutor em Sociologia do Trabalho pela Universidade de Roma. Ex-Pró-Reitor de Administração da UFMG e Professor do Mestrado em Administração da Faculdade Novos Horizontes. garciafc.bh@terra.com.br

Flávia Maria Coelho Baeta é administradora, Mestre em Administração pelo Mestrado Profissional em Administração da Fundação Pedro Leopoldo. Professora e coordenadora adjunta dos Cursos de Pós-graduação do IBMEC-MG.

Gilberto Braga Pereira é psicólogo, Mestre em Administração pela FEAD-Minas e Professor dos Cursos de Pós-graduação da FEAD-MG, IEC-PUC, e Sócio-diretor da NÚCLEO RH – Consultoria e Desenvolvimento. gilberto@nucleorh.com.br

Hugo Ferreira Braga Tadeu é Bacharel em Administração pelo IBMEC, Mestre em Engenharia Elétrica pela PUC-Minas, Doutorando em Engenharia de Produção na PUC-RJ. Possui experiência em empresas como Comissão de Valores Mobiliários, Petrobras, Energ Power e Ibralog, sendo gestor executivo do Instituto Brasileiro de Empreendedorismo. Leciona em escolas como PUC-Minas, Ibmec e Fabrai.

Jader dos Reis Sampaio é psicólogo e Mestre em Administração pela UFMG, especialista em Psicologia do Trabalho pela UnB e Doutor em Administração pela USP. É professor do Departamento de Psicologia da UFMG, atua em cursos de pós-graduação em Psicologia e Administração e é autor de livros como *Psicologia do trabalho e recursos humanos* e *Qualidade de vida no trabalho e psicologia social*, ambos publicados pela Casa do Psicólogo.

João Batista Moreira Pinto é Mestre em Filosofia pela UFMG e em Instituições Jurídico-Políticas pela UFSC e Doutor em Direito Público pela Université de Paris X; é professor de Epistemologia e

Sociologia Jurídica e coordenador de Pesquisa da Escola Superior Dom Helder Câmara, onde também coordena um grupo de pesquisa sobre "a construção do Direito e da Sociedade em realidades marcadas pela violência".

José Marcos Carvalho de Mesquita é economista, Mestre e Doutor em Administração pela UFMG, professor do Programa de Pós-graduação da FEAD-Minas. jmcmesquita@yahoo.com.br

Kleber Pansanato é estatístico, Especialista em Administração, Pesquisador do Instituto Vox Populi.

Manoel Deusdedit Júnior é psicólogo, Mestre em Ergonomia e professor do Departamento de Psicologia da PUC-Minas.

Maria Elizabeth Antunes Lima é psicóloga, Mestre em Administração pela FACE/UFMG, Doutora em Sociologia pela Universidade Paris IX; é professora do Departamento de Psicologia da UFMG e desenvolve pesquisas na área de Saúde Mental e Trabalho. É autora de livros, entre os quais se destacam *Equívocos da excelência*, publicado pela Editora Vozes e *LER - dimensões ergonômicas e psicossociais*, publicado pela Editora Health, de Belo Horizonte.

Talita Ribeiro da Luz é graduada em Administração Pública e em Sociologia e Política, mestre e doutora em Administração pela UFMG. Ex-Diretora da Faculdade de Ciências Econômicas e professora aposentada da UFMG, atua no Curso de Mestrado em Administração da Faculdade *Novos Horizontes*. É uma das organizadoras do livro *Tempos de Desconstrução: evolução e* transformação nas empresas. tarluz@unihorizontes.br e tarluz3@terra.com.br

Wanderley Ramalho é engenheiro, Mestre em Economia, Doutor em Administração pela UFMG e Pesquisador Adjunto da Fundação IPEAD.

Vanessa Andrade Barros é psicóloga, Mestre em Administração pela FACE-UFMG e Doutora em Sociologia pela Universidade Paris VII. É professora do Departamento de Psicologia da UFMG e coordenadora de Curso de Especialização em Psicologia do Trabalho da mesma Universidade. Desenvolve pesquisas sobre movimentos sociais, trabalho e exclusão social, autora do livro *De la représentation au pouvoir: une étude sur les trajectoires politiques des dirigeants syndicaux au Brésil.*

Sumário

APRESENTAÇÃO

O cotidiano da vida acadêmica tem se tornado cada vez mais agitado, em razão da ampliação da oportunidade de acesso de camadas representativas da população aos cursos superiores, tanto em nível de graduação quanto de pós-graduação. Nos cursos de Especialização e de Mestrado inúmeras monografias, dissertações e projetos técnicos são produzidos e seguem para as prateleiras das bibliotecas universitárias. Alguns eventos nacionais vêm tentando, nos últimos anos, socializar esta produção, mas, ainda assim, poucas pessoas chegam a ter conhecimento da maioria dos trabalhos.

Os autores desta coletânea são professores universitários, que atuam na Universidade Federal de Minas Gerais (UFMG), na FEAD – Centro de Gestão Empreendedora, na Pontifícia Universidade Católica de Minas Gerais (PUC-Minas), na Faculdade de Pedro Leopoldo e na Faculdade Novos Horizontes. A intenção principal desses autores é levar ao conhecimento dos profissionais que atuam na área de Administração e de Psicologia Organizacional e do Trabalho algumas das sínteses teóricas e das pesquisas que vêm realizando em conjunto com seus pares. Outra intenção é tornar acessível aos alunos de cursos de pós-graduação uma bibliografia atualizada sobre temas que compõem o universo de seus estudos.

A coletânea está organizada do seguinte modo: na primeira parte, apresentamos alguns temas teóricos, organizados a partir da interpretação da literatura mais recente. São temas de Administração em interface com a Psicologia e também com a Sociologia e a Educação. O primeiro texto discute o significado do trabalho, analisando a evolução do termo e relacionando o trabalho com a subjetividade humana. Já o segundo texto trata a questão da competência no mundo do trabalho, buscando sua origem no desenvolvimento da tecnologia e discutindo a relação entre competência e qualificação. O terceiro aborda a questão do imaginário brasileiro sobre liderança, buscando compreender as últimas gerações de líderes presentes nas organizações brasileiras. O capítulo seguinte, intitulado "Gestão estratégica de pessoas e equipes: como mensurar desempenho", analisa o *balanced scorecard*.

Na segunda parte, são apresentados métodos de pesquisa utilizados em Psicologia e em Administração. Inicia-se com um texto sobre análise de conteúdo, enfatizando a abordagem de Lawrence Bardin. O segundo texto desta parte do livro trata do conceito, da origem e do uso das técnicas de construção do perfil profissiográfico nos Estados Unidos da América do Norte e no Brasil. Já o terceiro artigo, de autoria de três doutores em Administração, aborda a análise de conglomerados.

Na terceira parte, são apresentadas algumas pesquisas relacionadas à administração: a primeira delas analisa o empreendedorismo nas incubadoras de empresas. Duas pesquisas analisam a questão da competência nas organizações: uma delas analisa os conceitos de qualificação e de competência e a outra aborda conhecimento e competência numa indústria automobilística. Duas outras pesquisas são voltadas para uma visão crítica do trabalho nas organizações: a pesquisa feita por Elizabeth Antunes sobre saúde mental no trabalho e a pesquisa conduzida por Vanessa Andrade Barros sobre trabalho e criminalidade.

PARTE I

ABORDAGENS TEÓRICAS

EM

PSICOLOGIA E ADMINISTRAÇÃO

Capítulo 1
DO SACRIFÍCIO AO SACRO OFÍCIO: UM MODELO PARA A COMPREENSÃO DO SIGNIFICADO DO TRABALHO

Cássia Helena Pereira Lima
Adriane Vieira

Resumo

Este artigo procura identificar e entender o significado do trabalho, avaliando sua influência na conduta pessoal e profissional dos indivíduos. Para tal, pesquisou-se a origem, conceito e história do trabalho, o cenário atual com um novo tipo de trabalho e de trabalhador, subjetividade, sofrimento e prazer no trabalho. Realizou-se uma pesquisa com abordagem qualitativa e os dados coletados foram avaliados através da análise de conteúdo, considerando-se aspectos explícitos e implícitos do discurso. Propôs-se, então, um modelo que desmembra esse significado, avaliando-o sob diferentes e imbricados aspectos: a centralidade do trabalho na vida do sujeito, a integração do sujeito com o trabalho, a interferência mútua das diversas esferas da vida e, principalmente, a relação entre as duas dimensões sugeridas para o trabalho: a da materialidade e a do valor. Essa interpretação propicia localizar o trabalho entre a obrigação e a opção e percebê-lo como sacrifício ou sacro ofício.

1. Introdução

Em uma economia mundial em convulsão, com sistemas socioeconômicos buscando alternativas para minimizar desequilíbrios causados pela polarização de riqueza e de empregos, o trabalho e seu significado têm de ser constantemente rediscutidos. O homem globalizado angustia-se com as diversas facetas do trabalho, a ausência deste representa frustração, e a ociosidade torna-se apenas uma constante busca de um movimento que lhe faz falta mortal. O papel do trabalho na vida do indivíduo e na sociedade é um dos aspectos sobre os quais a sociedade moderna está mais confusa. A dúvida, inclusive sobre o significado, decorre da série de mudanças aceleradas e às vezes radicais que vem ocorrendo na sociedade moderna, também chamada de pós-industrial e informacional.

Afetando diretamente o trabalhador, no cenário político-socioeconômico contemporâneo, encontra-se uma miscelânea de fatores, tais como, automação progressiva, concentração de renda, exclusão social, criminalidade, colapso da família, falência do Estado e ineficiência de políticas governamentais, implementação de modismos administrativos visando ao aumento de produtividade e da redução de custos, entre outros. Esse conjunto tem conseqüências diretas sobre a realidade do indivíduo e do profissional uma vez que há um aumento considerável da jornada de trabalho, da pressão, da cobrança, do estresse e da ameaça de desemprego. E quem irá comprar tudo aquilo que está sendo incessantemente produzido, se, cada vez mais, menos pessoas trabalham e a maioria que trabalha tem cada vez menos poder de compra? Tudo é feito pelo homem e para o homem... Destarte, tanto o fazer quanto o ser têm de ter um sentido.

A mudança de postura e o conflito interno do indivíduo quanto à dicotomia vida pessoal *versus* vida profissional já ficavam latentes na afirmação de Marx[1], citado por Fonseca (1993, p. 177): "o trabalhador assalariado 'apenas se sente ele próprio quando não está trabalhando; quando está trabalhando, ele não se sente ele próprio'". Nas organizações dos indivíduos aos quais Marx se referiu, a força e a coerção eram as estratégias mais utilizadas para obtenção da produtividade então requerida do trabalhador. Contemporaneamente, entretanto, "o código de punições do fiscal substituiu o antigo feitor de escravos" (GORZ, 2001, p. 33), e o processo de envolvimento e mobilização também é exercido de maneira mais sutil e sofisticada:

---

1. MARX, K. *Early writings*. Tradução de R. Livingstone e G. Benton. Londres: [s.n.], 1975.

através do conhecimento do indivíduo (FOUCAULT, 2004) e da mobilização da subjetividade, com uma modalidade de alienação específica que resulta não da dissociação do indivíduo em relação ao trabalho, mas da busca de sua integração com a organização e dentro dela e com o próprio sistema capitalista. O indivíduo, então, vai além do sentir-se integralmente ele mesmo e chega a personificar e a se sentir a própria organização, introjetando os valores, os objetivos e a disciplina dela como seus. Nesse ínterim, surge também um número significativo de pessoas que trabalham por prazer e estão profundamente envolvidas em suas tarefas, seja diretamente ligadas a uma organização ou de forma independente, como autônomos.

A partir dessa consideração inicial surgiu o problema da pesquisa: qual o significado do trabalho para indivíduos com diferentes características e quais os reflexos desse significado nos aspectos profissional e social de suas vidas?

Entende-se que identificar e compreender o significado desse trabalho poderia representar um redirecionamento de atitudes e postura, relativizando o sofrimento do indivíduo através do entendimento da lógica social e do papel de diversos atores e elementos da sociedade. Pois, modificando-se cada parte, o conjunto também é alterado. Portanto, como objetivo geral, pretendeu-se conhecer o significado do trabalho para diferentes indivíduos e os reflexos desse significado em sua vida profissional e social. Também objetivou-se, especificamente, propor um modelo de avaliação e compreensão do significado do trabalho.

E por que estudar o trabalho? Por tudo que ele representa e possui, conforme enunciam Kilimnik e Moraes (2000): (a) importância histórico-filosófica (com ele o homem modifica a natureza e a si próprio); (b) significância científica; (c) relevância econômica incontestável (além de ser para o homem o principal meio de obter recursos materiais e financeiros para sustento e desenvolvimento próprio, as organizações dependem cada vez mais do trabalho humano, a despeito de todo o desenvolvimento tecnológico); e (d) importância sociológica (o trabalho é uma das mais importantes instituições sociais, sustentando a sociedade em diversos aspectos e sendo influenciado por ela).

Diante desse valor incontestável, poder-se-ia perguntar: por que, então, estudar o significado do trabalho? Porque seu significado também (a) tem significância histórico-filosófica que o coloca como relevante e central na história do homem; (b) tem significância individual (comprovada pela quantidade de tempo que o indivíduo despende preocupando-se com o trabalho ou com a falta dele); (c) afeta instituições e sociedades; (d) implica tendências sociais que afetam a forma de as pessoas verem o trabalho; e (e) desperta interesse para o desenvolvimento de pesquisa comparativa em nível mundial (MOW, 2003). O perigo de não se prestar atenção no significado do trabalho está na possibilidade de as organizações fragmentarem essa atividade até torná-la sem significado, perdendo, elas mesmas, sua própria fonte de vitalidade (SOARES, 1992).

2. Desenvolvimento

Buscando-se coerência com os objetivos apresentados, optou-se pelas abordagens psicológicas e sociológicas e do trabalho priorizando-se a percepção da relação homem-trabalho por parte do indivíduo e seus reflexos. A revisão teórica foi estruturada em dois constructos básicos – trabalho (definição, origem, história, momento atual e influências da escolaridade, dos diferentes tipos de vínculos empregatícios ou da ausência destes) e subjetividade – que culminaram, então, na análise do significado do trabalho a partir da teoria e dos resultados encontrados na pesquisa realizada.

2.1. ENTENDENDO O QUE É TRABALHO

Aquele que é mestre na arte de viver faz pouca distinção entre seu trabalho e o seu tempo livre, entre a sua mente e o seu corpo, entre a sua educação e a sua recreação, entre o seu amor e a sua religião. Distingue uma coisa da outra com dificuldade. Almeja, simplesmente, a excelência em qualquer coisa que faça, deixando aos demais a tarefa de decidir se está trabalhando ou se divertindo.

Ele acredita que está sempre fazendo as duas coisas ao mesmo tempo (DE MASI, 2000, p. 148).

"O trabalho é para o homem com socialização ocidental a coisa mais natural do mundo; tão natural que, de um modo geral, ele não desperdiça um pensamento a *reflectir* sobre o que seja realmente trabalho" (TRENKLE, 1998, p. 1). Aliás, segundo Arendt (2003, p. 13), ele está desacostumado a pensar, já que "a mais alta e talvez a mais pura atividade de que os homens são capazes – a atividade de pensar – não se inclui nas atuais considerações". Assim, alguns simplesmente executam mecanicamente o que lhes cabe por decisão de outrem, tornando mais raro ainda o pensar sobre si e sobre esse aspecto tão relevante na sociedade atual. Então, o que é trabalho?

Os vocábulos trabalhar (português), *travailler* (francês) e *trabajar* (espanhol) têm a mesma origem do latim vulgar *tripaliare*, que por sua vez é derivado de *tripalium* – um instrumento de tortura e castigo para escravos e outros não livres, formado de três hastes ou paus (*tres & palus*). "Tripaliar" queria dizer torturar com o *tripalium* (CUNHA, 1996, p. 779). Também existem registros sobre *tripalium* como instrumento feito de três paus aguçados, às vezes com pontas de ferro, com o qual os agricultores batiam o trigo e o milho para rasgá-los e esfiapá-los – o que não deixa de ter uma conotação destrutiva. *Laborare*, também do latim, significava balançar o corpo sob uma carga pesada e em geral era usado para designar o sofrimento e o mau trato do escravo. Respectivamente em inglês e em alemão, *work* e *werke* estão ligados à atividade criativa, enquanto *labour* e *arbeit* têm conotação de esforço e cansaço (ALBORNOZ, 2002). A diferença etimológica já indica diferentes conotações para essa atividade. Por sua vez, Sennett (2003, p. 9) explica a palavra *job* (serviço ou emprego), que em inglês do século XIV significava "um bloco ou parte de alguma coisa que se podia transportar numa carroça de um lado para o outro". Ele argumenta que esse mesmo sentido é trazido de volta atualmente pela flexibilidade do trabalho, na medida em que as pessoas "fazem blocos, partes de trabalho, no curso de uma vida", como será visto adiante. Cons-

tata-se que ao conteúdo semântico inicial de sofrer agregou-se
também o de esforçar-se, laborar, obrar.

O trabalho vem sendo objeto de discussão desde a Antiguidade.
Aristóteles (384-322 a.c.) já distinguia dois componentes no trabalho: o pensar, que lhe confere finalidade e concebe os meios para sua
realização, e o produzir, que realiza a concreção do fim pretendido.
Essa secção foi complementada no século XX (ANTUNES, 2003),
quando se fez uma separação analítica do pensar em dois atos – a
posição do fim e a concepção dos meios –, que serviu de base para
a análise de Lukács. Este considera que é através do trabalho que o
ser, numa posição teleológica, adquire uma nova objetividade. É através dele que se tem um processo que altera a natureza e
autotransforma o próprio ser que o executa.

Neste ponto, faz-se necessária a diferenciação, proposta por
Arendt (2003, p. 15), entre labor, trabalho e ação: (a) Labor – atividade associada ao processo biológico do corpo humano, tendo a ver
com as necessidades vitais produzidas que são introduzidas pelo labor no processo da vida, ou seja, "a condição humana do labor é a
própria vida"; (b) Trabalho – atividade que corresponde ao
artificialismo da existência humana, que não está necessariamente
contida no eterno ciclo vital da espécie, produzindo um mundo artifi-
cial de coisas, diferente de qualquer ambiente natural, ou seja, "a
condição humana do trabalho é a mundanidade"; (c) Ação – é a
atividade direta entre os homens, sem a mediação da matéria,
correspondendo "à condição humana da pluralidade, ao fato de que
homens, e não o Homem, vivem na Terra e habitam o mundo". Ainda segundo a autora, "a ação e o discurso são os modos pelos quais
os seres humanos se manifestam uns aos outros, não como meros
objetos físicos, mas enquanto homens" (Ibidem, p. 189). A ação não
é imposta pela necessidade, como o labor, nem se rege pela utilidade,
como o trabalho. Esses aspectos da condição humana é que fazem
do homem um ser político, entendendo-se a política enquanto fazer-
se melhor e fazer algo para mudar o espaço ao redor.

Braverman (1977, pp. 49-57) descreve o trabalho como uma
atividade que altera o estado natural dos materiais da natureza para
melhorar sua utilidade, mas, com base em Marx, destaca que a im-

portância do trabalho humano não está na semelhança com o trabalho de outros animais, que é instintivo, mas na diferença, por este ser planejado, consciente e proposital: "[...] o que distingue o pior arquiteto da melhor das abelhas é que o arquiteto figura na mente sua construção antes de transformá-la em realidade. No fim do processo do trabalho aparece um resultado que já existia antes idealmente na imaginação do trabalhador". Ainda diferenciando o trabalho humano, Braverman (1977) explica que, além de serem capazes de produzir mais do que consomem, os homens conseguem separar as unidades de concepção e de execução, possibilitando que cada uma delas seja realizada por uma diferente pessoa, enquanto que no reino animal força diretriz e atividade resultante, ou seja, instinto e execução, são indivisíveis. Apesar disso, não se pode comprar trabalho, que é uma função física e mental inalienável. O que o trabalhador pode fazer é vender a sua força de trabalho para alguém que a compre – um empregador –, e o processo de trabalho começa quando um contrato ou acordo estabelece as condições de compra e venda dessa força motriz. Esse fenômeno, embora tenha existido desde a Antigüidade, somente se tornou numericamente importante no século XVIII, com o advento do capitalismo industrial – até então, o capitalismo mercantilista limitava-se a trocar os produtos excedentes das forças de produção anteriores.

Em uma visão mais objetiva, Russell (2002, p. 25) definiu, em 1935, dois tipos de trabalho: "o primeiro que modifica a posição dos corpos na superfície da Terra ou perto dela, relativamente a outros corpos"; e o segundo "que manda que outras pessoas façam o primeiro". Por isso, defende que o trabalho não é o objetivo da vida. Se fosse, as pessoas gostariam de trabalhar; no entanto, quem de fato o executa evita-o sempre que possível, e os únicos que alardeiam as suas virtudes são as pessoas em posição de comandar o trabalho alheio.

Dejours (2002, p. 39) aborda outros conceitos que complementam e situam o trabalho num contexto social. Para tanto, define "tarefa" como "aquilo que se deseja obter ou aquilo que se deve fazer" e atividade como aquilo que, "em face da tarefa, [...] é realmente feito pelo operador para chegar o mais próximo possível dos objetivos fixados pela tarefa". O trabalho, por sua vez, está caracterizado "pelo

enquadramento social de obrigações e de exigências que o precede", estando sempre situado num contexto econômico. Para uma
atividade real e eficaz ser homologada como trabalho, é necessário
que essa eficácia seja útil sob o aspecto técnico, social ou econômico. Diante disso, os critérios utilitário e utilitarista, no sentido econômico, são inerentes ao conceito de trabalho.

Essa conotação produtiva é, para Foucault, uma das três funções do trabalho; as outras são a simbólica e a de adestramento (ou
disciplinar). Via de regra, essas três funções coabitam no trabalho,
mas ele ressalta que a sua obra se ocupa de pessoas "situadas fora
dos circuitos do trabalho produtivo: os loucos, os doentes, os prisio-
neiros e atualmente as crianças" (FOUCAULT, 2003, pp. 223-224),
para as quais o trabalho tem, sobretudo, um valor disciplinar (como
forma de adestramento), sendo simbolicamente muito importante, mas
com função produtiva nula.

Srour (1998) tem uma interpretação para o trabalho humano
também dentro da corrente marxista ("capacidade de intervir sobre
a realidade natural e de moldá-la segundo um projeto previamente
concebido" – que transforma efetivamente a natureza e os objetos
naturais em objetos sociais). Mas a particularidade do seu enfoque é
a ressalva para não se confundir trabalho com emprego: o trabalho
"corresponde a um processo de transformação do mundo, a uma
intervenção operada por um trabalhador (ou por vários deles) sobre
uma matéria-prima com o auxílio de um equipamento ou de uma
ferramenta"; já o emprego "consiste em prestar serviços a um empregador, sob a dependência dele e mediante alguma forma de remuneração". E complementa que o segredo do processo de trabalho
reside na "capacidade de acrescentar um valor a mais, uma riqueza
maior do que a necessária para reproduzir a própria energia
despendida" (SROUR, 1998, p. 132).

Dessa forma, o trabalho está sempre orientado para o aumento
da produtividade do homem ou da máquina, e a preocupação de rentabilidade sobrepõe-se às demais. Sob esse enfoque, o trabalho ocupa um lugar central na vida das pessoas e das sociedades industria-
lizadas (ANTUNES, 2002, 2003; ARENDT, 2003; CASTELLS, 2003;
CHANLAT, 1996a, 1996b, 1996c; DE MASI, 2000; PIMENTA, 2004;

RUSSELL, 2002; SENNETT, 2003; TRENKLE, 1998). Entretanto, outra corrente aponta para uma desvinculação entre trabalho e renda, com a redução planejada do tempo de trabalho, o que destituiria, também, essa centralidade do trabalho (BERGSON[2] *apud* THIRY-CHERQUES, 2004; GORZ, 2001; HABERMAS, 2003; LIMA, 1986, 1996; OFFE *et al.*[3] *apud* SILVA, 2002).

Alguns autores como De Masi (2000, 2003), Antunes (2003) e Russell (2002) fazem, ainda, a distinção entre trabalho material e imaterial/intelectual ou executivo e criativo. A diferença básica é que imaterial/intelectual ou criativo refere-se mais ao pensar, ao criar, enquanto que o material ou executivo é a execução física das tarefas. Destacam que o senso comum evidencia a superioridade do primeiro em relação ao segundo, já que qualquer pessoa seria capaz de desempenhar um trabalho físico, mas que nada garante que todas sejam capazes de ter idéias.

2.2. O TRABALHO AO LONGO DO TEMPO

Depois que o homem primevo descobriu que estava literalmente em suas mãos melhorar a sua sorte na Terra através do trabalho, não lhe pode ter sido indiferente que outro homem trabalhasse com ele ou contra ele. Esse outro homem adquiriu para ele o valor de um companheiro de trabalho, com quem era útil conviver (FREUD, 2002, p. 53).

A compreensão do trabalho ao longo da história pode ser feita sob vários ângulos. Optou-se, aqui, por dois deles: a religiosa – "grande corrente de tradição que nele influi – sem que sempre se tome consciência disso" (ALBORNOZ, 2002, p. 51) e a do materialismo histórico.

As diferenças de enfoque advindas do aspecto religioso repercutiram no significado e nas relações de trabalho ao longo da histó-

---

2.   BERGSON, Henri. *L'Évolution créatrice*. Paris: PUF, 1954.

3.   OFFE, Claus; HINRICHS, K.; WIESENTHAL, H. Time, money, and welfare-state capitalism. *In*: KEANE, J. (Ed.). *Civil society and the State*. London: Verso, 1988.

ria. Como forte aparelho ideológico, influenciavam ou coagiam seus seguidores a assumirem determinados padrões, interferindo profundamente em suas percepções subjetivas. A herança judaico-cristã no Ocidente é permeada pela herança greco-romana, sendo que no Brasil ainda se sofrem outras influências, como a indígena e a africana. Na tradição judaica, o trabalho é encarado como uma labuta penosa à qual o homem está condenado pelo pecado, devendo ganhar o pão com o suor de seu rosto. Assim, nos primeiros tempos do Cristianismo, o trabalho era encarado como punição para o pecado, servindo também para a saúde do corpo e da alma a fim de afastar os maus pensamentos provocados pela preguiça e pela ociosidade. Mas "como o trabalho pertencia ao mundo mortal e imperfeito, não era digno por si mesmo" (*ibidem*, p. 51). Tal qual os filósofos gregos, os padres consideravam a meditação pura e a contemplação ainda superiores ao trabalho intelectual, tido até então como o único digno dos homens, já que o braçal era para os escravos.

Nos séculos XI a XIV, as seitas heréticas européias (grupos com interpretações peculiares dos Evangelhos, contrariando a Igreja) também consideravam o trabalho como uma tarefa penosa e humilhante, mas que "devia ser ardentemente procurado como penitência para o orgulho da carne". Foi somente com a Reforma protestante, quando Lutero o colocou como "a base e a chave para a vida", que o trabalho foi reavaliado dentro do Cristianismo. Mesmo ainda o considerando uma conseqüência da queda do homem, pregava-se agora que "todo aquele capacitado para o trabalho tinha o dever de fazê-lo. O ócio era uma evasão antinatural e perniciosa", sendo que o trabalho era uma forma de servir a Deus, o caminho religioso para a salvação, e a profissão, uma vocação (ALBORNOZ, 2002, pp. 51-55).

Nesse ponto o trabalho começou a adquirir conotação positiva, o que foi reforçado com Calvino (1509-1564), que o postulou como uma virtude associada à idéia de predestinação: por preferência divina e/ou trabalho árduo, alguns poderiam ter êxito e realizar a vontade de Deus, e outros, também por Sua vontade, poderiam ficar na miséria; e, já que Deus quer que todos trabalhem, os frutos colhidos devem ser reinvestidos para permiti-lo e estimulá-lo. Weber associou a ética protestante ao que ele chamou de espírito do capitalismo, a partir do que o trabalho se tornou um valor em si mesmo, e tanto o operário quanto o capitalista puritano passaram a viver em função de sua atividade para terem a sensação de tarefa cumprida. O ócio, o luxo, a perda de tempo e a preguiça também eram condenados. Se a doutrina católica condenava a ambição do lucro e da usura, para os calvinistas desejar ser pobre era algo que soava tão absurdo como desejar ser doente, pois a prosperidade era o prêmio de uma vida santa. Essa nova perspectiva permitiu aos primeiros empresários reverterem o baixo prestígio que tinham, transformando-os em heróis da nova sociedade (ALBORNOZ, 2002; QUINTANEIRO et al., 2003).

O capitalismo moderno, já então fortalecido, não necessitou mais do suporte religioso e, desvinculando-se dele, passou a considerá-lo tão prejudicial à vida econômica quanto o Estado. Mas, para aprofundar nesse aspecto, faz-se necessário também analisar a evolução do trabalho ao longo do tempo sob um segundo enfoque: o do processo de produção e reprodução da vida através do trabalho. Marx considerava que "a vida em sociedade humana assenta na produção material" (OHLWEILER, 1985, p. 7); portanto, o trabalho é uma atividade humana básica "a partir da qual se constitui a 'história dos homens', e é para essa que se volta o materialismo histórico, método de análise da vida econômica, social, política, intelectual" (QUINTANEIRO et al., 2003, p. 33). Essa perspectiva é que será predominantemente utilizada a seguir.

Ao longo da história da humanidade o trabalho assumiu diferentes configurações sociais. Na Antiguidade, a base da comunidade não era a terra, mas a cidade – polis –, que era constantemente ameaçada por outras comunidades. Assim, as condições objetivas da existência, para perpetuação do poder e ocupação de territórios, faziam da guerra o grande trabalho. O objetivo da produção não era a riqueza, mas a subsistência. A sociedade grega era dividida em homens livres ou superiores e escravos ou inferiores, que eram, respectivamente, os comandantes que dominavam a alma e os comandados que utilizavam força física para o trabalho. O homem livre dedicava-se a uma vida considerada superior, desenvolvendo ocupações voltadas para as necessidades da alma, enquanto que o inferior era tido, no máximo, como um instrumento:

> Na Antiguidade, as grandes obras – sistemas de canalização de água para fins de irrigação, pontes, fortificações, monumentos etc. – foram sempre construídas à base da cooperação simples de gigantescas massas humanas em regime de trabalho forçado, que degradava o trabalhador à condição de pouco mais do que besta. Não é por menos que Verron, um escritor romano que viveu no primeiro milênio de nossa era, classificou os "instrumentos" da época nas seguintes três categorias: mudos, *instrumenta muta*, que eram os inanimados como a carroça; semifalantes, *instrumenta semi-vocalica*, isto é, as bestas, capazes de emitir sons inarticulados; e falantes, *instrumenta vocalia*, que eram os escravos (OHLWEILER, 1985, p. 27).

Na já mencionada teoria de Aristóteles, que seccionava o trabalho em pensar e produzir, o fazer era considerado atividade mesquinha – "ocupações nas quais o corpo se desgasta". A escravidão naquela época não era uma forma de se obter mão-de-obra barata ou um instrumento de exploração para fins de lucro, mas "sim a tentativa de excluir o labor das condições da vida humana. Tudo o que os homens tinham em comum com as outras formas de vida animal era considerado inumano" (ARENDT, 2003, p. 95). "Uma exígua minoria de cidadãos com plenos direitos" vivia materialmente "nas costas da maioria – escravos, mulheres e metecos – a quem cabiam todas as atividades de ordem material e de serviço" (DE MASI, 2003, p. 80). Esse modelo foi absorvido pelo Império Romano, onde os escravos chegaram a representar um quinto de sua população e qualquer luta de classe promovida por estes era percebida como preguiça ou negligência.

Da Antiguidade à Idade Média tal configuração praticamente não se alterou. Esse período foi a era da sociedade rural, que se caracterizou pela combinação do então ramo fundamental da economia – a agricultura – com a indústria doméstica como ocupação produtiva auxiliar. A mão-de-obra inicialmente escrava foi sendo substituída pela dos servos, o que veio a constituir uma nova formação econômica de exploração: o feudalismo. Além dessa classe dos pequenos camponeses reduzidos à escravidão, a sociedade era composta por clero, nobreza e colonos rendeiros (estes últimos ligados à terra por hereditariedade, em uma estrutura de glebas). A Igreja apoiava o sistema, justificando a escravidão ou a servidão como uma punição imposta à humanidade pelo pecado do primeiro homem. A liberdade era bem reduzida, pois as pessoas eram limitadas pelas redomas das classes sociais. Os reinos eram sustentados por impostos cobrados do povo e nas transações do comércio. Nessa sociedade, o tempo obedecia às leis da natureza: era regulado pelas estações do ano. Trabalho e vida coincidiam totalmente.

O fim da Idade Média foi "assinalado pelo nascimento da manufatura, uma forma de cooperação baseada na divisão do trabalho ainda apoiada na técnica manual, que predominou na Europa Ocidental desde meados do século XVI até o último terço do século XVIII" (OHLWEILER, 1985, p. 29). Esse processo de produção (manufatura) apoiava-se nas guildas (corporações de ofício), nas quais "o mestre artesão trabalhava junto com o aprendiz, em vez de simplesmente indicar-lhe o que fazer. Em seguida, a hierarquia era linear e não piramidal: um dia o aprendiz seria companheiro, quase certamente mestre" (MARGLIN, 2001, p. 43). Este detinha todo o controle da produção, desde a matéria-prima e o processo até a comercialização, mas o artesão membro de uma corporação vendia igualmente um produto e não o seu trabalho. As oficinas eram muitas e sem interação recíproca. Foi quando surgiram as primeiras rotas de comércio e, com elas, a classe denominada burguesia. Nessa fase, os reinos eram também sustentados por impostos cobrados do povo e do comércio. De livre vontade os que produziam não entregavam suas quotas àqueles que se achavam no direito de reclamá-las, e estes forçavam aqueles inclusive a produzir mais, para entregar-lhes o excedente, e a aceitar uma ética segundo a qual era sua obrigação trabalhar duro, mesmo que parte desse trabalho fosse destinada a sustentar o ócio de outros.

Em paralelo, a desestabilização do sistema medieval pela crescente diferenciação de capital dentro das guildas (enquanto algumas empregavam mediante certa quantia, os membros de outras empobreciam, tendo de procurar alternativas de sobrevivência) e a invenção da máquina a vapor no início do século XVIII deram início à Revolução Industrial. A estrutura do trabalho foi então modificada, provocando uma ruptura na sociedade e na economia: donos das máquinas de produção e empregados substituíram mestres artesões e aprendizes, a fábrica tomou o lugar da produção familiar, o salário substituiu o aprendizado do ofício, e a relação do proprietário com o empregado ocupou a do mestre com o aprendiz-artesão.

Até então, em toda a história, o ofício ou a profissão qualificada eram a unidade básica do processo de trabalho. "Em cada ofício, admitia-se que o trabalhador era senhor de um acervo de conhecimento tradicional e dos métodos e procedimentos que eram deixados a seu critério", inclusive mantendo, em seu corpo e em sua mente, o conhecimento de materiais e práticas da produção (BRAVERMAN, 1977, p. 100). Mas a partir da Revolução Industrial, particularmente da chamada II Revolução Industrial – que corresponde ao final do século XIX e ao século XX –, o conhecimento e a prática passaram a diferentes domínios: o homem capitalista tira e controla as habilidades e qualificações do trabalhador, criando neste uma dependência total do trabalho, e em contrapartida incute-lhe necessidades de consumo.

A ciência, outrora uma propriedade social generalizada que ocasionalmente modificava a produção, também passou a ser propriedade do capitalista no pleno centro da produção. Essa "nova revolução técnico-científica que reabasteceu o acervo de possibilidades tecnológicas tinha um caráter consciente e proposital, amplamente ausente na antiga". A inovação espontânea foi em grande parte substituída pelo progresso planejado de tecnologia e pelo projeto de produção. "Isto foi realizado por meio da transformação da ciência mesma numa mercadoria comprada e vendida como outros implementos e trabalhos de produção" (*Ibidem*, p. 146). A força de trabalho converteu-se, então, tal qual a ciência, em uma mercadoria, sendo organizada não pelo desejo de quem a vendia, mas pelas necessidades de seus compradores-empregadores, sempre à procura de ampliar o valor de seu capital.

A lógica desse período passou a ser pensadores pensando, detentores dos meios de produção fazendo a produção acontecer e os demais sendo obrigados a cumprir a ordem de produção. Para Foucault (2003, p. 188), o novo mecanismo de poder apoiava-se:

> mais nos corpos e seus atos do que na terra e seus produtos. É um mecanismo que permite extrair dos corpos tempo e trabalho mais do que bens e riqueza. É um tipo de poder que se exerce continuamente através da vigilância e não descontinuamente por meio de sistemas de taxas e obrigações distribuídas no tempo; que supõe mais um sistema minucioso de coerções materiais do que a existência física de um soberano. Finalmente, ele se apóia no princípio, que representa uma nova economia do poder, segundo o qual se devem propiciar simultaneamente o crescimento das forças dominadas e o aumento da força e da eficácia de quem as domina.

O grande crescimento demográfico do ocidente europeu durante o século XVIII criou a necessidade de se coordenar esse contingente e integrá-lo ao desenvolvimento do aparelho de produção. Projetou-se uma tecnologia para controle da população, com estimativas demográficas e de expectativa de vida e cálculo de pirâmide de idade, taxa de morbidade etc. "Os traços biológicos de uma população se tornam elementos pertinentes para uma gestão econômica, e é necessário organizar em volta deles um dispositivo que assegure não apenas sua sujeição, mas o aumento constante de sua utilidade" (FOUCAULT, 2003, p. 198).

O novo sistema produtivo modificou a arquitetura das cidades onde as famílias-operárias foram fixadas. Nessas cidades-operárias prescreveu-se um novo tipo de moralidade através da determinação do espaço de vida: cozinha e sala de jantar, quarto dos pais (espaço de procriação) e quarto das crianças (FOUCAULT, 2003).

Nessa Era Industrial a nova unidade de espaço e tempo – a fábrica – caracterizava-se pelos muros que a circundavam e interditavam-lhe o ingresso de estranhos, e, uma vez que se entrava na fábrica, não se tinha mais, durante o dia todo, contato algum com o exterior. As pessoas saíam de casa para o trabalho, modificando seu próprio ritmo de produção e suas relações afetivas com os outros, com o bairro e com sua casa. "A fábrica expulsa tudo aquilo que não é 'racional': a dimensão emotiva, estética e, em parte também, a ética". O ambiente da vida já não coincide mais com o local de trabalho, e o trabalhador, com freqüência, sente-se um estranho em ambos os lugares. "Na maioria dos casos, a figura do empresário não coincide mais com a do trabalhador, nem a do chefe da família com a do chefe da empresa. Daqui nasce a luta de classes". Nessa sociedade, o tempo virou "uma mania, uma neurose", mas os espaços tinham tempos e lugares específicos (DE MASI, 2000, pp. 58-68).

Paul Lafargue (2003), em 1883, já afirmava que as fábricas haviam se tornado verdadeiros reformatórios ideais nos quais se encarceravam as massas operárias. Homens, mulheres e crianças a partir de seis anos eram condenados a trabalhos forçados. "As condições de trabalho que caracterizam o início da Revolução Industrial eram assustadoras para os padrões atuais e podem ser responsabilizadas pela baixa expectativa de vida dos operários" (QUINTANEIRO *et al.*, 2003, p. 11) que labutavam em turnos diários de 12 a 16 horas, chegando até a 18 horas com o advento da iluminação a gás. De Masi (2000, p. 315) transcreve outro trecho de Lafargue, escrito em 1880, afirmando que não poderia ter sido inventado "um vício que embrutecesse mais a inteligência das crianças, que corrompesse mais os instintos delas, que destruísse mais os seus organismos, do que o trabalho naquela atmosfera viciada da fábrica capitalista".

A origem e o sucesso da fábrica não se explicam por superioridade tecnológica, mas por despojar o operário de qualquer controle e dar ao capitalista o poder de prescrever a natureza e a quantidade do trabalho: "o operário não é livre para decidir como e quanto quer trabalhar para produzir o que lhe é necessário; mas é preciso que ele escolha trabalhar nas condições do patrão ou não trabalhar, o que não lhe deixa nenhuma escolha" (MARGLIN, 2001, p. 41). Proporcionam-se, assim, maiores possibilidades de controle e de disciplina. "A fábrica pôs um fim definitivo, ao mesmo tempo, à 'desonestidade' e à 'preguiça'", diz Marglin (2001, p. 68), referindo-se à facilidade daquela para fazer cessar as fraudes e os desvios de mercadorias que ocorriam quando os trabalhadores executavam suas tarefas sem a centralidade do local e, é claro, para controlar qualquer movimento ou ociosidade. Dejours (1992, p. 37) ressalta, objetivamente, que os momentos de ociosidade podem, entretanto, também ser de reequilíbrio do trabalhador:

A vadiagem no local de trabalho não eram tanto os momentos de repouso que se intercalavam no trabalho, mas as fases durante as quais os operários, pensava ele [Taylor], trabalhavam num ritmo menor do que aquele que poderiam ou deveriam adotar. [...]A vadiagem foi assim denunciada como perda de tempo, de produção e de dinheiro [...] [mas] nós tentaremos mostrar que, além de uma simples freada da produção, este tempo aparentemente morto é na realidade uma etapa do trabalho durante a qual agem *operações de regulagem* do binômio homem-trabalho, destinadas a assegurar a continuidade da tarefa e a proteção da vida mental do trabalhador.

Com essas novas idéias que modificaram radicalmente a configuração do trabalho ao longo dos séculos XVIII e XIX, foi preciso repensar essa sociedade agora diferente, propor modelos de vida e trabalho adequados e entender e estruturar a organização racional do trabalho e da sociedade para melhorar os sistemas de produção e de geração de lucro. Esses conhecimentos consolidaram-se nos fundamentos e desenvolvimento da Teoria das Organizações (TO).

"O cronômetro taylorista e a produção em série fordista marcaram a organização do trabalho no século XX, por meio de atividades parcelares, da divisão de funções e principalmente da fragmentação entre elaboração e execução do processo" (ANTUNES, 2002, p. 25). Com isso, também se fragmentaram a identidade e, por conseguinte, a subjetividade do indivíduo a partir da sua relação com o trabalho, com nefastas conseqüências em todos os aspectos de sua vida – até porque esta passou a estar centrada no trabalho. Se, numa visão econômico-administrativa, Ford foi considerado o criador da classe média, dobrando o salário mínimo da época para que todos os empregados pudessem comprar um automóvel de sua fábrica e in-

34	Temas de Psicologia e Administração

fluenciando, a partir de então, todo o sistema produtivo com seu método de gestão, popularizado como "fordismo" (BARROS NETO, 2001; MOTTA, 2001), e se, na visão humanista, "mais do que uma disciplina no trabalho, Ford impunha um padrão de conduta aos trabalhadores" (HELOANI, 2003, p. 53), o que distinguia o fordismo do taylorismo, do ponto de vista comportamental, seria uma valorização do trabalhador, tranformando-o em consumidor. Tanto Taylor quanto Ford e Fayol procuraram, cada um a seu modo, administrar a percepção dos trabalhadores através de estratégias diferenciadas, embora convergentes, na tentativa de re-ordenamento da subjetividade do espaço produtivo.

A consolidação da Escola Clássica da TO, centrada na estruturação das organizações e na sistematização do corpo de conhecimentos, ao descrever técnicas de manufatura e explicar os benefícios da divisão do trabalho, teve como objetivo otimizar recursos. Surgiram, então, os conceitos de organização (que é uma abstração humana que se materializa para um determinado fim, mas que só existe porque se constitui, fundamentalmente, das próprias pessoas), de divisão do trabalho (que cria funções específicas para cada um dentro da organização) e de sistema (conjunto de partes unidas entre si, no qual as relações entre elas e o comportamento do todo são o foco da atenção). Mais tarde, dentro dessa organização, vieram os conceitos de *white-collars* (quem planeja) e *blue-collars* (quem executa, os operários).

A preocupação com o indivíduo surgiu com a Escola de Relações Humanas, por volta de 1920, quando Elton Mayo "trouxe à tona o conceito de que trabalhadores e gerentes devem ser antes de qualquer coisa vistos como seres humanos" (PUGH; HICKSON, 2004, p. 162). Para ele, há relação entre moral, satisfação e produtividade: a pessoa é movida por necessidades de segurança, aprovação social, afeto, prestígio e auto-realização, sendo fortemente influenciada pelo *homo social* e pelos grupos informais. Suas idéias serviram de base para as teorias motivacionais e de hierarquia das necessidades, desenvolvidas por Maslow. Mas Braverman (1977, p. 129) denuncia que o enfoque dessa Escola "centrava-se no aconselhamento pessoal e nos estilos de insinuação ou de não irritação de supervisão 'face a face'".

A partir da década de 1950, os estudos receberam a herança das escolas clássicas e adotaram novas perspectivas, surgindo então dois tipos de teorias: (a) Modernistas – abordam questões genéricas da TO, com muita percepção da estrutura da organização e da ordenação dos processos de trabalho, num enfoque prático. Sua principal característica é entender a organização como objeto dado, ou seja, sendo real e independente de interpretação; (b) Simbólico-interpretativas – surgiram no início da década de 1960, fortalecendo-se a partir de 1970. Sua principal contribuição para a TO foi definir a organização como uma abstração criada pelo homem, que é percebida de forma diferente dependendo da perspectiva do observador. A maneira pela qual se vê a organização varia com a interpretação individual. Cada um cria suas imagens a partir de suas percepções. Dentre as teorias contemporâneas das organizações, na corrente das teorias Ambientais, Thiry-Cherques (2004, p. 16) questiona criticamente:

> [...] as forças que agem sobre os mercados e os postos de trabalho são inacessíveis, se não incompreensíveis, para a maioria dos trabalhadores – há a dificuldade de se precisar o *que* ou *quem* deve sobreviver. A sobrevivência seria a sobrevivência dos mais aptos ou dos mais bem adaptados? [...] "Apto" a sobreviver, nesse caso, significa reunir condições estratégicas e operacionais suficientes para resistir em um ambiente adverso ou altamente competitivo. "Adaptado" tenderia a significar que o trabalhador encontrou um nicho que o protege das pressões puramente econômicas.

Antunes (2003), traçando o panorama do final do século XX, relata que a subordinação estrutural do trabalho ao capital caracterizava-se por: (a) separação e alienação entre trabalhador e meios de produção; (b) imposição dessas condições objetivadas e alienadas sobre os trabalhadores, como um poder separado que exerce o mando sobre eles; (c) personificação do capital como um valor egoísta (voltada para o atendimento dos imperativos expansionistas do capital); e (d) personificação dos operários como *trabalho*, destinada a estabelecer uma relação de dependência entre aqueles e o capital historicamente dominante (essa personificação reduz a identidade do sujeito desse *trabalho* a suas funções produtivas fragmentárias). Braverman (1977) argumenta que, embora se propagasse uma nova atitude do trabalhador nessa época, o absenteísmo e os índices de abandono de emprego variavam em função da disponibilidade de empregos e podem ter parcialmente refletido a queda dos índices de emprego em fins dos anos 1960.

Segundo Heloani (2003, p. 105), "desde o final dos anos 1960 até meados da década seguinte foram feitas experiências com o objetivo de tornar o espaço fabril mais atraente para os jovens operários", as quais caracterizaram os movimentos que comporiam o panorama contemporâneo. Começava aí a era pós-industrial ou informacional – expressão essa que foi cunhada a partir da coletânea de ensaios *La société post-industrielle,* de Alain Touraine, publicada em 1969 (ANTUNES, 2003).

2.3. CENÁRIO ATUAL E UM NOVO TRABALHO

> Conhecimentos e informação, sem dúvida, parecem ser as fontes principais de produtividade e crescimento nas sociedades avançadas (CASTELLS, 2003, p. 267).

Quando se passou do modelo taylorista/fordista para o da produção descentralizada, os novos paradigmas tecnológicos e a globalização foram os principais geradores de mudanças, especialmente no setor produtivo, afetando diretamente a estrutura social. A produção, agora menos dependente da economia de escala, abre espaço para o crescimento de pequenas e médias empresas, pois demanda organizações flexíveis e inovadoras em regiões ágeis e também inovadoras. No novo paradigma de produção enxuta, ágil e flexível, as alternativas direcionam-se para alianças estratégicas entre empresas em redes do tipo *joint-ventures, clusters*, cooperativas de serviços ou ainda consórcios e parcerias de fornecedores, consumidores e funcionários. As razões para esses modelos são: penetrar em novo mercado; viabilizar tecnologias, pesquisa e desenvolvimento; inovar e agilizar lançamentos; aumentar competitividade, inclusive através da integração de tecnologias e mercados; construir competências mundiais; estabelecer padrões globais; romper barreiras em mercados emergentes e blocos econômicos; reduzir custos; e obter novas oportunidades de negócios.

A fábrica de automóveis japonesa Toyota foi a primeira a implantar e a responsável por disseminar esse novo sistema de trabalho, no qual os empregados são induzidos a inspecionar o próprio trabalho e os gerentes a também trabalhar no "chão de fábrica". Nesse modelo, objetiva-se, ainda, reduzir o estoque de componentes, estimular parcerias com fornecedores e instigar os trabalhadores a continuamente buscar práticas que tornem a fábrica mais eficiente. Os autores ainda exemplificam com o caso da absorção desse sistema pela americana General Motors: "o resultado foi o aumento drástico da produtividade. Em 1994, a fábrica estava produzindo a mesma quantidade de automóveis de 1982, mas com apenas 65% da força de trabalho" (MICKLETHWAIT; WOOLDRIDGE, 2000, p. 96).

Entretanto, a passagem de paradigma não foi tão suave e profícua. As organizações e "gurus" da administração implantaram, sucessivamente, desde a segunda metade do século XX, programas, técnicas e métodos visando à produtividade, à redução de custos, ao envolvimento dos empregados e a alternativas para sobreviver às mudanças. Mas Heloani (2003, p. 121) alerta que, buscando otimizar a qualidade e a produtividade, o discurso dos programas de qualidade total "objetiva *remodelar as diversas subjetividades presentes no processo produtivo*, mediante uma espoliação objetivada das faculdades intelectuais, ou melhor, pela expropriação das dimensões cognitivas e, mormente, das capacidades criativas do trabalho vivo".

Nessa nova sociedade, não se confirmou a polarização da estrutura ocupacional entre mão-de-obra para serviços mais simples, semiqualificada e especializada. Houve redução do emprego industrial, com migração para o emprego de serviços, principalmente os sociais e relacionados à produção. A evolução das categorias de emprego foi profundamente afetada e direcionou as empresas para uma atuação em rede, fazendo ressurgir o trabalho autônomo e misto. Surgiram novos cargos na estrutura ocupacional, caracterizada, agora, pela diversidade de perfis profissionais devido ao aumento das profissões mais informacionais e de serviços. Esses administradores, funcionários administrativos, vendedores, profissionais especializados e técnicos são chamados, então, de "proletariado de escritório" (CASTELLS, 2003). Thiry-Cherques (2004, p. 163) faz uma analogia desse novo perfil de trabalho com a sociedade do consumo rápido: à medida que "o trabalhador deve se adaptar ao *Macjob*, ao trabalho de consumo rápido, precário, flexível, intermitente, variável", este vai se tornando uma mercadoria difícil de ser vendida.

Para Pimenta (1999), a situação atual caracteriza-se por descentralização produtiva e flexibilidade de produção; por novas relações entre empresas abrindo espaço para o paradigma de redes; pelo aparecimento de novos modelos de trabalho; pela nova visão social das empresas (estas não são mais simples negócios comerciais ou industriais, mas regulam novas maneiras de viver e trabalhar, privilegiando o potencial humano e a cultura, requerendo, em contrapartida, maior engajamento individual e coletivo na qualidade e na performance do trabalho); pela transformação do trabalho em termos de concepção e realização (apesar da tecnologia e conseqüente automação da produção, os recursos humanos são valorizados e ganham importância como foco da gestão industrial); e pela emergência de um novo modelo de trabalhador (mão-de-obra mais qualificada, com características psicológicas e sociais bem específicas), sobre o qual atuam sofisticados sistemas de seleção, formação, treinamento e desenvolvimento. Essas transformações, por sua vez, demandam novos processos de gestão tanto da produção quanto do homem – indivíduo e trabalhador. São mudanças nos aspectos práticos e objetivos do trabalho, que levam à busca de novas políticas que reflitam a interação dos fatores econômicos e políticos da relação capital/trabalho para o homem enquanto elemento essencial da cadeia produtiva.

Entretanto, o trabalhador, na maioria das vezes, encontra-se desamparado, vendo-se obrigado a administrar *per se* sua formação, carreira e vida pessoal e a manter sua empregabilidade através da atualização constante de seus conhecimentos e da disponibilidade para o trabalho. Destarte, empregabilidade já não representa um emprego com carteira assinada e "para sempre". "Desta forma se produz uma chantagem por parte do capital: o trabalhador, 'obrigado' a recorrer à formação profissional (sob pena de perder seu emprego), não vê reconhecida, em termos salariais, sua capacitação" (TADEI, 2000, p. 355). Assim como "a questão do trabalho está fortemente associada à segurança individual, à confiança no futuro e ao próprio senso de valor pessoal e de utilidade social" (TEIXEIRA FILHO, [200-], p. 1), a da empregabilidade também o está. Entretanto, o modelo organizacional que oferecia esses elementos ao indivíduo está se modificando. Ao mesmo tempo em que exige mão-de-obra mais qualificada, a empresa "remete unicamente ao indivíduo a responsabilidade por sua qualificação" (FLEIG, 2003, p. 3) e, no seu discurso, divulga modelos hipoteticamente perfeitos de profissionais centrados na adequação vocacional, na idoneidade, na competência profissional e na saúde física e mental, que ainda mantenham uma reserva financeira e fontes alternativas e, por último, mas não menos importante, que detenham o precioso rol de relacionamentos e amizades (MINARELLI, 2003). O confronto desse padrão com a realidade reforça a culpa, a frustração e a sensação de inadequação do indivíduo comum frente ao mercado instável.

O trabalho – agora flexível – também pode ser *part-time*, temporário, terceirizado, realizado de forma autônoma (nem sempre regularizada), sob a forma de teletrabalho, subemprego, ou, o que é pior, pode nem existir. Empregos são substituídos por projetos, e as relações trabalhistas estão cada vez mais frágeis. Como se não bastasse apenas a realidade do seu elevado índice mundial, o desemprego torna-se uma ameaça constante – velada ou não – para o empregado, que se vê coagido a tomar atitudes que por vezes não correspondem à sua índole.

Agora, segundo De Masi (2000, pp. 159-160), "usos, mentalidades e sentimentos separam-se sempre mais dos lugares e horários", e barreiras e privacidades são quebradas por causa da tecnologia (celulares, computadores, transmissão instantânea de sons e imagens). O autor acrescenta que, apesar de a civilização urbana ser sedentária, "os cidadãos seguem um ritmo de vida marcado pelo frenesi do vaivém e pelo 'correr atrás' do emprego e da profissão. O carro, a competitividade e o consumo ostentatório são os símbolos que esta civilização adora". São o consumismo, o imediatismo e as aparências gerenciando a vida do indivíduo, numa reprodução da lógica do capital, fazendo com que os fins justifiquem os meios.

A exemplo das organizações, o indivíduo também se vê enredado numa teia de relacionamentos, influências e fluxos de comunicação que demandam respostas imediatas e imediatistas. Busca-se "nas comunicações eletrônicas o senso de comunidade", perde-se o sentido de vizinhança, e "ninguém se torna testemunha, a longo prazo, da vida de outra pessoa" (SENNETT, 2003, pp. 19-21).

A estrutura familiar é novamente abalada com a crescente saída da mulher de casa para o trabalho e com a sua luta pela igualdade de direitos na rua e no lar. Assuntos que eram tabus (como prazer, responsabilidades domésticas, remuneração, trabalho, amor) passaram a ser objeto de negociação e competição. Instituições como o amor romântico, o casamento por escolha mútua e o reconhecimento da infância e da adolescência enquanto fases peculiares da vida consolidam-se e adquirem importância. A fuga e o esteio para essa dura realidade seriam as relações amorosas, ou vice-versa? Esses relacionamentos afetivos, incluindo os familiares, também foram abalados e desestruturados. Sem a certeza se são causa ou conseqüência da situação profissional, os sujeitos transferem para dentro de casa toda a incerteza, turbulência e crises de identidade e de valores presentes na sociedade. Como manter relações sociais e amorosas estáveis, íntegras e duradouras numa sociedade fragmentada, múltipla e imediatista?

> Na tentativa de se adaptarem aos padrões de *performance* para o mercado de trabalho ou às exigências das novas formas de relações amorosas, as pessoas submetem-se sem questionar aos modelos. Os ideais no amor e de sucesso no trabalho são muitas vezes inatingíveis, por isso a sensação sempre presente de perda e de falta (TONELLI, 2001, p. 260).

A casa também exerce dupla função. Para uma boa parte dos trabalhadores ela é percebida apenas como um local de recuperação de sua força de trabalho, podendo ou não ser um lugar de vivências conflituosas; mas, para – infelizmente – uma minoria, ela é percebida como um lugar seguro e como espaço de afeto e prazer. Um dado significativo sobre essa dualidade é que muitos dos conflitos relacionados à vida doméstica não passam de reflexos dos problemas vividos no trabalho (LIMA, 1996).

Como lidar, então, com uma realidade que põe em conflito duas de suas maiores instituições: o trabalho e a família? "O que a criança aprende sobre a proteção paterna não é o que o adulto jovem aprende sobre o patrão. O trabalho não é uma extensão natural da família" (SENNETT, 2001, p. 78), mas "o pior é que as qualidades do bom trabalho não são as mesmas do bom caráter" (*Idem*, 2003, p. 21). A ética profissional respaldada em interesses econômicos e o suposto profissionalismo permitem atitudes que o caráter *per se* jamais admitiria. É como se as ordens de superiores hierárquicos, perfeitamente acobertadas e justificadas pela imperiosa exigência de eficiência e eficácia, viessem acompanhadas de uma armadura de indiferença, impessoalidade, frieza, objetividade e materialismo.

Se por um lado o trabalhador parece passivo, já que o fato de estar cumprindo ordens é o álibi perfeito para que se exima da responsabilidade sobre as conseqüências de seus atos, por outro a manifestação da insatisfação e a resistência aparecem de maneiras espontâneas, isoladas e talvez patéticas, que interferem na produtividade, como absenteísmo, licenças remuneradas, mentira – resistências táticas (SENNETT, 2001). Dejours (1992, pp. 120-121) ilustra as sutis manifestações do trabalhador com o exemplo da fábrica de carros da Renault, onde, nos fins de semana, o ambiente ficava mais tenso e agressivo. O reflexo disso é que "os carros do começo da semana e do fim de semana são, via de regra, muito mais defeituosos do que os carros do meio da semana", o que demonstra que os ritmos de trabalho, quando mantidos em nível máximo de tolerância, se fazem sentir quase que de imediato.

Esse é o cenário que serve como pano de fundo para a pesquisa sobre o significado atual do trabalho e a realidade na qual os indivíduos que foram entrevistados estão inseridos. Também levou-se em conta alguns elementos que são causa e conseqüência desse panorama e que foram ponderados quando da análise do discurso nos dados coletados, já que são fundamentais para a compreensão do referido significado: globalização, tecnologia e automação, velocidade, desemprego, desigualdade social, escola e escolaridade e novos valores. Eles mantêm estreita relação entre si, enquanto influenciam uns aos outros, em um ciclo mais vicioso do que virtuoso.

Para também embasar a análise, foram pesquisadas visões filosófica, psicológica, sociológica e psicanalítica acerca do controverso conceito de subjetividade, a fim de entender o significado do trabalho. Pois, explicar não basta para compreender. Explicar é utilizar todos os meios objetivos do conhecimento que são, porém, insuficientes para compreender o "ser subjetivo" (MORIN, 2001, p. 38). Como síntese, aqui, apenas delineia-se a diferença básica da subjetividade em relação à identidade, por vezes também pouco preciso. O conceito ou imagem que a pessoa tem de si mesma é o lado subjetivo da identidade de cada indivíduo, enquanto o eu pessoal é uma identidade objetiva, com características materiais e psicológicas específicas. Logo, subjetividade é "a compreensão que temos do nosso eu, que por sua vez envolve pensamentos e emoções. Nós vivemos nossa subjetividade em um contexto social no qual adotamos identidades, ou seja, as posições que assumimos e com as quais nos identificamos é que constituem nossas identidades" (VIEIRA, 2004, p. 71). Por conseguinte, é a subjetividade o foco de análise desta pesquisa sobre significado do trabalho, considerando "como subjetiva aquela dimensão da experiência que expressa o sujeito na intersecção de sua particularidade com o mundo sociocultural e histórico" (TITTONI, 1994, p. 13). E Pimenta (2004) ainda complementa essa conexão entre subjetividade e trabalho:

> Os indivíduos experimentam suas situações e suas relações como necessidades, interesses, desejos e paixões. Em seguida, eles elaboram esta experiência em suas consciências e suas culturas de diferentes formas e, após, movimentam-se em meio às condições que delimitam e contornam suas vidas e seus cotidianos.

É este fazer e refazer constante, contraditório e dialético que o cotidiano produz e circunscreve. Desta maneira, a subjetividade pode ser compreendida como as representações e as imagens que os trabalhadores constroem de sua experiência no trabalho, através das quais eles tentam explicar a realidade onde estão inseridos (PIMENTA, 2004, p. 53).

A conceituação do sujeito na condição de trabalhador construiu-se, teoricamente, "a partir de categorias como o cotidiano da fábrica e as experiências produzidas nesse contexto" (TITTONI, 1994, p. 19). Esse "sujeito fluido" é então estudado através do discurso, das práticas e das experiências, ou seja, através da sua expressão e da sua compreensão de significado das experiências que compõem sua vida e seu cotidiano de trabalho.

O foco para a análise do significado do trabalho a partir da subjetividade deve levar em conta uma relação na qual os elementos se constroem e influenciam-se mutuamente, estando-se atento que "não existe subjetividade pura, destacada de alguma forma de inserção no mundo e de presença transformadora" (TAVARES, 2004, p. 56). A dualidade é formada por: (a) relações e organização de trabalho que só podem ser percebidas, mantidas ou transformadas a partir da subjetividade do trabalhador; (b) experiência subjetiva, que é moldada e transformada pela sua interação com a realidade.

Com as mudanças históricas, o trabalho foi deslocado da posição de elemento subjetivo do processo para a de subordinação a um elemento objetivo num processo produtivo dirigido pelas gerências que resguardam os interesses do capital. Ou seja, o trabalho foi reduzido a um objeto, e o trabalhador, a uma máquina para todos os fins (BRAVERMAN, 1977). A consideração do sujeito marcado por uma história de subordinação expressa no trabalho e no além-trabalho e da subjetividade no trabalho deve contemplar, além da dimensão inconsciente de tal sujeito, dois aspectos, segundo Fidalgo *et al.* (1999, p. 11): por um lado, não se pode tomar o trabalho "como prisioneiro sem saída da cadeia hierárquica do capital em que o uso de si pelo outro estaria dado como fato natural"; por outro lado, "é preciso considerar que as manifestações no espaço de trabalho do **uso de si**

por si mesmo podem estar subsumidas pelo **uso de si pelo outro**, de modo que nem sempre podem estar sendo expressão de uma oposição ao poder alienante do capital". Assim, esses autores consideram que existe sim uma finalidade pessoal e intencional na execução individual do trabalho, que coexiste com os objetivos do outro em relação a esse mesmo indivíduo, abrindo margem para uma significação do trabalho além-capital. No entanto, Dejours (1992, p. 50) alerta que o essencial da significação do trabalho é subjetivo e que, "se uma parte desta relação é consciente, esta parte não é mais do que a ponta do *iceberg*".

Chanlat (1996a) lembra que o saber no domínio do "comportamento organizacional" desenvolveu-se, antes de tudo, pela vontade de melhorar a produtividade e a satisfação no trabalho. Esse interesse econômico esqueceu-se de considerar uma concepção do ser humano isoladamente, reduzindo-o a uma engrenagem.

Mas uma questão vem ganhando destaque na subjetividade do trabalho: a da modelação e/ou expropriação da subjetividade do trabalhador por parte das organizações. Heloani (2003, p. 32) remonta a Taylor para caracterizar o início sistemático desse fenômeno. Com o álibi da especialização, o taylorismo demonstrou implicitamente "a carência de que este saber seja apropriado pela organização. E esse confisco da subjetividade do trabalhador vai impedir que o saber recém-descoberto possa ser utilizado pelo operário apenas em proveito próprio, para aumentar seu salário ou trabalhar menos". O operário vê, então, seu conhecimento ser difundido cientificamente para a empresa, que dele o expropria "para supostamente beneficiar ambas as partes: trabalho e capital". Esse sistema cientificamente planejado – o taylorismo e seus sucessores – é que vai permitir "a 'modelização da individualidade' do operário, adaptando-a para a assimilação das vantagens de cooperação recíproca entre trabalhador e administração". Taylor, então, esboçou um ensaio de modelização do inconsciente, ou seja, lançou as bases para penetrar na esfera da subjetividade do trabalhador a fim de reconstruir a sua percepção segundo os interesses do capital. Como os novos métodos de trabalho estão indissoluvelmente ligados a um determinado modo de viver, de pensar e sentir a vida, as novas tecnologias tornam-se instrumentos para impregnar e modelar a subjetividade operária.

Embora analisada sob prismas às vezes diferentes, a questão do prazer, do sofrimento e da insegurança é inerente ao assunto "trabalho" e "subjetividade", com destaque para a exploração do homem pelo sistema – criado por ele próprio, mas de cujas rédeas o controle há muito tempo já foi perdido. E a despeito de sua gravidade, essa ainda é uma questão insuficientemente debatida. Sendo uma atividade social complexa, o trabalho exige do trabalhador adaptação e enfrentamento de conflitos, "diante dos quais este pode sucumbir ao aspecto mais doloroso da dupla possibilidade 'prazer e sofrimento', 'saúde e doença'" (VASQUES-MENEZES, 2004). Chanlat (1996a, p. 18) explica que a preocupação com a rentabilidade e a eficácia se sobrepõe às demais, absorvendo com exclusividade todas as emoções dentro e fora das empresas, conduzindo a sofrimentos "por reduzir o ser humano ao estado de engrenagem ou recurso para se atingir esta eficácia".

Essa miopia, inclusive, é a questão central de Dejours (2001, p. 17) em *A banalização da injustiça social*, traduzida no questionamento: "por que uns consentem em padecer sofrimento, enquanto outros consentem em infligir tal sofrimento aos primeiros?". Ele ressalta que existem dois tipos de relações diferenciadas: entre sofrimento e emprego (referindo-se aos que não têm trabalho ou emprego) e entre sofrimento e trabalho (o sofrimento dos que continuam a trabalhar). As respostas – que tentam desvendar os processos através do interesse na manutenção do sistema, do poder e dos ganhos individuais de alguns líderes – podem até explicar essa conduta desigual e penosa, sem entretanto conseguir justificá-la. Os estudos centram-se na análise e na compreensão dos mecanismos da relação desigual, do sofrimento e de sua negação.

A princípio, o discurso das organizações profere que o sofrimento no trabalho foi atenuado ou eliminado pela mecanização e robotização, transformando os trabalhadores "braçais 'cheirando a suor' em operadores de mãos limpas". Mas por trás há o sofrimento dos que "assumem inúmeras tarefas arriscadas para a saúde [...] agravadas por freqüentes infrações das leis trabalhistas" e o dos que "temem não satisfazer, não estar à altura das imposições da organização do trabalho" (DEJOURS, 2001, pp. 28-29).

O sofrimento no trabalho manifesta-se através das psicopatologias do trabalho, que começaram a ser pesquisadas sistematicamente nos anos 1950. Até então, a medicina social detectava as doenças dos trabalhadores através de perfis de morbidade e mortalidade em diferentes categorias. A área de higiene do trabalho direcionou a preocupação com doenças decorrentes do trabalho para o eixo do próprio trabalho. Mas "uma decorrência dessa mudança é que as doenças relacionadas ao trabalho, a partir deste momento, passam a ser consideradas como doenças do trabalho e não mais doenças do trabalhador". Com o modelo da medicina do trabalho, "a subjetividade, trazida no discurso do paciente ao enunciar a queixa, e os sintomas são reduzidos ao saber médico. Este é o modo como o doente desaparece para dar lugar à doença" (CODO, 2004, pp. 27-31). O autor ainda faz uma crítica social mordaz, dizendo que se a doença é do trabalho, é este que está doente, sendo de se esperar que quem convive com ele – ou seja, o trabalhador – também adoeça. Além de o processo do adoecimento e a doença se tornarem impessoais, o trabalhador perde a identidade individual para o grupo, a categoria ou os dados epidemiológicos. Na prática, existe a necessidade premente de ajustes econômicos e logísticos no sistema atual, para que as medidas não sejam tomadas com base em interesses unilaterais ou, por vezes, mediante ameaças e torturas, gerando sofrimento para o empregado e sua família.

Apesar de todo esse relato de sofrimento, em um outro extremo há indivíduos realizados e que sentem prazer no seu trabalho. Sennett (2001, p. 23) lembra que "tornou-se um reflexo quase automático da imaginação histórica atual concentrar a atenção nas doenças da sociedade moderna, e não em seus pontos positivos". Mas a concepção de prazer no trabalho já vem sendo bem citada na literatura, embora ainda pouco explorada empiricamente. Por enquanto fulgura como ideologia ou meta distante a ser inserida, quem sabe, num futuro paradigma de trabalho, modelo esse defendido por Dalai-Lama (2004), Lafargue (2003), Lazear (2004), Russell (2002) e Tittoni (1994), assim como por De Masi (2000, 2003), que inclui o "ócio criativo" e a articulação para exercício simultâneo do trabalho, aprendizado e lazer.

O que é vergonhoso e desumano é usar dos homens como de vis instrumentos de lucro e não os estimar senão na proporção do vigor dos seus braços (DE MASI, 2000, p. 55).

2.4. Significado do Trabalho

As mudanças no mundo do trabalho, tanto objetivas (novas tecnologias de produção e gestão) como subjetivas (mudanças psicológicas e sociológicas da relação homem-trabalho), engendram modificações no significado do trabalho no contexto atual. O significado humano do trabalho, como fonte mesma de alegria criadora, desaparece, restando apenas um *"gesto mecânico e sem ressonância humana; o objeto domina sobre o ato de tal forma, que o próprio ato vem a tornar-se objeto, a coisificar-se, e como tal é tratado"*. Esta crescente despersonalização do homem em relação ao trabalho abstrai sua condição de homem de carne e osso, restando-lhe apenas a *"fruição de um hedonismo narcotizante, sob a forma de aquisição compulsiva de bens"* (FLEIG, 2003, p. 3).

Em lingüística, significado é aquilo que uma língua expressa acerca do mundo em que se vive ou acerca de um mundo possível. Para Saussurre[4] significado é a formação de uma compreensão e interpretação individual do sentido dado ao signo; é o conceito ou idéia; é a representação intelectual de um objeto ou da realidade social, plasmada pela formação sociocultural e Barthes[5] explica que "o significado não é uma coisa, mas uma representação psíquica da coisa" (CARVALHO, 1976, pp. 60-62). É essa representação, compreen-

---

4. SAUSSURRE, Ferdinand de. *Curso de lingüística geral*. São Paulo: Cultrix, 1969.
5. BARTHES, Roland. *Elementos de semiologia*. 2. ed. Tradução de Izidoro Blikstein. São Paulo: Cultrix / USP, 1972.

são e interpretação individual do trabalho, ou seja, o seu significado, que foi objeto deste estudo.

A herança histórica do significado do trabalho chegou à atualidade através da própria língua, com o sombrio significado da palavra, oriunda de *tripalium* trazendo uma avaliação negativa do trabalho. Mas além dessa vertente negativa, há um segundo eixo avaliativo com uma clara valorização positiva, que "vê o trabalho como aplicação das capacidades humanas para propiciar o domínio da natureza, sendo responsável pela própria condição humana", agregando a noção de empenho e esforço para atingir determinado objetivo, segundo Bastos *et al.* (1995, pp. 20-22).

Dentro de um contexto socioeconômico, esse significado amplia-se adquirindo conotações diversas, como em Marx ou Freud. As características do trabalho apontadas pelo primeiro possibilitaram pensar o trabalho como tendo conseqüências para a transformação do mundo objetivo e material no ser humano enquanto parte desse universo; já o segundo analisou o trabalho na constituição do ser humano como meio pelo qual este procura relacionar-se com o mundo externo, através do processo de buscar o prazer e evitar o sofrimento. Assim, "marcado pelo fato de ser vinculado à vida na comunidade humana por meio de uma atividade produtiva", o trabalho adquiriu, na obra de Marx, um significado de reconhecimento do sujeito no mundo externo a ele e, em Freud, o de mobilização da vida psíquica individual junto à vida em sociedade (TITTONI, 1994, pp. 23-24).

Em qualquer dessas ou de outras interpretações, é através da análise de como os trabalhadores vivenciam e experimentam aquelas relações que se torna possível apreender quais os significados atribuídos ao trabalho e às práticas que se desenvolvem a partir dessa experiência. Mas Corrêa *et al.* (2002, p. 3) ressaltam que "a significação do trabalho encontra-se vinculada, em grande parte, às condições da sua efetivação".

Pesquisas acerca do significado vêm sendo desenvolvidas esparsamente desde a década de 1950. De uma forma mais sistemática, os estudos sobre o significado do trabalho surgiram na Psicologia Organizacional e do Trabalho apenas na década de 1980, quando começaram as pesquisas transnacionais e com amostras maiores. Dentre diversas pesquisas, uma das mais amplas e atualizadas é a da equipe do *Meaning of Working International Research Team* (MOW). Em 1987, seus pesquisadores publicaram o primeiro estudo do grupo, com os resultados de uma pesquisa comparativa acerca do significado do trabalho em oito países, numa tentativa de sistematizar esse conceito. O MOW estudou o significado psicológico do trabalho para determinar como as pessoas o definem, para captar o significado e o valor que lhe são atribuídos e para entender como e por que seus significados e suas conseqüências variam em diversos países. Constataram-se algumas dificuldades nas pesquisas, pelos fatos de o trabalho não ter o mesmo significado e função para todas as pessoas e de a institucionalização do trabalho e sua relação com outros papéis de vida modelarem grande parte do significado a ele atribuído, detectando portanto a necessidade de a pesquisa abranger também as outras esferas de cada entrevistado. Identificaram três domínios do significado do trabalho, determinados como a descrição teórica das diferentes bases para a fixação dos indivíduos ao fenômeno do trabalho: (a) a centralidade do trabalho na vida como um todo (grau de importância geral que possui na vida do indivíduo, independente das razões pelas quais se atribui a importância); (b) relação que o indivíduo estabelece com as normas socialmente aceitas acerca do trabalho, envolvendo direitos e deveres; e (c) o valor dado ao resultado do trabalho, que corresponde aos resultados ou produtos do trabalho aos quais se dá valor, equivalendo à resposta questão "por que o indivíduo trabalha?". A definição sobre o que é valorizado pelo indivíduo é que permite o entendimento do que o torna mais ou menos satisfeito com sua ocupação ou do que torna uma situação de trabalho mais atrativa do que outra. Esse domínio relaciona-se às noções de satisfação e motivação do indivíduo e envolve as funções: (a) de lhe permitir obtenção de *status* e prestígio; (b) econômica (rendimentos por ele considerados necessários); (c) de mantê-lo ocupado (em atividade); (d) de contato social (permitir-lhe estabelecimento de relações interpessoais); (e) de fazê-lo se sentir útil à sociedade; e (f) auto-expressiva ou intrínseca (o trabalho permitindo-lhe a auto-realização).

2.5. A pesquisa que embasou o modelo para compreensão do significado do trabalho

A abordagem da pesquisa foi qualitativa, na qual o pesquisador procura entender os fenômenos segundo a perspectiva dos atores sociais para então interpretar a realidade social. Assim, ao invés de tratá-los como objetos passíveis de serem quantificados estatisticamente, dá-se voz a eles. Foi uma pesquisa aplicada, exploratória (envolvendo levantamento bibliográfico, entrevistas com indivíduos afetados pelo problema estudado e análise de exemplos reais a fim de estimular a compreensão do tema). Teve igualmente características de pesquisa descritiva, pois também visou a identificar e descrever fatores que contribuíssem para a construção individual do significado do trabalho, estabelecendo relação entre este, o vínculo trabalhista e a escolaridade. Nos procedimentos técnicos e meios de investigação, a principal técnica utilizada foi uma adaptação da história de vida temática, centrada principalmente no trabalho. Foram realizadas 24 entrevistas por pautas (GIL, 1999), com indivíduos entre 30 e 55 anos na região metropolitana de Belo Horizonte (MG), com diferentes vínculos trabalhistas (empregados com e sem carteira assinada, autônomos, donas de casa e religioso) e escolaridades (metade com nível básico e metade com nível superior completo). A coleta de dados levou em conta os aspectos manifestos e toda a comunicação não-verbal que os acompanhou e que continha informações essenciais para a análise dos dados. Outro fator importante nessa seleção é que se mesclaram doze pessoas já conhecidas pela autora há algum tempo (seis de nível básico de escolaridade e seis de nível superior) e doze pessoas por ela desconhecidas, ou indicadas por alguém ou escolhidas completamente ao acaso. Essa mescla teve como objetivo não deixar que o conhecimento prévio do entrevistado pela pesquisadora levasse a conclusões tendenciosas. Procurou-se também selecionar uma amostra bem heterogênea em vários outros aspectos, como gênero (treze homens e onze mulheres), religião, idade, estado civil, local de trabalho (em casa, na rua, em empresa) e local de nascimento. O discurso individual transcrito foi tratado, então, através da análise de conteúdo, que "enquanto esforço de interpreta-

ção oscila entre os dois pólos do rigor da objectividade e da fecundidade
da subjectividade" (BARDIN, 2004, p. 7). Gill (2002) entende por
discurso todas as formas de fala e textos, seja quando ocorre naturalmente nas conversações, seja quando é apresentado sob a forma
de material de entrevistas ou textos escritos de todo o tipo. Optou-se
por utilizar o *tema* como unidade de registro, além da indispensável
análise de contexto, que explicita a caracterização dos informantes;
suas condições de subsistência; a especificidade de suas inserções
em grupos sociais diversificados. Escolheu-se utilizar a análise de
conteúdo por categorias estabelecidas *a posteriori*, optando-se pelo
critério de semântica (no qual as categorias são ordenadas por temas e, por isso, também denominadas categorias temáticas).

As análises foram realizadas sob a ótica da subjetividade dos
próprios entrevistados. Buscou-se compreender e enxergar o significado do trabalho através da lente do próprio sujeito e de como ele
imagina que os outros o vêem, e não através da visão que o mundo
exterior possa ter a respeito dele. À medida do possível, procurou-se
interpretar o ponto de vista desse indivíduo acerca do significado do
trabalho naquele momento, em consonância com seu *habitus* e
campus[6].

Nas entrevistas, o significado do trabalho foi explorado de duas
formas: (a) através de perguntas diretas sobre o assunto, sutilmente
repetidas de diferentes formas em pontos diversos da conversa, a
fim de confirmar a resposta inicial e minimizar o efeito de respostas
premeditadas; e (b) através de questões que indiretamente levavam
à sua definição, numa formatação de pergunta que despistava o objetivo da questão para checar possíveis contradições. Esse procedimento obteve êxito, já que, através dele, pôde-se detectar que alguns
entrevistados confirmavam suas opiniões em todos os casos, enquanto
outros começavam com um discurso e terminavam com outro (inicia-
vam reproduzindo o discurso do sistema ou da empresa ou às vezes

---

6. Conceitos de Pierre Bourdieu (2003): *habitus*, sinteticamente, significa
conhecimento adquirido e um haver (um capital) que atua como força conservadora
que organiza e produz a prática voluntária; e *campus*, a configuração das relações
socialmente distribuídas do ator social.

querendo passar uma imagem socialmente valorizada, mas, à medida que se descontraíam, deixavam vir à tona suas reais opiniões).

2.5.1. Formação do significado do trabalho

Para entender o que foi dito sobre o significado do trabalho,
primeiramente isolaram-se os elementos que influenciaram sua formação e, depois, checou-se se eles ainda influenciavam ou determi-
navam as declarações relativas a seu significado atual. Visando a
delinear possíveis modificações nesse significado, da mesma forma
que, no início de cada entrevista, se perguntou o que os pais haviam
passado para o entrevistado sobre o trabalho, mais no final da pauta
foi perguntado o que ele passaria adiante para filhos, sobrinhos ou
outras crianças sob sua orientação. Essa seqüência desvendou a lógica de recepção (*inputs*) e emissão (*outputs*) de mensagens para a
construção do significado, respectivamente recebidas dos antece-
dentes e repassadas para os descendentes.

Nos *inputs*, a mensagem explicitada, o exemplo ou o comportamento dos pais (ou do responsável pela criação), aliados à condição
socioeconômica, foram os principais formadores do significado do
trabalho. O legado dos pais são performances a serem reproduzidas
ou refutadas (nesse último caso adota-se conduta contrária ao que
foi assimilado).

É interessante também observar que a mensagem passada pelos pais ao longo da vida dos entrevistados, principalmente na infância, processou-se de várias formas, tendo sido tanto verbalizada quanto demonstrada através de exemplo ou premiações, ameaças e punições, ou ainda pela ausência de mensagens explícitas.

A influência dos pais – positiva ou negativa – na formação do
significado do trabalho foi relevante para todos os 24 entrevistados.
Essa é uma questão que transcende a materialidade do trabalho, sendo
ligada ao seu valor, como será visto adiante. A variedade dos significados recebidos que auxiliaram na formação do significado do trabalho
para os entrevistados coincide com a classificação de significados proposta nesta dissertação, que também será apresentada mais à frente.

As condições socioeconômicas da família de origem também
foram fator relevante na formação do significado do trabalho. Nos

casos dos entrevistados que passaram maiores dificuldades financeiras na infância, o trabalho era incentivado, por vezes exigido, e visto como a tábua de salvação. A educação escolar era encarada como a única via para melhoria efetiva, o que nem sempre se concretizou. Na maioria das mensagens recebidas pelos entrevistados, o trabalho era tido como importante e essencial. Os que detinham melhores condições econômicas na infância tiveram mais tempo para se dedicar aos estudos e escolher a profissão que seguiram, sem a cobrança de se sustentar ou ajudar financeiramente em casa.

Em todos os casos estudados, sugeriu-se que a religião não foi fator determinante na formação do significado do trabalho enquanto herança recebida dos mais velhos, embora tenha tido participação na consolidação desse significado numa idade mais madura. Isso se explica pelo fato de alguns, ao longo da vida, terem mudado da religião ou crença da família de origem para outra e de nenhum dos entrevistados ter citado ou insinuado a relevância de práticas religiosas quando eram crianças, mas somente depois de adultos e por livre escolha. Mesmo para o Padre, a religião só passou a predominar quando, já adolescente, foi cursar a quinta série do primeiro grau num Seminário. Vale registrar que em três entrevistas analisadas a questão religiosa surgiu muito forte, mas, curiosamente, partindo de indivíduos com diferentes religiões (evangélico, espírita e católico). Para esses três entrevistados, a influência da religião dá-se tanto na forma de executar o trabalho quanto na de lhe atribuir significado.

Outros fatores que, mencionados em algumas entrevistas, também agiram na construção do significado já na idade adulta foram:
- a ambição (de poder, de consumo, de *status*) – nesse caso, a meta pretendida pelo entrevistado era sempre maior do que a tarefa em si, dotando o trabalho de um sentido particular e específico;
- auto-estima/auto-imagem – por motivos diversos que não cabe aqui detalhar, alguns afirmaram acreditar que são bons, competentes e desejados e que vão sempre conseguir boas oportunidades. Esses entrevistados, ao narrar suas histórias, destacaram suas conquistas e vitórias. Outros disseram não se sentir com valor suficiente, merecedores ou dignos de situações melhores, carregando esse estigma para o trabalho;

-   centralidade do trabalho e relevância das demais esferas da vida
    – a importância atribuída a relacionamentos afetivos, família,
    amigos, religião, estudo e lazer determinou a prioridade de cada
    um deles, o que influenciou diretamente na percepção e
    significado do trabalho.

Então, nos *inputs* estão o que o entrevistado recebeu como
mensagens e o que sofreu pela ação de fatores que influenciaram a
formação do significado do trabalho e a forma de praticá-lo. Já no
outro lado, o dos *outputs*, está o que ele repassa ou repassaria acerca disso, ou seja, o que transmite ou transmitiria a seus descendentes. Esses *outputs* têm, basicamente, um dos dois seguintes teores:
(a) a orientação que o entrevistado gostaria de ter recebido para
efetivar suas escolhas e/ou para evitar que seus filhos passem ou
venham/viessem a passar pelas mesmas dificuldades e sofrimentos
que mais o incomodam/incomodaram ou atrapalham/atrapalharam
na vida profissional; e (b) as informações sobre o seu modo de perceber o trabalho atualmente e sobre o que considera importante na
sua conduta e para bem executar suas tarefas.

As recomendações que os entrevistados apontaram como as
que fazem ou fariam a seus descendentes acerca do trabalho podem
ou não coincidir com o conteúdo da mensagem que lhes foi passada
por seus pais.

2.5.2. Significado do trabalho

Quanto ao significado do trabalho propriamente dito, a primeira
observação que vale registrar é que há confusão entre o que se espera do trabalho, a sua importância e o seu significado – ocasionada,
principalmente, pela falta de reflexão sobre o tema. Em paralelo,
constatou-se que esse significado explicitado do trabalho nem sempre se coaduna com o subtexto (significado deixado nas entrelinhas,
que foi denominado de significado implícito), ou seja, por vezes o
entrevistado verbalizou um determinado significado, mas camuflou
seu real sentido. Isso pôde ser detectado através da comparação de
respostas a perguntas similares e através da repetição excessiva de
palavras sinônimas que reforçavam o significado implícito, por vezes
contrário ao significado explícito.

Comparando-se o que os entrevistados consideraram significado do trabalho com o que foi enunciado por Riches (2000) ao se referir a pesquisas do grupo MOW, constataram-se diferenças de enfoque. Os significados levantados na análise do conteúdo desta pesquisa assemelharam-se apenas às funções relacionadas à satisfação e à motivação incluídas no terceiro domínio do significado, que serve como base para a fixação dos indivíduos ao fenômeno do trabalho proposto pelo MOW.

Assim, para chegar a uma compreensão mais clara do significado do trabalho na presente pesquisa, foi preciso desmembrar a análise em núcleos distintos, porém imbricados, considerando:

(a) a centralidade do trabalho;
(b) a integração do sujeito com o trabalho;
(c) a interferência das demais esferas no trabalho e vice-versa; e
(d) o significado propriamente dito, para o qual propõe-se um desmembramento em duas dimensões: materialidade e valor.

A **centralidade do trabalho**, também considerada por Riches (2000), é o grau de importância que o trabalho possui na vida do sujeito em cada momento, independente do porquê de tal importância. É a preponderância relativa do trabalho sobre as demais esferas da vida. Graficamente, poder-se-ia representá-la num *continuum* que oscila entre o trabalho em posição secundária (assumindo uma função mais instrumental de fornecimento de condições para outros fins mais importantes que ele – a pessoa teria interesses que se sobrepõem a ele) e o trabalho em posição principal (e, nessa posição, é ele que dá sentido à vida); o ponto central seria o equilíbrio entre o trabalho e as demais esferas (DIAGRAMA 1).

DIAGRAMA 1
Continuum da centralidade do trabalho

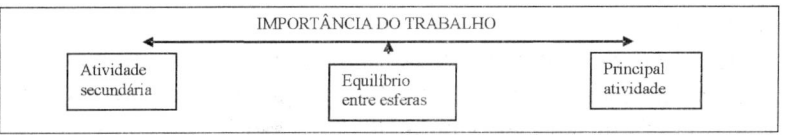

A questão da **integração do sujeito com o trabalho** transcende o tempo que este ocupa em sua vida (centralidade), pois define o grau de dedicação e envolvimento que cada um mantém com as atividades de trabalho. Por um lado, embora possa até preencher grande parte do tempo de uma pessoa, o trabalho é realizado de uma forma mecânica e distante, sem envolvimento emocional e sem preocupação. Isso é diferente do grau de entrega pessoal, de mobilização e até de alienação em relação ao trabalho. O sujeito pode oscilar do distanciamento e da indiferença à completa mobilização e alienação. A representação gráfica dessa questão é apresentada no DIAGRAMA 2.

DIAGRAMA 2
Continuum da integração do sujeito com o trabalho

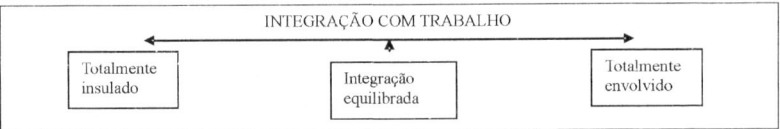

A **interferência do trabalho nas demais esferas da vida e vice-versa** também tem semelhanças com a centralidade do trabalho. Porém, enquanto a centralidade se relaciona mais à preponderância do trabalho sobre as demais esferas, a interferência volta-se para o quanto o sujeito permite que um determinado aspecto de sua vida interfira no seu comportamento ou desempenho frente a outra esfera. Em uma linguagem figurada, seria como um filtro entre cada dimensão que, dependendo de sua espessura, isolaria mais, ou menos, a transmissão dos efeitos positivos ou negativos de cada acontecimento/sentimento de uma esfera para a outra. Nas entrevistas, foram mencionadas seis esferas relevantes para além do trabalho: família, relacionamento afetivo, religião e suas práticas, lazer, estudos e amigos.

O *continuum* que representa essa interferência vai do isolamento completo de cada esfera à permeabilidade total entre duas ou mais esferas, conforme apresentado no DIAGRAMA 3. São os casos, respectivamente, de quem definitivamente não leva problemas do trabalho para casa e de casa para o trabalho, e de quem prioriza, por exemplo, dogmas religiosos que coíbam a execução de um trabalho.

DIAGRAMA 3

Continuum da interferência do trabalho nas demais esferas da vida e vice-versa

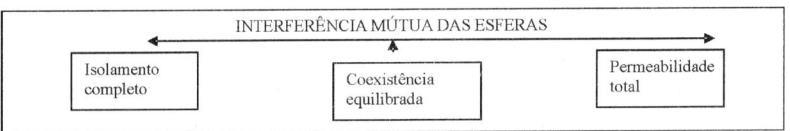

Finalmente, quanto ao **significado do trabalho** propriamente dito, propõe-se uma nova configuração. Da mesma forma que Aristóteles distinguia dois componentes no trabalho e Lukács destacava-lhe a posição teleológica e a realização prática (ANTUNES, 2003), para fazer uma classificação mais precisa podem-se, também, identificar duas dimensões no significado do trabalho:

- a dimensão da materialidade, que corresponde à parte objetiva e concreta, à prática das tarefas, à remuneração, à satisfação ou irritação com as condições de trabalho e aos benefícios ou malefícios advindos dele, transita entre a obrigação e a opção (diletantismo) e pode se alterar de acordo com a atividade profissional momentânea e de cada fase da vida;

- a dimensão dos valores intrínsecos transcende a objetividade e diz respeito a uma concepção mais geral do que o trabalho representa, à sua importância enquanto parte da vida. Está relacionada com a vivência dos conflitos interiores, o sofrimento ou o prazer de trabalhar, o alcance ou não do retorno que se espera do trabalho e sua harmonia com os princípios de cada um. Não é momentânea nem relativa a uma tarefa em uma empresa ou profissão específica, mas ao retorno subjetivo que isso traz num prazo maior no decorrer da vida. Nessa dimensão, transita-se entre o que se convencionou chamar de sacrifício e sacro ofício.

É essencial para essa definição entender o que se quer expressar com essas palavras:

-   Materialidade – é a circunstância material que constitui um fato, abstraindo-se os motivos; é o conjunto de elementos objetivos de uma situação.
-   Valor – é a importância de determinada coisa, estabelecida ou arbitrada de antemão; a qualidade do que tem força, vigor, valentia; a qualidade pela qual determinada pessoa ou coisa é estimável em maior ou menor grau; o mérito ou o merecimento intrínseco, importância, consideração.
-   Sacrifício – é a renúncia voluntária a um bem ou a um direito; a privação, voluntária ou involuntária, de uma coisa digna de apreço e estima; o risco em que se põem os próprios interesses para interesse de alguém, de alguma coisa ou de um fim que se tem em vista; o desprezo de uma coisa para dar mais realce ou importância à outra; a sujeição, submissão.
-   Sacro ofício – é a atividade à qual se atribui a qualidade de sagrada, onde sacro é o que é profundamente respeitável, que não deve ser infringido ou violado, que não se pode deixar de cumprir, nobre, sublime; também pode ser concernente às coisas divinas, à religião, aos ritos ou ao culto.

O significado do trabalho é formado, então, por uma relação entre a dimensão da materialidade e a dos valores, que assume a seguinte configuração (DIAGRAMA 4). Nesse diagrama, cada sujeito pode ser localizado em um quadrante, em uma relação do valor atribuído ao trabalho com a avaliação da materialidade. Pode haver divergência na posição do entrevistado em função de a análise ser baseada no significado explícito ou no implícito.

Como já comentado, houve alguma confusão por parte dos entrevistados em delimitar o que esperam do trabalho, sua importância e seu significado. Acredita-se que isso ocorra quando não se separam os aspectos materiais, práticos e concretos do trabalho – que são temporais e mutáveis de acordo com a tarefa que se executa, com as condições e o ambiente em que é realizado e/ou com a empresa na qual ou para a qual se trabalha – dos seus aspectos mais abstratos e subjetivos, como o que se espera do trabalho, sua importância e o alcance ou não de objetivos individuais e coletivos. Essa proposta das duas dimensões surgiu a partir de alguns depoimentos

DIAGRAMA 4
Confluência das dimensões do trabalho: materialidade e valor

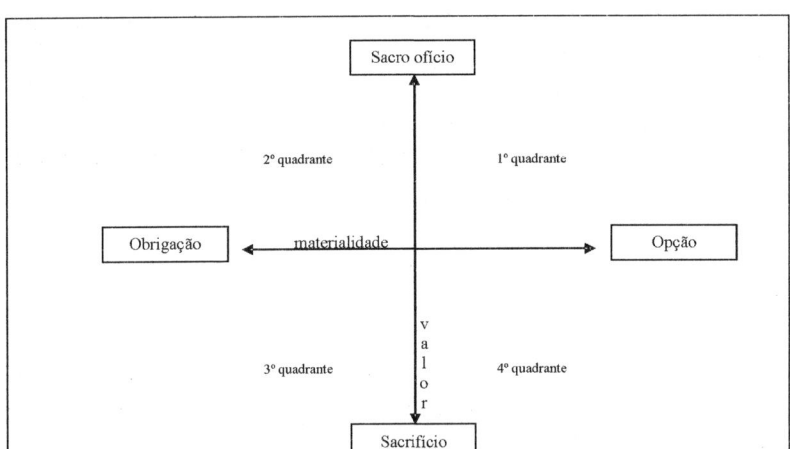

contraditórios em relação a gostar/não gostar, ter prazer/irritar-se, trabalhar por opção/obrigação, ou até mesmo a ocupar-se/não trabalhar. Na verdade, parte dessa dicotomia deveu-se ao fato de os entrevistados não atentarem que estavam se referindo a diferentes aspectos de um mesmo trabalho – logo, a essas diferentes dimensões.

Para identificar e agrupar os significados de trabalho que emergiram das entrevistas, partiu-se das classificações do terceiro domínio pesquisado pelo MOW, adaptando-as aos resultados obtidos pela pesquisa, sendo redefinidas nos seguintes grupos: (a) de lhe permitir obtenção de *status*, prestígio e aceitação social; (b) financeira (sobrevivência, sustento, atendimento a demandas consumistas); (c) de mantê-lo ocupado (em atividade); (d) de contato social (permitir-lhe estabelecimento de relações interpessoais); (e) de se sentir útil à sociedade, ser reconhecido; (f) a auto-expressiva ou intrínseca (autoconhecimento, aumento de auto-estima, crescimento pessoal, auto-realização); (g) aborrecimento, obrigação; e (h) sublimação.

Alguns entrevistados, ao discorrerem sobre o significado do trabalho, fixaram-se mais na vertente de valor. Com uma visão holística, consideram-no como parte de uma integração e melhoria da sociedade, e nesse caso o trabalho integra-se naturalmente à vida, de uma forma harmoniosa. Eles praticamente diferenciam o trabalho de outras atividades pelo compromisso com os demais sujeitos, o que extrapola a auto-realização. Somente levando em consideração esses quatro aspectos – centralidade, integração, interferência e valor/materialidade – é que se pôde delimitar um significado mais preciso do trabalho para cada sujeito.

3. Conclusão

Uma das intenções iniciais desta pesquisa era levantar novas reflexões ou hipóteses sobre questões práticas relativas ao dia-a-dia do trabalhador e ao significado do trabalho. Existia, ainda, a expectativa de levar o entrevistado à reflexão, ou seja, além de fornecer material para esta análise, ele poderia também tirar algum proveito do relato que estava fazendo. Essa meta não só foi plenamente alcançada, como também estimulou atitudes práticas de mudança em alguns envolvidos, no que tange ao trabalho, nos meses subseqüentes – o que reforça a idéia de, pelo conhecimento e entendimento de si próprio, assumiram mais o papel de sujeitos de suas histórias.

Sacrifício *versus* sacro ofício e obrigação *versus* opção são faces de uma mesma moeda chamada trabalho, que, mais do que de troca financeira, tem um valor específico que denuncia uma escolha de estilo de vida, atribuindo significado a cada uma das esferas que constroem a história do sujeito. Mas esse significado não é apenas o declarado, o explícito. Ele pode estar ligado à não-escolha, à aceitação das condições impostas. É uma escolha que vai além da visão objetiva do indivíduo: é inerente à subjetividade que influencia o mundo e é influenciada por ele – sujeito de sua narrativa.

Os resultados da pesquisa, que indicaram o modelo de compreensão do significado do trabalho levaram à sugestão de uma interpretação do significado do trabalho baseada em vários aspectos: centralidade do trabalho na vida do sujeito, integração do sujeito com o trabalho, interferência mútua das diversas esferas da vida e, principalmente, em duas dimensões – a da materialidade (diretamente ligada às condições objetivas de efetivação do trabalho e que se modifica em função da situação, podendo variar no decorrer de um mesmo dia ou de minutos) e a do valor (relacionada à percepção subjetiva e que transcende um determinado momento vivido e remete a uma compreensão ao longo de um processo maior, que é a vida).

A dificuldade – quiçá a impossibilidade – de separar o trabalho como um aspecto insulado da vida está intrinsecamente relacionada com as duas dimensões que, imbricadas em maior ou menor grau, compõem o seu significado: a da materialidade, que supre a necessidade de sobreviver e que depende do dinheiro que geralmente dele advém ou que tem de vir de alguma outra fonte; e a relacionada aos valores, à ética e à moral, que são do sujeito e dele indissociáveis em qualquer esfera da vida (trabalho, lazer, família, relacionamentos etc). O sujeito pode até mudar seu comportamento deliberadamente ou por obrigação para adequá-lo à situação externa, conflitando ou em consonância com esses seus princípios, mas a sua essência acompanha-lo-á, por imposição ou por opção, sofrendo ou tendo prazer, onde quer que vá.

Poderia então o significado do trabalho mudar ao longo da vida do sujeito? Na dimensão material, com certeza, porque ela é reflexo de como as condições exteriores são percebidas por cada um. Na dimensão valorativa, ele pode ou não mudar, e, em caso afirmativo, a mudança geralmente acontece em função de um amadurecimento pessoal que faz com que o sujeito perceba a vida diferente. Com isso suas prioridades e valores também se modificam, e, assim, a posição do trabalho e o significado deste na sua vida podem ser igualmente alterados.

O intuito de provocar a reflexão deve-se ao entendimento da autora de que identificar e compreender a lógica de determinado processo pode representar um redirecionamento de atitudes e postura em relação a ele, relativizando-se o sofrimento que eventualmente possa dele decorrer. Assim, especificamente sobre o significado do trabalho, assumir a responsabilidade sobre a própria situação poderia ser uma das alternativas para minimizar os conflitos e eliminar dissonâncias, como por exemplo gostar do trabalho e simultaneamente criticá-lo ou sofrer por sua causa. É preciso entender a sua dinâmica, a sua estrutura e o seu significado, para então perceber que se pode estar referindo a dimensões diferentes, sem no entanto distingui-las.

Esta pesquisa buscou um reconhecimento da individualidade, das particularidades de cada um e do aprendizado de lidar com o outro conhecendo suas expectativas, nivelando o contrato psicológico e considerando o trabalhador como um indivíduo capaz de atuar e não, como um mero número ou uma peça de uma engrenagem anônima, fria e coisificada.

Reconhecer e compreender o significado do trabalho para cada indivíduo com o qual se lida também pode ser uma das formas de incentivá-lo e fazê-lo produzir melhor e, por outro lado, de fazê-lo se sentir melhor com o que faz e consigo mesmo, em uma relação onde todos podem sair ganhando, cada qual com os fatores que lhes são importantes para formação do seu próprio significado individual, do significado do seu trabalho e, numa visão mais abrangente e holística, do significado da vida.

Referências

ALBORNOZ, Suzana. *O que é trabalho*. São Paulo: Brasiliense, 2002, 103p.

ANTUNES, Ricardo. *Adeus ao trabalho?: ensaios sobre as metamorfoses e a centralidade do mundo do trabalho*. Campinas: Ed. Universidade Federal de Campinas, 2002, 200p.

_____. *Os sentidos do trabalho: ensaios sobre a afirmação e a negação do trabalho*. São Paulo: Boitempo, 2003, 258p.

ARENDT, Hannah. *A condição humana*. 10. ed. Rio de Janeiro: Forense Universitária, 2003, 352p.

BASTOS, Antônio V. Bittencourt; PINHO, Ana Paula M.; COSTA, Clérison A. Significado do trabalho: um estudo entre trabalhadores inseridos em organizações formais. *Revista de Administração de Empresas*, São Paulo, v. 35, n. 6, pp. 20-29, nov./dez. 1995.

BOURDIEU, Pierre. *O poder simbólico*. 6. ed. Rio de Janeiro: Bertrand Brasil, 2003, 322p.

BRAVERMAN, Harry. *Trabalho e capital monopolista: degradação do trabalho no século XX*. Rio de Janeiro: Zahar, 1977, 379p.

CARVALHO, Castelar de. *Para compreender Saussure*. Rio de Janeiro: Ed. Rio, 1976, 97p.

CASTELLS, Manuel. A era da informação: economia, sociedade e cultura. *In*: _____. *A sociedade em rede*. 7. ed. rev. ampl. São Paulo: Paz e Terra, 2003, v. 1.

CHANLAT, Jean-François. Por uma antropologia da condição humana nas organizações. *In*: _____ (Coord.). *O indivíduo na organização: dimensões esquecidas*. 3. ed. São Paulo: Atlas, 1996a. V. 1.

_____. Por uma antropologia da condição humana nas organizações. *In*: _____ (Coord.). *O indivíduo na organização: dimensões esquecidas*. São Paulo: Atlas, 1996b. V. 2.

_____. Por uma antropologia da condição humana nas organizações. *In*: _____ (Coord.). *O indivíduo na organização: dimensões esquecidas*. São Paulo: Atlas, 1996c. V. 3.

CODO, Wanderley (Org.). *O trabalho enlouquece?: um encontro entre a clínica e o trabalho*. Petrópolis: Vozes, 2004, 238p.

CORRÊA, Maria Laetitia; PIMENTA, Solange Maria; DIAS, Silvia Menezes Pires. Reestruturação produtiva e relações do trabalho: representações sociais e formação de identidade na (nova) cultura organizacional. *In*: ENCONTRO DA ANPAD, 26, 2002, Salvador. *Anais...* Rio de Janeiro: ANPAD, 2002. 14p.

CUNHA, Antônio Geraldo. *Dicionário etimológico da língua portuguesa*. 2. ed. Rio de Janeiro: Nova Fronteira, 1996, 1004p.

DALAI-LAMA, XIV (Bstan-®dzin-rgya-mtscho). *A arte da felicidade no trabalho*. São Paulo: Martins Fontes, 2004, 241p. Entrevistas concedidas a Howard C. Cutler (comp.).

DE MASI, Domenico. *O futuro do trabalho: fadiga e ócio na sociedade pós-industrial*. 7. ed. Rio de Janeiro: José Olympio, 2003, 354p.

_____. *O ócio criativo*. 5. ed. Rio de Janeiro: Sextante, 2000, 336p.

DEJOURS, Christophe. *A banalização da injustiça social*. 4. ed. Rio de Janeiro: FGV, 2001, 158p.

_____. *O fator humano*. 3. ed. Rio de Janeiro: FGV, 2002, 104p.

_____. *A loucura do trabalho*: estudo de psicopatologia do trabalho. 5. ed. ampl. São Paulo: Cortez, 1992, 168p.

FIDALGO, Fernando; GONÇALVES, Irlen; SOUZA JÚNIOR, Justino de; MILITÃO, Nadir. Editorial. *Trabalho & Educação*, Belo Horizonte, n. 5, pp. 9-16, jan./jul. 1999.

FLEIG, Daniel Gustavo. Reestruturação produtiva e subjetividade: uma análise interpretativa do significado do desemprego. *In*: ENCONTRO DA ANPAD, 27., 2003, Atibaia/SP. *Anais...* Rio de Janeiro: ANPAD, 2003, 15p.

FONSECA, Eduardo Giannetti. *Vícios privados, benefícios públicos?: a ética na riqueza das nações*. São Paulo: Companhia das Letras, 1993, 244p.

FOUCAULT, Michel. *Microfísica do poder*. Organização e tradução de Roberto Machado. 18. ed. Rio de Janeiro: Graal, 2003, 296p.

_____. *Vigiar e punir: nascimento da prisão*. Petrópolis: Vozes, 2004, 262p.

FREUD, Sigmund. *O mal-estar na civilização*. Rio de Janeiro: Imago, 2002, 116p.

GIL, Antônio Carlos. *Métodos e técnicas em pesquisa social*. São Paulo: Atlas, 1999, 206p.

GILL, R. Análise de discurso. *In*: BAUER, M.W.; GASKELL, S.; ALLUM, N.C. (Org.). *Pesquisa qualitativa com texto, imagem e som: um manual prático*. Petrópolis: Vozes, 2002, pp. 244-269.

GORZ, André. *Crítica da divisão do trabalho*. 3. ed. São Paulo: Martins Fontes, 2001, 248p.

HABERMAS, Jürgen. *Consciência moral e agir comunicativo*. 2. ed. Rio de Janeiro: Tempo Brasileiro, 2003, 236p.

HELOANI, Roberto. *Gestão e organização no capitalismo globalizado: história da manipulação psicológica no mundo do trabalho*. São Paulo: Atlas, 2003, 240p.

KILIMNIK, Zélia M.; MORAES, L. F. R. O conteúdo significativo do trabalho como fator de qualidade de vida organizacional. *Revista da ANGRAD*, São Paulo, v. 1, 2000.

LAFARGUE, Paul. *O direito à preguiça*. São Paulo: Claridade, 2003, 93p.

LAZEAR, Jonathon. *O homem que confundiu seu trabalho com a vida: como recuperar o equilíbrio quando trabalhar se torna um vício*. 2. ed. Rio de Janeiro: Sextante, 2004, 151p.

LIMA, Maria Elizabeth Antunes. *Os equívocos da excelência: as novas formas de sedução na empresa*. Petrópolis: Vozes, 1996, 357p.

_____. *O significado do trabalho humano: mito e ilusões do homem moderno*. 1986. 318f. Dissertação (Mestrado em Administração) – Faculdade de Ciências Econômicas, Universidade Federal de Minas Gerais, Belo Horizonte, 1986.

MARGLIN, Stephen. Origens e funções do parcelamento de tarefas: para que servem os patrões?. *In*: GORZ, André. *Crítica da divisão do trabalho*. 3. ed. São Paulo: Martins Fontes, 2001, pp. 37-78.

MICKLETHWAIT, John; WOOLDRIDGE, Adrian. *O futuro perfeito: os desafios e armadilhas da globalização*. Rio de Janeiro: Campus, 2000, 419p.

MINARELLI, José Augusto. *Empregabilidade: como ter trabalho e remuneração sempre*. 19. ed. São Paulo: Gente, 2003, 120p.

MORIN, Edgar. *A cabeça bem feita: repensar a forma, reformar o pensamento*. Rio de Janeiro: Bertrand Russel, 2001, 128p.

MOW – Meaning of Working. *The meaning of working: survey C*. [s.l.]: MOW, apr, 1995. 11p. Disponível em <http://www.allserv.rug.ac.be/~rclaes/MOW/surv_c_e.pdf>. Acesso em 20 jan. 2004.

_____. Webpage desenvolvida por S. Antonio Ruiz-Quintanilla, 1997, rev. por R. Claes, 2003. Apresenta atividades, eventos, pesquisas, publicações e petições do MOW Center. Disponível em: <http://www.allserv.rug.ac.be/~rclaes/MOW/>. Acesso em: 03 fev. 2004.

NEVES, José Luís. Pesquisa qualitativa: características, usos e possibilidades. *Caderno de Pesquisas em Administração*, São Paulo, v. 1, n. 3, 2. sem. 1999.

OHLWEILER, Otto Alcides. *Materialismo histórico e crise contemporânea*. 2. ed. Porto Alegre: Mercado Aberto, 1985, 304p.

PIMENTA, Solange M. A estratégia da gestão na nova ordem das empresas. *In*: _____ (Org.). *Recursos humanos: uma dimensão estratégica*. Belo Horizonte: UFMG, 1999, pp. 127-146.

_____. Gestão, política e relações de trabalho contemporâneas. *Revista da FEAD-Minas*, Belo Horizonte, v. 1, n. 1, pp. 48-60, jan./jun. 2004.

PUGH, Derek S.; HICKSON, David J. *Teóricos das organizações*. Rio de Janeiro: Qualitymark, 2004, 226p.

QUINTANEIRO, Tânia; BARBOSA, Maria Lígia de Oliveira; OLIVEIRA, Márcia G. Monteiro de. *Um toque de clássicos: Marx, Durkheim, Weber*. 2. ed. rev. ampl. Belo Horizonte: Ed. UFMG, 2003, 159p.

RICHES, Vivienne C. *Real work for real pay*: why employment is an important quality of life issue. Seattle: Centre for Developmental Disability Studies, 2000, 10p. Disponível em: <http:// www.members.shaw.ca/.../Articles%20for%20download/ Real%20work%20for%20real%20pay%20-%20Vivienne% Riches.doc>. Acesso em: 22 jan. 2004.

RUSSELL, Bertrand. *O elogio ao ócio*. 3. ed. Rio de Janeiro: Sextante, 2002, 183p.

SENNETT, Richard. *Autoridade*. Rio de Janeiro: Record, 2001, 270p.

_____. *A corrosão do caráter: conseqüências pessoais do trabalho no novo capitalismo*. Rio de Janeiro: Record, 2003, 204p.

SILVA, Josué Pereira da. *André Gorz: trabalho e política*. São Paulo: Annablume/Fapesp, 2002, 228p.

SOARES, Célia R. Vasconcelos. *Significado do trabalho: um estudo comparativo de categorias ocupacionais*. 1992. 143f. Dissertação (Mestrado em Psicologia) – Instituto de Psicologia, Universidade de Brasília, Brasília, 1992.

SROUR, Robert H. *Poder, cultura e ética nas organizações*. Rio de Janeiro: Campus, 1998, 386p.

TADEI, E. H. Empregabilidade e formação profissional: a nova face da política social na Europa. *In*: SILVA, L. H. (Org.). *A escola cidadã no contexto de globalização*. 4. ed. Petrópolis: Vozes, 2000, pp. 340-368.

TAVARES, Marcelo. A clínica na confluência da história pessoal e profissional. *In*: CODO, Wanderley (Org.). *O trabalho enlouquece?: um encontro entre a clínica e o trabalho*. Petrópolis: Vozes, 2004, pp. 53-104.

TEIXEIRA FILHO, Jayme. *Conflitos e motivações: sobre o significado do trabalho nas organizações atuais*. Rio de Janeiro: [s.n.], [200-]. 7p. Disponível em: <http://www. informal.com.br/artigos/art003.htm>. Acesso em: 22 maio 2003.

THIRY-CHERQUES, Hermano Roberto. *Sobreviver ao trabalho*. Rio de Janeiro: FGV, 2004, 181p.

TITTONI, Jaqueline. *Subjetividade e trabalho*. Porto Alegre: Ortiz, 1994, 182p.

TONELLI, Maria J. Organizações, relações familiares e amorosas. *In*: DAVEL, E.; VERGARA, Sylvia C. (Org.). *Gestão com pessoas e subjetividade*. São Paulo: Atlas, 2001, pp. 243-261.

TRENKLE, N. O terrorismo do trabalho. *Juridikum*, Viena, 4p., fev. 1998. Disponível em: <http://www.planeta.clix.pt/obeco/nbt2.htm>. Acesso em: 27 abr. 2003.

VASQUES-MENEZES, Ione. Por onde passa a categoria trabalho na prática terapêutica. *In*: CODO, Wanderley (Org.). *O trabalho enlouquece?: um encontro entre a clínica e o trabalho*. Petrópolis: Vozes, 2004, pp. 23-52.

VIEIRA, Adriane. Cultura, poder e identidade nas organizações. *Revista da FEAD-Minas*, Belo Horizonte, v. 1, n. 1, pp. 61-75, jan./jun. 2004.

Capítulo 2
COMPETÊNCIA NA PERSPECTIVA DO TRABALHO

Adriano Cordeiro Leite
Iris Barbosa Goulart

Resumo

O estudo da Competência no mundo do Trabalho é tema de várias áreas do conhecimento: Psicologia, Administração, Sociologia, dentre outras. Tão ampla quanto as áreas envolvidas é a diversidade de orientações teóricas. O presente capítulo foi elaborado no intuito de levantar questionamentos acerca do debate acadêmico e das demandas do mercado sobre a competência. Procura-se evidenciar a distinção entre modismos e mudanças organizacionais em andamento, verificando se a abordagem atual do tema competência constitui algo novo ou se trata apenas de nova roupagem para uma questão antiga. Dessa forma, busca-se contribuir para essa discussão ao selecionar dois pontos comuns que emergem na miríade da produção sobre esse tema: o conhecimento no trabalho e a formação profissional.

1. A emergência da noção de competência

Antes de iniciarmos uma discussão mais estrita sobre a noção de competência, é necessária uma breve revisão da aplicação do conhecimento e a formação profissional no modo de produção capitalista, pois entendemos que esses são pontos comuns às vertentes que tratam desse tema.

Para uma compreensão da atual situação de competitividade enfrentada pelas empresas, optamos por destacar a vertente tecnlógica[1] no desenvolvimento do capitalismo (ALBAN, 1999)[2]. A relevância dessa vertente pode ser constatada pela análise da mesma por autores de diferentes orientações.

> A indústria moderna nunca considera nem trata como definitiva a forma existente de um processo de produção. Sua base teórica é revolucionária, enquanto todos os modos anteriores de produção eram, essencialmente, conservadores. (MARX, 1989, p. 557)

> Os aumentos quantitativos de produtividade, naturalmente, são apenas parte do panorama. A tecnologia moderna produz não apenas mais e com maior rapidez; ela produz objetos que não poderiam ser fabricados de maneira nenhuma com os métodos artesanais do passado. (LANDES, 1994, p. 9-10).

O surgimento da tecnologia é um dos expoentes de um *zeitgeist*[3] marcado pela ruptura com as condições históricas precedentes, da elaboração de metanarrativas, do fascínio pela técnica, pela velocidade, pelo movimento, pela máquina, pelo sistema fabril – o modernismo (HARVEY, 1994). Ortega y Gasset (1991, p. 73) corrobora essa observação: "o tecnicismo da técnica moderna (tecnologia) se diferencia fundamentalmente daquele que inspirou todas as anteriores (técnicas). Surge nas mesmas datas que a ciência física e é filho da mesma matriz histórica".

Gama (1986, p. 31) acrescenta que "a tecnologia moderna foi batizada por inspiração grega, apenas no século XVIII". Apesar de localizar na Grécia Jônica uma primeira tentativa de sustentar a técnica em bases científicas, o autor adverte quanto ao uso apropriado

---

1. A definição do termo tecnologia não é algo pacífico. Assim, nos restringiremos a ofertar fundamentação teórica que nos possibilite apresentar nossa discussão sem a intenção de esgotar o tema tecnologia.

2. Não é foco de nossa análise a discussão entre uma possibilidade de conciliação ou de uma antagonia ontológica entre Capital e Trabalho.

3. "Espírito do tempo", o sentimento de uma época, o pensamento de um momento histórico.

do termo tecnologia[4]. O uso de termos como "tecnologias antigas" ou "tecnologia medieval", dentre outros, além de ocultar mudanças históricas (tanto no campo político quanto no científico e da técnica), cria uma falsa imagem de continuidade[5].

A tecnologia emerge, portanto, do embate[6] entre a teoria e a técnica, visando uma ação eficaz. Gama (1986, p .97) destaca a obra de Desargues[7], cujo intuito era o estabelecimento de "uma ciência geométrica geral capaz de servir de apoio às diversas técnicas, a saber: a perspectiva, o corte de peças de pedra ou de madeira". Ou seja, a transformação dos conhecimentos empíricos, codificados nas "cantorias"[8], para um conjunto de princípios metódicos e universais.

Em relação à busca por um maior desempenho, a linguagem dos artesãos se tornou a referência para a estruturação de um discurso com base científica. Desse modo, pela linguagem, a tecnologia entrava num contexto dominado por segredos de ofícios. Após percorrer esse caminho de descobrimento e domínio da linguagem, e, assim, dos segredos, buscou-se incorporar, no processo produtivo, um conjunto de conhecimentos sistematizados.

A tecnologia no sentido seiscentista cumpre o papel de, juntamente, com a criação de escolas artesanais, solapar o domínio das corporações, cujos privilégios dificultam,

---

4. Será utilizada, então, apenas a palavra tecnologia para se referir à *tecnologia moderna*.

5. O autor, citando Arnold PACEY, *El labirinto Del Ingenio*, ressalta que o termo *artes* se aproxima mais da visão do artesão do que o termo tecnologia no que se refere ao conjunto de habilidades técnicas empregado no trabalho. No que tange a questão do reflexão sobre a atividade e os conhecimentos implicados, GAMA utiliza o termo praxiologia, apenas uma das dimensões da tecnologia moderna - o que corrobora a sua distinção sobre o uso de *artes*.

6. Adota-se a noção de embate ao contrário de reunião devido ao aspecto conflituoso entre as duas esferas envolvidas, isto é, entre aqueles que a aproximam da ciência ou da técnica.

7. Gérard Desargues (1591-1661) foi arquiteto e matemático e teve, como um de seus discípulos, Blaise Pascal.

8. As cantorias representavam uma forma de transmissão oral sobre o trabalho. Para facilitar a memorização, os segredos dos ofícios eram ocultados em termos que compunham as canções.

basicamente, o ingresso do capital na produção e sua
reprodução ampliada pelo aumento das quantidades produzidas.
(Ibid, p.49).

Outra mudança ocorrida no mundo do trabalho diz respeito a
formação do trabalhador, que se afasta de forma radical do sistema
de aprendizagem tradicional e estruturado, voltando-se para a formação de um mercado de trabalho.

Nas Corporações de ofício, impediam-se as inovações técnicas.
As técnicas eram reproduzidas sem alterações para, assim, não permitir o enriquecimento de alguns em detrimento dos ganhos de outros. As inovações, porém, ocorriam em áreas não dominadas por
grêmios.

O sistema de aprendizado das corporações de ofício mostrou-se ineficiente e ineficaz frente às exigências das manufa-
turas. Dowbor (1996) apresenta crítica semelhante ao modelo
de formação profissional, no contexto brasileiro, devido às mudanças no setor produtivo, advindas da terceira revolução
tecnológica:

> Sem os instrumentos técnicos para ser competente na linha
> profissionalizante, e frágil demais para ser transformadora, a
> educação realmente existente termina por constituir um
> universo relativamente ilhado dos processos de transformação
> econômica e social. Muitos vêem 'pureza' neste isolamento,
> quando de trata antes de tudo de impotência". (Ibid, p. 17)

Embora sob perspectivas e referenciais distintos, as análises de
Marx e de Taylor sobre a organização do trabalho, mostram-se complementares para ampliar o contexto de emergência e o horizonte de
utilização da competência.

Com base no processo de produção de capital proposto por
Marx, buscou-se ampliar o entendimento sobre o interesse na prescrição do trabalho juntamente com a necessidade de intervenção
do conhecimento do trabalhador para sua realização.

Marx (1989) distingue, na mercadoria,[9] duas dimensões: o valor de uso[10] e o valor de troca. O valor de uso está relacionado com a qualidade do trabalho empregado para imprimir alguma utilidade. Através da sua utilização ou consumo é que o valor de uso realiza sua finalidade, e constitui o conteúdo do material da riqueza.

Já o valor de troca está relacionado ao aspecto quantitativo do trabalho, ao tempo de trabalho "socialmente requerido para produzir-se um valor de uso qualquer, nas condições de produção socialmente normais, existentes, e com grau social médio de destreza e intensidade do trabalho" (*Ibid.*, p. 46). E como o que importa é o tempo desse trabalho, o mesmo se encontra abstraído de sua natureza.

O autor ressalta que o trabalhador não trabalha duas vezes: uma para construir o valor de uso e outra para o valor de troca. O trabalho, portanto, também exibe um duplo aspecto, sendo que as suas características divergem quando relacionadas com cada tipo de valor, conforme apresentado. Contudo, no momento em que o "capitalista" compra a capacidade de trabalho, a organização da utilização dessa capacidade torna-se sua responsabilidade. Por estar relacionado com o valor de troca, ganha destaque o trabalho abstraído de sua natureza, medido pelo tempo (o trabalho abstrato).

> O que determina a grandeza do valor, portanto, é a quantidade de trabalho socialmente necessário ou o tempo de trabalho socialmente necessário para a produção de um valor de uso. (MARX, 1989, p. 46)

---

9. "A mercadoria é, antes de mais nada, um objeto externo, uma coisa que, por suas propriedades, satisfaz necessidades humanas, seja qual for a natureza, a origem delas, provenham do estômago ou da fantasia"(MARX, 1989, p. 41).

10. "Um coisa pode ser valor-de-uso, sem ser valor. É o que sucede quando a utilidade par o ser humano não decorre do trabalho. Exemplos: ar, a terra virgem, seus pastos naturais, a madeira que cresce espontânea na selva , etc. Uma coisa pode ser útil e produto do trabalho humano sem ser mercadoria. Quem, com seu produto, satisfaz necessidades gera valor-de-uso, mas não mercadoria. Para criar mercadoria, é mister não só produzir valor-de-uso, mas produzi-lo para outros, dar origem a valor-de-uso social".(MARX, 1989, p. 47).

É a dimensão quantitativa que vai estar relacionada com a produção de mais-valia, seja absoluta, pelo aumento de horas trabalhadas; seja relativa, pelo aumento da produtividade da força de trabalho. Entende-se dessa forma, o interesse em prescrever e normalizar as operações a serem executadas.

Entretanto, a manipulação do trabalho abstrato encontra uma limitação na medida em que a existência de um valor de troca necessita da existência de um valor de uso, formado pela dimensão qualitativa do trabalho que produz a utilidade. Assim, o planejamento, a prescrição das operações ou tarefas a serem executadas devem ser seguidos por alguém que saiba realizá-las. Corroborando a necessidade de pessoas mais "competentes", Zarifian (2001, p. 96) afirma que "o novo aumento da importância do valor de uso é certamente um dos fenômenos mais importantes dos últimos anos".

É nesse contexto que ganha relevância, para a compreensão das demandas de formação profissional, a análise empreendida por Santos (1997). A autora ressalta: "[as] *soluções* criadas neste espaço [entre o trabalho prescrito e o trabalho real] pelos trabalhadores sempre foram, e continuam sendo, fundamentais para que a produção se efetive" (*Ibid.*, p. 15, grifo nosso).

Outro ponto de discussão sobre o aproveitamento do conhecimento do trabalhador está na separação entre planejamento e execução, que tem sido um dos grandes questionamentos a partir de um modelo de produção flexível.

Segundo Alban (1999, p. 29) "a primeira grande inovação com fortes impactos na produtividade das indústrias de montagem não foi de natureza técnica, mas sim organizacional", impulsionada pelo modelo taylorista-fordista.

Frederick Taylor (1856-1915) inova ao dirigir a sua atenção à descoberta de métodos ótimos de trabalho, de onde se origina a idéia do *one best way*, a partir de estudos de tempos e movimentos. Opera-se uma divisão entre planejamento e execução, pautada pela divisão científica do trabalho.

Tal divisão fundamenta-se tanto em questões políticas, do embate dos interesses dos trabalhadores e dos patrões, quanto na limitação da qualificação da mão de obra americana no final do século XIX.

Em termos de crescimento econômico, duas observações se sobressaem: a primeira é a repartição dos ganhos de produtividade, devido ao grande número de trabalhadores da estrutura administrativa; a segunda observação é que as máquinas, com a eletromecânica, se simplificaram a ponto de necessitarem de operadores que demandavam pouca formação para o trabalho (aumentando o número de pessoas que poderiam ser empregadas), e que, por meio de treinamento, tornavam-se aptos para o trabalho (ALBAN, 1999). Essa perspectiva, porém, vai apresentar limitações com o advento da terceira revolução tecnológica.

No início dos anos 1980, ainda no embalo do antigo paradigma, o marketing das novas tecnologias prometia máquinas, à prova do pior operador, que fossem capazes até de substituir mão-de-obra cara, escassa e/ou reivindicativa. Não deu certo. As máquinas – caras, sensíveis e complexas – só funcionavam bem quando entregues não aos piores, mas aos melhores. (LEITE, 1996, p. 148)

Ao analisarmos as definições e os contextos nos quais se originam as noções de competência, poderemos observar que tanto o desempenho superior, foco da perspectiva americana, quanto a formação profissional, foco da perspectiva francesa, retomam as dimensões destacadas da relação conhecimento-tecnologia-trabalho, embora não se resumam a estas.

2.Perspectivas sobre a Competência

Duas perspectivas se mostram dominantes acerca da produção sobre a Competência: a americana e a francesa.

2.1 Perspectiva Americana:

Fleury (2002) identifica os trabalhos de McClelland (1973) e de Spencer e Spencer (1993) como uns dos que marcaram a literatura americana sobre o assunto. McClelland (1973) realizou uma revisão crítica das principais argumentações de evidência da validade de predição de testes psicológicos relacionados à inteligência e utilizados como critérios de seleção. O autor apontou impactos dessa utilização e o direcionamento que a testagem deveria seguir. Dentre os impactos, destacam-se: 1) as notas escolares não predizem sucesso profissional; 2) testes de inteligência ou de atitude não predizem sucesso profissional ou outros resultados importantes na vida; 3) o desempenho acadêmico e o desempenho nos testes somente predizem desempenho no trabalho devido a uma relação subjacente ao o *status* social; 4) os referidos testes são discriminatórios com as minorias e 5) as competências seriam melhores preditores de comportamentos importantes que os testes tradicionais.

O autor ainda apresenta propostas para a construção da avaliação por competências: 1) o melhor teste seria uma situação padrão (*criterion sampling*); 2) as avaliações deveriam ser projetadas para refletir mudanças nas aprendizagens das pessoas; 3) deveria ser público e explícito sobre como aumentar e desenvolver a característica a ser avaliada; 4) as avaliações deveriam relacionar competências envolvidas em conjuntos de resultados da vida, não apenas resultados esperados no trabalho; 5) as avaliações deveriam envolver comportamentos operantes e respondentes; 6) as avaliações deveriam examinar padrões de pensamentos para maximizar a generalização de vários resultados de ações.

A proposta de McClelland (1973) não se encerra no comportamento, ou no desempenho esperado. O autor destaca elementos da competência além da dimensão intelectual.

> Some of these competencies may be rather traditional cognitive ones involving reading, writing, and calculating skills. Others should involve what traditionally have been called personality variables, although they might be considered competencies (Ibid, p .10).

Sua abordagem foi desenvolvida e aplicada pela McBer and Company, atual Hay Group. O foco desse trabalho está voltado para tecnologias gerenciais, com metodologia já construída. Essa é a principal diferença em relação à perspectiva francesa, que foca na construção de um conceito para compreender as mudanças na formação profissional e carente de uma metodologia ou técnicas bem definidas. Spencer & Spencer (1993), que desenvolveram sua abordagem a partir dos trabalhos de McClelland e de Boyatzis, relacionam o desempenho no trabalho com RESULTADO; o comportamento com AÇÃO; e características pessoais com INTENÇÃO. Esse grupo, Intenção, do qual se origina toda seqüência causal, é constituído por: motivos, traços de personalidade, auto-conceito e conhecimento[11].

O desenvolvimento profissional, formação, e o ganho em desempenho passam, então, pelo desenvolvimento de conhecimentos, habilidades e atitudes. O que se mostra coerente com a definição de Spencer & Spencer (1993, p. 9, grifos dos autores)

> A competency is an *underlying characteristic* of an individual that is *causally related* to *criterion-referenced effective and/or superior performance* in a job or situation.

2.2 A Perspectiva francesa

A qualificação profissional despontou como tema recorrente na Sociologia do Trabalho Francesa no pós-guerra, devido à necessidade de reestruturação sócio-econômica, quando "o momento se apresentava como de profunda transformação e materializado no desaparecimento dos ofícios, ameaçava o trabalhador" (TOMASI, 2002a, p. 52). Ainda assim, é um conceito em aberto, pois envolve aspectos como tecnologia, organização e gestão de processos de trabalho, formação do trabalhador e remuneração, entre outros. Estes variam perante a história e o contexto social onde ocorrem. Não só as condições sócio-históricas influenciam na produção acadêmica sobre o tema, os autores também divergem quanto a suas concepções.

---

11. Guardando, assim, semelhança com a perspectiva francesa do saber, saber-fazer e saber-ser.

A preferência dada ao conjunto e à polivalência aproxima os sistemas alemães e japoneses, ao passo que o valor conferido ao tempo de serviço e à empresa aproxima os sistemas franceses e japoneses. Qualificação e competência são, portanto, noções inteiramente relativas aos modos de articulação destas três relações sociais que definem a profissionalidade num contexto "societal".(DUBAR, 1998, p. 92)

No contexto francês do pós-guerra, emerge Georges Friedmann com estudos acerca da introdução de tecnologia e do taylorismo e seus impactos na qualificação do trabalhador. Friedmann tem como um de seus problemas centrais o de reconstruir o trabalhador, fragmentado pelo taylorismo, e utilizar o trabalho artesanal como referência do trabalho qualificado. De acordo com esse autor, as empresas não estariam interessadas em ensinar uma profissão mas, com foco em custo, optariam por uma formação fragmentada. "Não é o fato de ser manual que desqualifica o trabalho, mas sim o fato dessa habilidade ser desprovida da possibilidade de pensamento, que fica sob o encargo dos escritórios de concepção" (TARTUCE, 2002, p .97). Desse modo, a tecnologia e o taylorsimo levariam, inevitavelmente, à desqualificação; a saída visualizada pelo autor seria o caminho contrário do enriquecimento de tarefas e de polivalência. Com a constatação dos avanços da automação, Friedmann acrescenta que haveria, para alguns, uma sobrequalificação e lança o gérmen da tese da polarização. Sobressai, então, em Friedmann, uma noção de qualificação substantiva e tecnologicamente determinada (TOMASI, 2002a). Naville, por sua vez, busca referências "além do posto de trabalho e das grandes empresas [...] [e] procura fazer uma análise da sociedade a partir dos problemas do trabalho". (TOMASI, 2002a, p. 54). Tal mudança de perspectiva resulta em ruptura com a referência única do trabalho artesanal como trabalho qualificado – o trabalhador agora é outro; além de deslocar o foco da qualificação do posto de trabalho para o trabalhador.

A sociologia do trabalho, diante dos objetos ali expostos, tem como tarefa compreender como se constrói socialmente o gesto do trabalhador que dá vida aos objetos. Seu interesse por estes últimos vai além das suas dimensões e formatos apropriados à fabricação de coisas, ele vai ao encontro do gesto hábil. Hábil no sentido de destreza, da habilidade manual, mas hábil, também, no sentido de idoneidade como nos permite pensar a raiz latina *habere*, donde *habilis*. Estas raízes expressam dois sentidos: o primeiro é a capacidade, a destreza, a habilidade, e o segundo a idoneidade, a virtuosidade. Como nos assegura o sociólogo francês Pierre Naville (1956)[12], um dos fundadores da sociologia do trabalho, "o homem hábil é também idôneo, virtuoso". (TOMASI, 2002b, p.3, grifos do autor)

"Não se deve e não se trata, pois, de falar em **requalificação** do trabalho mas, antes, em qualificação nova e antiga, em transformação de qualificações" (TARTUCE, 2002, p. 158, grifo da autora) Também se observa que o impacto da automação diverge entre os setores produtivos, e afirma-se que:

> é o reaparecimento dos trabalhos em equipe e a necessidade de cooperação ou, ainda, a fluidez da mão-de-obra e a transversalidade dos saberes técnicos (TOMASI, 2002a, p. 54).

Dubar (1998, p. 89) entretanto, adverte que não se deve opor Friedmann a Naville, tendo como base uma concepção relativista deste contra uma concepção substancialista do primeiro. E justifica-se, ressaltando que Friedmann afirma ocorrer na desqualificação do trabalho operário tanto a:

> perda de habilidade profissional [dos mesmos, quanto o] empobrecimento das tarefas exigidas. A qualificação é menos um "atributo do trabalho em si" do que o conjunto dos "saberes e *know-how* dos operários de carreira". [...] [E Naville] salienta a dupla relatividade das qualificações para com as tecnologias e

---

12. NAVILLE, P. *Essai sur la qualification du travail*. Paris:Librarie Marcel Rivière et cie., 1956.

sua utilização "econômica" por um lado, e para com os valores sociais e sua tradução escolar, por outro.

Do embate inicial entre Friedmann e Naville vão se abrindo novos caminhos na Sociologia do Trabalho Francesa. Contudo, o conceito de qualificação foi, e ainda é associado a um estoque de conhecimentos formais, rígidos e estáticos.

> A qualificação é usualmente definida pelos requisitos associados à posição, ou ao cargo, ou pelos saberes ou estoque de conhecimentos da pessoa, os quais podem ser classificados e certificados pelo sistema educacional (FLEURY & FLEURY, 2001, p. 19)

Ao lado dos autores franceses já citados, Braverman (1981) se destaca por consolidar uma tese preponderante nos estudos sobre qualificação: a desqualificação absoluta. Tese esta que vai ser abalada justamente pela observação da requalificação dos operários, levando a questionar se a qualificação pode englobar os novos requisitos do trabalho. Para Braverman (1981, p.375), o conceito de qualificação reside no fato de que:

> Para o trabalhador, o conceito de qualificação está ligado tradicionalmente ao domínio do ofício – isto é, a combinação de conhecimento de materiais e processos com as habilidades manuais exigidas para desempenho de determinado ramo da produção.

Hirata (1994) ressalta que a tese da requalificação observada por autores como M. Freyssenet, B. Coriat, H. Kein e M. Schumann vai causar um duplo impacto nos estudos sobre qualificação. O primeiro é a superação da tese da polarização, o segundo está relacionado ao conceito de produção; o ambiente em que ela ocorre aponta a qualificação de que se necessita. Ou seja, já que nem todos os outros modos de gestão se extinguiram, observa-se uma coexistência de modelos tayloristas e pós-tayloristas.

Todas essas considerações nos conduzem a pensar que o panorama é extremamente complexo e heterogêneo quando se leva em consideração as diferenças relacionadas com o gênero, a qualificação e a divisão internacional do trabalho: as teses de alcance universal, tais como as dos novos paradigmas ou dos novos conceitos de produção, são forçosamente questionadas à luz de pesquisas empíricas introduzindo tais diferenciações. (HIRATA, 1994, p. 136)

Assim, no contexto da qualificação, o que foi apreendido pelo trabalhador no seu ofício permanece em segundo plano, a trajetória formal de sua qualificação continua prevalecendo. Esse cenário vai ser modificado pela necessidade de comprometimento do trabalhador em novos modelos de gestão do trabalho. Esse comprometimento enfatiza a dimensão emocional para mobilizar os recursos disponíveis em situações de imprevisto.

Emerge, então, no contexto da qualificação, a noção de competência como uma característica de "testemunho de nossa época" (ROPÉ, F. & TANGUY, L., 2002: 17), elemento que traduz o período atual, em especial, que atravessa o mundo do trabalho (TOMASI, 2002a).

Segundo Zarifian (2001, p. 37), mesmo em países do Primeiro Mundo, como a França, a Revolução Industrial só se efetivou após a Segunda Guerra Mundial; ele considera que a maneira pela qual os primeiros engenheiros modernos e os fundadores da Economia Política concebiam o trabalho era marcada, no século XVIII, por três características essenciais:

1. **A separação entre trabalho e trabalhador** – Enquanto o trabalho é definido como um conjunto de operações elementares de transformação da matéria que se pode objetivar, descrever, analisar, racionalizar, organizar e impor nas oficinas, o trabalhador é concebido como um conjunto de capacidades compráveis no mercado de trabalho e mobilizadas para realizar uma parte das operações. Não importava sua personalidade, seus conhecimentos pessoais, sua iniciativa, seus sentimentos outros aspectos pessoais; importava apenas que este "portador

de capacidades" fosse capaz de executar as operações que a gerência determinasse.

2. **A instauração do fluxo como critério central da produção industrial** - Para o trabalho, significava a aceleração da velocidade de execução de cada operação e o aumento da rapidez do fluxo entre as operações. Para o trabalhador, isto significava trabalhar cada vez mais rápido, à medida que aumentavam sua experiência (devido a rotinas), sua habilidade, sua aceitação do ritmo de trabalho. Quanto mais especializado se tornava o trabalhador, mais veloz se tornava seu desempenho num restrito número de operações.

3. **A imobilização dos trabalhadores no espaço e no tempo e organização de sua co-presença** - O trabalhador era fixado num posto de trabalho, devendo respeitar rigorosamente os horários e não podendo deslocar-se durante a jornada de trabalho. Devido ao encadeamento de operações nos diferentes postos de trabalho, todos os operários deveriam estar presentes no mesmo local, nos mesmos horários, o que configurava a co-presença.

O novo contexto, por sua vez, é marcado por noções de evento, comunicação e serviço. Evento é *o que ocorre de maneira parcialmente imprevista, inesperada, vindo perturbar o desenrolar normal do sistema de produção* (Ibid, p. 41). A comunicação torna-se também relevante, pois é considerada uma atividade envolvida com o trabalho, além de influenciar na qualidade das interações pessoais, *fundamental para melhorar o desempenho das organizações* (ibid, p. 45). Por último, a noção de serviço refere-se a *uma modificação no estado ou nas condições de atividades de outro ser humano, ou de uma instituição [...] A primeira coisa que precisa ser considerada e trabalhada é o problema do usuário* (ibid, p. 48)

Esse contexto traz novas exigências para os trabalhadores, cujas demandas:

> exigem que se opere profissionalmente em situações variadas, fazendo apelo a conhecimentos teóricos pertencentes ao âmbito de disciplinas em evolução e que refletem a capacidade de transitar

por diferentes áreas de conhecimento, por saberes que ainda não estão estruturados em disciplinas e impõe uma rapidez na análise dos problemas, nas tomadas de decisão, na proposição de soluções e delineamento de percursos, em sistemas complexos constituídos de máquinas e pessoas. (MEGHNAGI, 1998, p. 51-2).

Stroobants (2002, p. 135) busca, além da sociologia, outros referenciais, para compreender a competência. Decorrente da ênfase na mobilização dos saberes como referência para a competência, emerge a semelhança do novo perfil requerido do trabalhador com o do artesão. Aqui não se refere ao artesão como modelo de avaliação da competência; a semelhança é citada por se referir ao local de trabalho como local de aprendizado/formação.

Ao abordar tecnologia como elemento revelador de competência, a autora denuncia o não rompimento da sociologia do trabalho com o determinismo tecnológico:

"**as performances dos robôs**, das máquinas programadas ou dos próprios programas" ainda são referência para a caracterização das funções dos trabalhadores que as controlam e as mantêm. Assim, "**as características não automatizáveis**, transformam-se em **atributos especificamente humanos**" (*Ibid.*, p.143, grifo nosso).

No sentido de ampliar a compreensão da formação de competência, Meghnagi (1998) traz contribuições. O autor apresenta uma discussão sobre a noção de competência mais ampla que o posto de trabalho voltado para as dimensões social, econômica e cultural e política, com o foco na formação.

O autor distingue a flexibilização da produção da flexibilização da pessoa. Enquanto a primeira, na dimensão sócio-econômica, é regulada por políticas e, na dimensão da produção, varia no tempo e espaço, a segunda, sustentada pelo conjunto dos saberes, caracteriza-se, sobretudo, pela variedade teoricamente ilimitada de questões e imprevistos a serem enfrentados, adequando e reelaborando o saber que possui (MEGHNAGI, 1998 , p.67).

O autor destaca as dificuldades em "descrever analiticamente e reconhecer, em seu conjunto, uma competência profissional" (Ibid., p. 51), pois tal descrição deveria conter tanto a escolaridade quanto processos informais de aprendizagem, além dos repertórios cognitivos e referências de valor envolvidas.

No que se refere a uma definição, Zarifian (2001, p. 62) apresenta a seguinte: "Competência é tomar iniciativa e assumir responsabilidade diante de situações profissionais com as quais o indivíduo se depara". Mais adiante, o mesmo autor afirma que "A competência é um entendimento prático de situações que se apóia em conhecimentos adquiridos e os transforma na medida em que aumenta a diversidade das situações" (Ibid, p. 72).

O autor enfatiza a importância da aprendizagem para o desenvolvimento de competências, realçando que essa aprendizagem deve ser contínua e integrada com o conhecimento, a habilidade, a atitude e a entrega.

Zarifian (2001, p.176) apresenta a formação em alternância como a "que mais próxima está da articulação que precisa ser estabelecida entre conhecimentos e competências". O autor explica o surgimento da lógica competência a partir de três mutações do trabalho: evento, serviço e comunicação. Na atuação competente, que inclui um processo formativo, destaca-se que:

> Uma das asserções fortes da lógica da competência é que a mobilização de competências na atividade profissional é geradora de valor econômico para a empresa, e de valor social para o assalariado. (Ibid, p.95)

No entanto, a proposta de um processo formativo ainda se encontra incipiente, a Formação em Alternância.

Le Boterf (1995) considera que a competência pressupõe a capacidade de aprendizagem e de adaptação, "é poder improvisar onde os outros não fazem mais do que repetir". Verifica-se que a improvisação não se faz fortuitamente; ela é fruto de uma preparação, capaz de permitir ao indivíduo criar sobre uma base de conhecimentos e habilidades. Le Boterf (2003) acentua a valorização do indivíduo e subordina a esse a noção de competência. O autor defende que o foco de análise para uma nova formação do trabalhador deve-se pautar na noção de profissionalismo.

Essa abordagem mais global permite reencontrar o sujeito portador e produtor de competências [...] A competência não tem existência material independente da pessoa que a coloca em ação. O que o mercado de trabalho vai solicitar são *profissionais* que fazem uso dos recursos de sua personalidade. O que buscam os assalariados é uma nova *identidade profissional*, que dê sentido aos saberes e às competências que adquirem e que aumente suas chances de empregabilidade. A competência individual ou coletiva é uma abstração, certamente útil, mas uma abstração. Somente as pessoas existem. (Ibid, p.11)

O autor define o profissional como "aquele que sabe administrar uma situação profissional complexa [...] O trabalhador se definia em relação ao trabalho e às tarefas a realizar. O profissional se define pela atividade de 'administrar'"(*Ibid.*, p. 37). Por situação profissional entende-se "um conjunto de missões, funções e tarefas que o sujeito deve assegurar não somente em seu emprego, mas em relação com os outros atores, os outros empregos e à empresa ou organização em seu conjunto" (*Ibid.*, p. 24).

A competência, que inicialmente foi percebida como uma substituição da qualificação, para depois se tornar algo diferente, é aqui entendida como novidade, devido a um contexto no qual o conceito de qualificação predominante estava, essencialmente, relacionado a aspectos técnicos do posto de trabalho passíveis de serem atestados por um certificado emitido por uma instituição socialmente reconhecida. Destaca-se, então, o contexto alemão como contraponto à produção acadêmica francesa:

No caso alemão, [...] [o] que se entende por qualificação [...] é a totalidade de conhecimentos e capacidades, incluindo os padrões de comportamento e aptidões, adquiridos pelos indivíduos no decurso de processos de socialização e ensino [...] Por esta razão os alemães não se envolveram na discussão das "competências que, para eles é mais restrita já está incluída naquela relativa à qualificação.
(PAIVA, 2002, p. 60-1)

Se a qualificação estava em foco na Sociologia do Trabalho Francesa, nos anos 1950, num contexto de "mutação na sociedade e na civilização, para a qual as transformações do trabalho desempenhavam um papel estruturador" (DUBAR, 1998, p. 89); a competência emerge em um ambiente "pós-industrial" que questiona o trabalho como categoria central, marcado pelo acentuamento das diferenças sociais e pelo desemprego estrutural.

A noção de competência traz as mesmas formas de pensar a qualificação. No fim da década de 1980 e início de 1990, a produção acadêmica francesa sobre esse tema considerava a competência como um substituto para a qualificação. Entretanto, a discussão atual não confirma essa substituição e observa-se uma convivência dos dois termos (TOMASI, 2002).

3. A Construção de uma Perspectiva Integrada

Sampaio (2002) identifica três visões diferentes de competência, as quais são responsáveis por desfechos diferentes na área de gestão organizacional: a *abordagem estratégica*, gerada no contexto dos autores de marketing e estratégia empresarial; a *abordagem comportamental*, desenvolvida por autores da área de psicologia do trabalho e a *abordagem integrada*, que vem sendo adotada pelo Programa de Gestão de Pessoas – PROGEP – da Universidade de São Paulo.

A abordagem estratégica considera que a idéia de competência tem por unidade de análise a organização como um todo e visa à discussão e obtenção de vantagens competitivas futuras, ou a liderança de uma gama de produtos ou serviços. Para os autores adeptos dessa abordagem, uma competência específica de uma organização é "a soma do aprendizado de todos os conjuntos de habilidades tanto em nível formal quanto de unidade organizacional". (Hamel, Pralahad, 1995, p. 273).

Esta visão afeta de modo significativo a gestão de pessoas, porque privilegia a análise do mercado; define a estratégia e a partir disto alinha as políticas e práticas organizacionais, entre as quais se incluem as políticas voltadas para indivíduos.

A abordagem comportamental, bem diferente da estratégica, surgiu no início da década de 70, com McClelland, pesquisador que define competência como "uma característica subjacente a um indivíduo que é causalmente relacionada a um desempenho efetivo ou superior em um trabalho". Nesta perspectiva, competências podem ser constituídas por "motivos, traços, auto-conceitos, atitudes ou valores, conhecimentos ou habilidades cognitivas e comportamentais" (Spencer Jr, McClelland, Spencer, 1994 *apud* Sampaio, 2002, p. 275).

Nesta perspectiva, a análise de um modelo de competências consistiria na identificação de comportamentos e características de personalidade que distinguem o desempenho superior de uma pessoa para realizar uma determinada tarefa. O reflexo desta concepção sobre a gestão de pessoas reside em identificar aqueles que apresentam motivação e traços dotados de características específicas a fim de desenvolver seus conhecimentos e habilidades profissionais.

A abordagem integrada, por sua vez, vem sendo desenvolvida por pesquisadores da USP e alia competências empresariais a competências individuais (Sampaio, 2002, p. 281). A noção de competência empresarial não se reduz à escolha estratégica face à concorrência, mas leva em conta também a existência de redes de empresas operando em certo negócio e em certa região. Já a noção de competência individual emerge das considerações de autores como Philippe Zarifian e Le Bortef.

Segundo Fleury (2002, p. 55), competência é definida como: "um saber agir responsável e reconhecido que implica mobilizar, integrar, transferir conhecimentos, recursos, habilidades, que agregue valor econômico à organização e valor social ao indivíduo". Os autores da abordagem integrada consideram que o processo de aprendizagem e de gestão do conhecimento constituem um meio para que as "organizações possam desenvolver as competências necessárias para a realização de sua estratégia competitiva" (SAMPAIO, 2002).

A aprendizagem à qual se referem pode ser considerada como um processo de mudança, provocado por estímulos diversos, mediado por emoções, manifestando-se ou não em modificações no comportamento de uma pessoa. Como foi realçado acima, infere-se que a aprendizagem é fundamental para a gestão do conhecimento nas organizações. Cada organização possui seu próprio conjunto de competências, as quais têm origem na gênese e no processo de desenvolvimento da organização e são concretizadas no seu patrimônio de conhecimentos. Paralelamente, cada pessoa possui seu conjunto de competências, que pode ou não estar sendo aproveitado pela empresa.

Fleury & Fleury (2001) classificam as competências desenvolvidas pelos indivíduos que atuam em uma organização em três grandes blocos:

- *Competências de negócio:* são aquelas relacionadas à compreensão do negócio e de seus objetivos na relação com os clientes e com o ambiente político e social; envolvem visão estratégica e planejamento. A visão estratégica implica em conhecer e entender o negócio da organização, seu ambiente interno e externo, identificando oportunidades, ameaças, pontos fortes e fracos. Já o planejamento implica em estruturar e sistematizar ações para aproveitar oportunidades e pontos fortes e minimizar ameaças e pontos fracos;

- *Competências técnico-profissionais:* são específicas para certa operação, ocupação ou atividade, como por exemplo: o manejo de armas de fogo;

- *Competências sociais:* são necessárias para interagir com as pessoas, como por exemplo: comunicação, negociação e trabalho em times;

Fischer (1998), que pertence, como Fleury & Fleury, ao grupo de pesquisadores da USP, aponta diversas mudanças nos processos de gestão de pessoas em empresas que têm aplicado os programas de competências: estruturas mais enxutas, adoção de diferentes formas de organização do trabalho (matricial, por célula, por processo), práticas de retenção e desenvolvimento de talentos, programas de educação.

Independentemente da abordagem, verifica-se que o conceito de competência envolve conhecimento explícito, que é o conhecimento formal sistêmico, pertencente à esfera dos procedimentos empíricos e o conhecimento tácito, compreendido como um saber arraigado à abstração pessoal, mobilizando estratégias e raciocínios complexos capazes de gerar a ação necessária em um contexto específico. Esta noção é similar ao que Ducci (1996) apresenta:

a capacidade produtiva de um indivíduo é medida e definida em termos de desempenho real, e não meramente de uma agregação de conhecimentos, habilidades, destrezas e atitudes necessários, mas não suficientes para um desempenho produtivo em um contexto de trabalho. Em outras palavras, competência (laboral) é mais do que a soma de todos esses componentes em uma situação real, interação e prática de tais componentes em uma situação, enfatizando a resultado e não o insumo(Ibid, p. 19).

Dutra (2004), por sua vez, utiliza os conceitos de Complexidade e de Espaço Ocupacional para ampliar a compreensão da Gestão de Pessoas com base em competências. O autor prioriza a dimensão organizacional a qual vai ser referência ao investimento e à avaliação do desenvolvimento profissional.

A competência pode, portanto, ser compreendida como a interação de conhecimentos, habilidades e atitudes, que são necessários para que as pessoas desenvolvam suas atribuições e responsabilidades.

4. Conceitos relacionados à competência ou decorrentes dela

A utilização do conceito de competência tem sugerido a necessidade de se esclarecer o significado de diversos termos, por serem alguns deles mesmos elementos que compõem o referido conceito. A competência individual inclui conhecimentos, habilidades e atitudes que o profissional deve apresentar, a fim de assumir as atividades previstas no processo de organização do trabalho sempre que um plano de gestão é efetivado. Comecemos, portanto, por esclarecer o sentido desses termos.

Conhecimento pode ser definido como "o conjunto de crenças mantidas por um indivíduo acerca de relações causais entre fenômenos", entendendo-se por relações causais as relações de causa e efeito entre ações e eventos imagináveis e suas prováveis conseqüências (SANCHEZ, HEENE & THOMAS, 1996). De acordo com tais autores, o conhecimento da empresa é fruto de interações que ocorrem no ambiente de negócios e que são desenvolvidas por intermédio de processos de aprendizagem.

De acordo com Fleury e Oliveira Jr., (2001) "conhecimento pode ser entendido como o conjunto de informações associados à experiência, à intuição e aos valores" (p. 90). É possível distinguir dois tipos de conhecimento: o explícito e tácito. O conhecimento explícito ou codificado é aquele conhecimento transmissível em linguagem formal. O conhecimento tácito, por sua vez, é o conhecimento profundamente enraizado na ação, no comprometimento e no envolvimento em um contexto específico.

A expressão **habilidade** refere-se à capacidade do indivíduo de aplicar seus conhecimentos na prática, é o saber fazer. É constituída por aptidões aprendidas pelo sujeito, que são necessárias à atuação em papéis ocupacionais determinados. Existem habilidades físicas, intelectuais e sociais. Entre as habilidades físicas, existem as que são especificamente motoras, como a habilidade de locomoção rápida, a habilidade de executar malabarismos ou de deslocar-se espacialmente. As habilidades intelectuais, por sua vez, podem incluir a habilidade de lidar com números, a habilidade de redigir textos, a habilidade de resolver problemas que requerem raciocínio. Existem, ainda, as habilidades sociais, que se aproximam significativamente das atitudes e que incluem conceitos como conduta assertiva, liberdade emocional, relacionamento interpessoal e convivência social. Dentre as definições de habilidades sociais apresentadas por Robbins (1999), selecionamos a seguinte: "capacidade que o indivíduo possui de perceber, entender, decifrar e responder aos estímulos sociais em geral, especialmente aqueles que provêm do comportamento dos demais".

As **atitudes**, por sua vez, encontram-se na base de uma série de situações sociais e desempenham a função de ajudar na formação de uma idéia mais estável da realidade em que vivemos. Elas constituem avaliações duradouras de diversos aspectos do mundo social, que se armazenam na memória, tornando mais previsível o ambiente circundante.

RODRIGUES (1981) define atitude como sendo:"(...)uma organização duradoura de crenças e cognições em geral, dotada de carga afetiva pró ou contra um objeto social definido, que predispõe a uma ação coerente com as cognições e afetos relativos a este objeto. Para este autor, o fato de possuirmos determinadas atitudes influi na nossa maneira de perceber a realidade". (1981, p. 405).

Rodrigues (op.cit.) ressalta a existência de três componentes das atitudes: o **componente cognitivo**: possuir uma representação cognitiva de um objeto é necessário para que se tenha alguma atitude ou carga afetiva em relação à ele; o **componente afetivo**: o mais nitidamente característico das atitudes sociais, é o sentimento pró ou contra determinado objeto social; e o **componente comportamental**: a combinação de cognição e afeto pode instigar alguns comportamentos em determinadas situações, embora possam ocorrer inconsistências entre atitudes e comportamento.

A abordagem de Rodrigues se assemelha muito à noção de atitude de Krech & Crutchfield (1962) segundo os quais a atitude é um sistema duradouro formado por crenças, sentimentos e tendências de ação que dirige as ações sociais do homem. O autor define as tendências de ação como sendo "prontidões" de comportamento e considera os componentes desse sistema mutuamente interdependentes; "as cognições de um indivíduo sobre um objeto são influenciadas pelos sentimentos e tendências de ação com relação a ele"(KRECH & CRUTCHFIELD, 1962).

Atitudes são importantes porque influem fortemente na maneira como pensamos sobre a formação social e a processamos; funcionam como **esquemas**, marcos cognitivos que possuem e organizam a informação sobre conceitos específicos, situações ou acontecimentos. Esses "andaimes mentais" influem fortemente na forma pela qual processamos a informação social, que introduzimos e mais tarde recuperamos na memória.

Uma das fontes de nossas atitudes é o processo de aprendizagem social, já que a maioria dessas atitudes é adquirida em situações nas quais nos relacionamos com outras pessoas. Por outro lado, a atitude influi também no processo de aprendizado – "um material coerente com as atitudes de uma pessoa deve ser mais facilmente aprendido do que um outro (material) que com elas entre em choque" (RODRIGUES, 1981, p. 406).

A proximidade entre o conceito de atitude e outros conceitos psicológicos nos leva a fazer uma incursão nos dicionários de Psicologia, a fim de estabelecermos uma diferenciação necessária neste trabalho. É oportuno, portanto, clarificar os seguintes termos psicológicos: valores, percepção social, cognição social.

> Valores são categorias gerais dotadas também de componentes cognitivos, afetivos e predisponentes de comportamento, diferindo das atitudes por sua generalidade (...) uma mesma atitude exibida por duas pessoas pode estar ancorada em valores diferentes para cada uma delas. (RODRIGUES, 1981, p. 404).

Os valores são importantes para o estudo do comportamento organizacional porque formam a base para o entendimento de atitudes e motivações além de influenciarem nossas percepções, atitudes e comportamentos. De acordo com Fleury & Oliveira Junior (2002), os **valores** representam convicções básicas que "um modo específico de conduta ou estado supremo de existência é preferível pessoal ou socialmente a um modo de conduta ou estado supremo de existência oposto ou contrário". Eles contêm elemento julgador que conduz as idéias do indivíduo ao que é certo, bom ou desejável. Valores têm atributos tanto de conteúdo quanto de intensidade. O atributo de conteúdo diz que um modo de conduta ou estado supremo de existência é importante; o atributo de intensidade especifica quão importante ele é. Quando ordenamos os valores de um indivíduo em termos de suas intensidades, obtemos o "sistema de valores" daquela pessoa. Todos nós temos uma hierarquia de valores, organizada com base na importância relativa que atribuímos a fatores como liberdade, igualdade, honestidade, amor-próprio, entre outros. O conjunto de nossos valores forma nosso sistema de valores, que desempenha papel significativo na realização das ações em nossa vida cotidiana.

A **percepção** é o processo que se fundamenta na interpretação de nossas sensações, sendo primordial para o estabelecimento da interação social. Desde o momento em que a estimulação sensorial atinge o organismo até a tomada de consciência pelo sujeito percorre-se um trajeto que, mesmo sendo rápido, implica uma tomada de posição pelo percebedor. Um número significativo de fatores opera para moldar, e algumas vezes distorcer a percepção. Estes fatores podem estar em **quem percebe**, no objeto ou **alvo** sendo percebido ou no contexto da **situação** em que a percepção é feita. (BARON, ROBERT & BYRNE, DONN, 1998)

O que é percebido por uma pessoa pode ser substancialmente diferente da realidade objetiva e a percepção que duas pessoas têm de um evento ou de um objeto pode ser também diferente, pois a percepção constitui um processo marcado pela subjetividade de quem percebe.

Assim como a atitude, a percepção constitui um processo passível de ser construído socialmente, ou seja, influenciado pela convivência interpessoal. A percepção social é um dos aspectos mais básicos e importantes da vida em sociedade, já que estamos continuamente investindo esforços para compreender quem nos rodeia e adotamos pontos de vista e crenças semelhantes. Tendo em vista os vários processos psicológicos cognitivos presentes antes da tomada de consciência do estímulo, Rodrugues (1981), considera mais apropriado designar este processo de percepção social como **cognição social**.

A compreensão do sentido de competência nos leva a associá-la também a alguns conceitos da área de administração. As noções de visão estratégica e de aprendizagem organizacional relacionam-se à noção de competência, na medida em que a visão estratégica da organização aponta para a definição de competências organizacionais e individuais e, por outro lado, decorre da gestão por competências a necessidade de desenvolver-se a aprendizagem organizacional.

A adoção do termo **estratégia** na área organizacional se prende à necessidade de planejar, ao identificar oportunidades e as ameaças que o ambiente oferece.

Para QUINN:

...uma estratégia bem-formulada ajuda a ordenar e alocar os recursos de uma organização para uma postura singular e viável, com base em suas competências e deficiências internas relativas, mudanças no ambiente antecipadas e providências contingentes realizadas por oponentes inteligentes (p. 20).

E ainda, de acordo com CALIXTA (1991):

A escolha de uma estratégia deve corresponder à seleção da alternativa que melhor combinar tempo, risco e recursos de maneira compatível com os estilos de gestão e valores da organização para assegurar a consecução dos seus objetivos. (p. 166).

Neste sentido, a definição da estratégia de uma organização constitui ponto de partida para as ações que venham a se desenvolver nela. É fundamental que a visão de futuro – visão estratégica – de uma organização (onde esta quer chegar, quais os valores que devem apoiar esse "sonho" e quais os pontos fortes de que dispõe para realizá-lo) seja comunicada a todos os colaboradores para que todas as pessoas da organização saibam exatamente para onde ela quer ir e possam "afiliar-se" sinceramente a ela.

Uma organização deve ter clareza sobre a estratégia que adotará, a fim de identificar quais as competências essenciais de seu negócio e as competências necessárias para o exercício de cada função nas diversas áreas da empresa

Uma vez definida a estratégia e identificadas as competências essenciais da empresa e as competências específicas de suas diversas áreas, é necessário que ocorra um alinhamento entre essas competências e as competências individuais dos trabalhadores que atuam na empresa.

A transformação do conhecimento em competência acontece em um contexto profissional específico, por meio da aprendizagem.

De acordo com Fleury & Fleury (2001), para entender como podem ser desenvolvidas as competências em uma organização, é necessário percorrer o caminho que vai da aprendizagem individual para a aprendizagem em grupo, e desta, para a aprendizagem na organização. A aprendizagem ocorre primeiro no nível individual, sendo carregada de emoções e afetos, acontecendo por intermédio de caminhos diversos. A aprendizagem pode alcançar o nível grupal, transformando-se num processo social e coletivo, através da combinação das crenças e conhecimentos individuais. Neste nível, o aprendizado constitui-se em esquemas coletivos de orientações para ações.

No nível da organização, a compreensão e as interpretações partilhadas pelo grupo são institucionalizadas, isto é, são expressas em normas, procedimentos e elementos simbólicos. Além disso, essas informações passam a fazer parte da memória da organização, onde são armazenados os procedimentos para lidar com os problemas.

A **aprendizagem organizacional** envolve tanto a elaboração de novos mapas cognitivos, que possibilitem uma melhor compreensão do ambiente interno e externo, como a emissão de novos comportamentos que comprovem a efetividade do aprendizado (FLEURY,1995).

O foco da aprendizagem organizacional reside, então, no ganho de competitividade pela organização (BELL, 1984, SENGE, 1990; KIM, 1998, GARVIN, 1993, FLEURY, 2002; FLEURY & FLEURY, 1995; NONAKA & TAKEUCHI, 1997), POR por meio da formalização do conhecimento nos seus processos de produção ou pela disseminação do conhecimento quando este é de natureza tácita (NONAKA e TAKEUCHI, 1997). Assim, a organização torna-se independente da contribuição voluntária daqueles que detinham, exclusivamente, o conhecimento necessário para o alcance de vantages competitivas, vulgarmente denominados "caixas-pretas". Uma vez que tais pessoas não detenham a exclusividade desse conhecimento, a sua substituição torna-se mais viável.

Outro conceito que, juntamente com o de aprendizagem organizacional, auxilia na visualização do embate entre o discurso e as práticas relacionadas a competência, é o **Capital Intelectual.**

Stewart (1998) inicia seu texto apresentando como exemplo do valor do conhecimento para as empresas o fato da Wal Mart, Microsoft e Toyota terem superado seus concorrentes, mais ricos em ativos físicos e financeiros, Sears, IBM, General Motors, respectivamente.

Edvinsson & Malone (1998, p. 31) distinguem três dimensões do capital intelectual: capital humano, capital estrutural e capital de clientes. O capital humano refere- se a "toda capacidade, conhecimento, habilidade e experiência individuais dos empregados e gerentes" e veicula valores como formação continuada, compartilhamento de informações, geração e implementação de idéias.

O capital estrutural é descrito como infra-estrutura que dá suporte ao capital humano. Dessa forma, o capital estrutural inclui o sistema de informática utilizado, documentação, conceitos organizacionais, patentes, marcas registradas e direitos autorais. O capital de clientes diz respeito ao relacionamento da organização com seus clientes, visando a formação de uma carteira de clientes "sólidos e leais".

Stewart (1998, p. 28) destaca que "máquina e conhecimento de como realizar uma tarefa não são sinônimos". Dessa forma, sobressai a importância do trabalhador, tanto para operar o maquinário, como para programar o computador que irá realizar tal função.

O primeiro requisito demandado do trabalhador é saber lidar com a informação, considerada tão substancial quanto qualquer outro elemento. Ou seja, o importante é o tratamento dado à informação e não o mero contato com a mesma. O que exclui "as pessoas que embora lidem com informação, executam trabalhos de rotina e automáticos" (STEWART, 1998, p. 37).

O segundo requisito é a disposição dos funcionários para aprender. Esse comportamento embora possa ser estimulado, encontra sua limitação frente o grau de adesão do trabalhador, e o sentido que essa escolha vai ter. Além de difícil mensuração, a negociação sobre a recompensa dessa adesão não é uma tarefa fácil, o que leva Stewart (1998, p. 90, grifo nosso) a propor que "a cessão da 'propriedade' do capital humano a uma empresa [...] tem que ser *voluntária*".

O foco dessa argumentação é o fluxo de informações, a produtividade, e não a qualificação. A universidade é tomada como exemplo de uma organização que não é inteligente, como um todo, em comparação com a rede McDonald's, considerada uma organização inteligente formada por pessoas, em sua maioria, de QI mediano.

O autor elabora um quadro para análise da força de trabalho a partir da facilidade ou dificuldade de sua substituição e do valor criado para a organização (valor agregado).

QUADRO 3

Análise da força de trabalho

Difícil de substituir, pouco valor agregado	Difícil de substituir, muito valor agregado
Fácil de substituir, pouco valor agregado	Fácil de substituir, muito valor agregado

Fonte: Stewart (1998, p.81)

Na análise do autor, "o capital humano de uma empresa fica no quadrante superior direito, incorporado nas pessoas cujo talento e experiência criam os produtos e serviços que são o motivo pelo qual os clientes procuram a empresa e não as concorrentes" (STEWART, 1998, p.81). A referência, então, é a vantagem competitiva e não a qualificação do trabalhador, o que corrobora a observação de Machado (1996) segundo a qual a qualificação não pode ser equiparada ao capital humano. Essa distinção torna-se mais evidente com a seguinte passagem:

> Todos nós enchemos a boca para falar sobre a importância do ativo humano, porém, a verdade é que alguns funcionários realmente são ativos valiosíssimos, mas outros são apenas custos, muitas vezes altamente irritantes. É preciso descobrir quem é quem. (STEWART, 1998, p. 75).

Tanto em Stewart (1998) quanto em Edvinsson & Malone (1998) o foco é a construção do capital intelectual. O conhecimento das pessoas que é valorizado se limita ao quadrante supracitado. O direcionamento do Capital Intelectual para a organização retoma a preocupação de se fomentar uma formação segmentada ao contrário de uma profissão.

5. Considerações finais

O modelo de funcionamento das indústrias, iniciado a partir da absorção do paradigma da Revolução Industrial, persistiu até o momento em que o processo de trabalho passou a ser reestruturado, em razão da evolução tecnológica e da conseqüente mudança do perfil do trabalhador que deveria compor a nova força de trabalho. Foi, provavelmente a partir dos anos sessenta do século XX, que se iniciou esta mudança no cenário do trabalho humano, fazendo emergir o que se tem denominado "a nova revolução tecnológica". Esse período, que Touraine denominou fase pós-industrial, tem se caracterizado por um significativo progresso tecnológico e pela mudança de alguns dos pressupostos básicos do Capitalismo inicial. As relações entre capital e trabalho se alteram significativamente ao longo da década de 1970, afetando a organização do trabalho.

Já durante a década de 1980, os estudos relacionados à qualificação do trabalhador voltam-se para questões relacionadas à informatização do trabalho, ao fim do taylorismo, à precarização do emprego, à privatização de muitas empresas e conseqüente redução dos postos de trabalho. Ao lado disto, a adaptação às novas tecnologias de gestão e de produção determina uma preocupação com a questão educacional.

Os anos 1990 constituíram o momento em que a produção flexível se impôs e novas formas de gestão foram introduzidas nas empresas. O mercado se tornou mais fechado em função da crise econômica e, para manter-se nele, as empresas passaram a adotar modelos de aprendizagem e inovação permanentes. O final da década foi marcado pela ênfase à chamada Era do conhecimento e pela valorização do capital intelectual. Neste quadro, passou-se a falar de um novo tipo de qualificação, que implica tornar o trabalhador apto a responder às exigências de inovação e solução de problemas que caracterizam o mundo do trabalho atual. O termo "Competência", tem sido utilizado para definir este modelo de qualificação e tornou-se expressão amplamente utilizada nas áreas de Psicologia e Administração, dentre outras. No entanto, o horizonte que essa noção pode alcançar nas dimensões teórica e da prática organizacional ainda não estão consolidadas.

Fischer (2001) aponta a interação entre os modismos em Administração e o surgimento de novos conceitos. Dessa forma, a competência tem revelado a demanda do mercado de trabalho por profissionais capazes de apresentar um desempenho superior e de se manterem atualizados.

No entanto, a dúvida que permanece é sobre o que há de novidade nas mudanças implementadas nas práticas organizacionais relacionadas com a competência, nos dois aspectos selecionados: conhecimento no trabalho e formação profissional.

Com base na tipologia dos Modelos de Gestão de Pessoas proposta por Fischer (1998, 2002) a Gestão por Competências tem como diferencial a mobilização da energia emocional para desenvolver e estimular as competências humanas necessárias para que as competências organizacionais se viabilizem. Porém o autor adverte:

> A organização não está se tornando mais humana por causa da nova onda competitiva, não está sendo regida por princípios que privilegiam o humano em detrimento de outros valores organizacionais. O que se quer dizer é que, quanto mais os negócios se sofisticam em qualquer de suas dimensões – tecnologia, mercado, expansão e abrangência, etc. –, mais seu sucesso fica dependente de um padrão de comportamento coerente com esses negócios. (Fischer, 2002, p. 13)

E ainda:

> Ao que tudo indica, o novo modelo de gestão e as relações internas que ele estimula são reflexos daquilo que vem acontecendo com a sociedade mais ampla, traduzido para o ambiente organizacional. A competitividade, como marca registrada de nossa sociedade, transfere-se para as relações entre a empresa e as pessoas e, por decorrência, das pessoas entre si. Estimula-se o individualismo, a competição, a diferenciação e, até mesmo, a exclusão, como valores organizacionais mais cultivados. A solidariedade, a cooperação e o relacionamento humano desprovido de sentido econômico não têm espaço nos ambientes empresariais animados pelo novo modelo em formação. (Fischer, 1998, p. 357)

A falta de uma reavaliação das práticas já existentes, embora nem sempre utilizadas, também fica evidente ao contrapor a atual discussão das competências com propostas gerenciais presentes, não tão recentemente, e difundidas em livros amplamente utilizados no ensino superior como, por exemplo, o de Chiavenato (2004).

Com base nos autores já citados nesse capítulo, as contribuições permanecem em universos temáticos já conhecidos como, por exemplo: enriquecimento de cargos, planejamento de carreira e remuneração flexível, sem um rompimento metodológico ou de processos com os já existentes. Seria a competência apenas uma proposta prescritiva?

Fischer (2002) destaca que dentro de uma organização podem coexistir dois modelos de gestão de pessoas, o que corrobora a percepção de Hirata (1994) sobre a limitação da competência como referencial para organização do trabalho em categorias/setores específicos.

Dessa forma, mantém-se a perspectiva do posto de trabalho, considerando-se as transformações ocorridas nesse universo. Pois, é esse que vai apontar quais competências serão necessárias, e assim, sua formação qual o desempenho a ser alcançado. Corrobora-se a análise de Stroobants (2002), a qual aponta que a valorização do humano ocorreu devido a uma limitação da tecnologia das máquinas atuais.

Outra lacuna percebida é a falta de uma revisão de conhecimentos de autores nacionais já estabelecidos e que podem responder às atuais demandas. Por exemplo, um grupo de pesquisadores da Universidade de Brasília (Borges-Andrade, 1982; Borges-Andrade & Lima, 1983; Dutra, 1984), já publicava, na década de 1980, metodologias: 1) de levantamento de necessidades de treinamento pautadas nos comportamentos executados pelos profissionais de melhor desempenho; 2) processos de educação relacionados com as dimensões cognitiva, afetiva e psicomotora; e 3) avaliação do treinamento pertinente ao questionamentos atuais sobre a competência.

Assim, torna-se necessária a revisão de critérios de análise da competência para que não ocorra um desgaste de mais uma proposta de valorização dos profissionais no ambiente de trabalho, à semelhança das críticas do movimento humanista na gestão do trabalho.

As tentativas feitas na década de 1950 de aumentar a produtividade melhorando as condições de trabalho e a satisfação dos empregados não resultaram nos aumentos dramáticos de produtividade que eram esperados (STONER & FREEMAN, 1995. p.42).

Referências

ALBAN, M. *Crescimento sem Emprego*: *o desenvolvimento capitalista sua crise contemporânea à luz das revoluções tecnológicas*. Salvador: Casa da Qualidade, 1999.

BARON, Robert & BYRNE, Donn. *Psicologia social*. Trad. Montserrat Ventosa et al. Madrid, Prentice Hall,.1998

BELL , M. *'Learning' and the accumulation of industrial technological capcity in developing countries*. In: FRANSMAN, M. & KING, K. (org.) *Technological capability in the third world*. New York: St. Martin's, 1984.

BORGES-ANDRADE, J. E. *A construção de hierarquias de Aprendizagem*. Tecnologia Educacional, 11(48), 1982

BORGES-ANDRADE, J.E. & Lima, S.M.V. *Avaliação de necessidades de treinamento: um método de análise de papel ocupacional*. Tecnologia Educacional, 12(54), p.6-22, 1983.

BRAVERMAN, H. *Trabalho e capital monopolista; a degradação do trabalho no século XX*. 3.ed. Rio de Janeiro: Zahar, 1981.

CALIXTA TAVARES, Mauro. *Planejamento estratégico; a opção entre sucesso e fracasso empresarial*. S.Paulo, Harbra, 1991

CHIAVENATO, I. *Gestão de Pessoas*. Rio de Janeiro: Campus, 2004.

DOWBOR, L. *Educação, tecnologia e desenvolvimento*. *In:* BRUNO,L. (Org.) *Educação e trabalho no capitalismo contemporâneo: leituras selecionadas*. São Paulo: Atlas,1996. p.17-40.

DUBAR, C. *A sociologia do trabalho frente à qualificação e à competência*. Educação & Sociedade, Campinas, v.19 , n.64, p.87-103, setembro, 1998.

DUCCI

DUTRA, J. S. *Competências*: conceitos e instrumentos para a gestão de pessoas na empresa moderna. São Paulo: Atlas, 2004.

DUTRA, M. L. S.. *Avaliação de Treinamento*. Tecnologia Educacional, 13(57), p.14-26, 1984

EDVINSSON, L. & MALONE, M. S. *Capital Intelectual: descobrindo o valor real de sua empresa pela identificação de seus valores internos*. São Paulo : Makron Books, 1998.

FISCHER, A. L. *A Constituição do Modelo Competitivo de Gestão de Pessoas no Brasil – um estudo sobre as empresas consideradas exemplares*, 1998. 392p. Tese (Doutorado em Administração) - Faculdade de Economia, Administração e Contabilidade, Universidade de São Paulo, São Paulo, 1998.

_____. *O conceito de modelo de gestão de pessoas – Modismo e realidade em gestão de Recursos Humanos nas empresas brasileiras*. In:Dutra, J.S. (org.) *Gestão por competências: um modelo avançado para o gerenciamento de pessoas*. São Paulo: Gente, 2001.p. 9-23.

_____. Um resgate conceitual e histórico dos modelos de gestão de pessoas. In: FLEURY, M.T.L.(coord.) *As pessoas na organização*. São Paulo: Gente, 2002. p.11-34.

FLEURY, A. & FLEURY, M.T.L. *Aprendizagem e inovação organizacional*. São Paulo, Editora Atlas, 1995.

_____. *Estratégias Empresariais e Formação de Competências: um quebra-cabeça caleidoscópio da indústria brasileira*. São Paulo: Atlas, 2001.

FLEURY, M.T.L. *A gestão de competência e a estratégia organizacional. In*: Vários autores. *As pessoas na organização*. São Paulo: Gente, 2002. p.51-61.

FLEURY, M.T.L. & OLIVEIRA Jr, Moacir de Miranda. *Aprendizagem e gestão do conhecimento. In:* Vários autores. *As pessoas na organização*. S.Paulo, Editora Gente, 2002, p.133-146

GAMA, R. *A tecnologia e o trabalho na história*. São Paulo: Nobel/Edusp, 1986.

HAMEL, Gary & PRAHALAD, C.K. *Competindo pelo futuro*, Rio de Janeiro, Campus, 1995

HARVEY, D. *Condição Pós-Moderna*. São Paulo: Ed. Loyola, 1994.

HIRATA, H. *Da polarização das qualificações ao modelo da competência. In:* FERRETTI, João Celso et al. (orgs.) *Novas tecnologias, trabalho e educação: um debate multidisciplinar.* Petrópolis: Vozes, 1994. P. 128-137.

KRECH, David & CRUTCHFIELD, Richard. *Elementos de psicologia.* Trad. Dante Moreira Leite. S.Paulo, Pioneira, 1963

KIM (1998) *O elo entre a aprendizagem individual e a aprendizagem organizacional. In:* KLEIN (org.) D. A. *A Gestão Estratégica do Capital Intelectual – recursos para a economia baseada em conhecimento.* Rio de Janeiro: Qualitymark, 1998. p.61-92.

LANDES, D.L. *Prometeu desacorrentado: transformação tecnológica e desenvolvimento industrial na Europa ocidental, desde 1750 até a nossa época.* Rio de Janeiro: Nova Fronteira, 1994.

LE BOTERF, G. *De la compétence – Essai sur un attacteur étrange.* Paris: Les Éditions d'Organisations, 1995.

_____. *Desenvolvendo a competência dos profissionais.* Porto Alegre: Artmed, 2003.

LEITE, E. M.. *Reestruturação produtiva, trabalho e qualificação no Brasil. In:* BRUNO, L. (org.) *Educação e trabalho no capitalismo contemporâneo.* São Paulo: Atlas, 1996, p.146-187.

MACHADO, L.R.S. *Qualificação do trabalho e relações sociais. In:* FIDALGO, F.S. (Org.). *Gestão do trabalho e formação do trabalhador.* Belo Horizonte: Movimento de Cultura Marxista, 1996, p. 13-40.

MARX, K. *O capital, crítica da economia política. 1- O processo de produção do capital. Vol.1.* Rio de Janeiro: Bertrand Brasil, 1989.

McCLELLAND, D. *Testing for competence rather than for inteligence.* American Psychologist, vol. 28, 1973, pp.1-14.

MEGHNAGI, S. *A competência profissional como tema de pesquisa.* Educação & Sociedade. V.19, n.64, p.50-86, setembro, 1998.

NONAKA, I. E TAKEUCHI, H. *Criação de conhecimento na empresa: como as empresas japonesas geram a dinâmica da inovação.* Rio de Janeiro: Campus, 1997.

ORTEGA Y GASSET, J. *Meditação sobre a técnica.* Rio de Janeiro : Instituto Liberal, 1991.

PAIVA, V. *Qualificação, crise do trabalho assalariado e exclusão social.* Disponível em: www.clacso.edu.ar/~libros/educacion/paiva.pdf . Acesso em 26/05/2002

QUINN

Robbins, Stephen. *Comportamento organizacional.* Trad. Christina Ávila de Menezes. S.Paulo, LTC, 1999

RODRIGUES, Aroldo. *Psicologia social.* Rio de Janeiro, Vozes, 1981

RODRIGUES Jr., J.F. *A Taxonomia de objetivos educacionais: um manual para o usuário.* Brasília: Edunb. (1997).

ROPÉ, F. & TANGUY, l. (Orgs.) *Saberes e competências: o uso de tais noções na escola e na empresa.* Campinas: Papirus, 1997.

SAMPAIO, J. R. *Implantação de Gestão de competências em empresa brasileira de telecomunicações. In:* Goulart, I. B. Psicologia Organizacional e do Trabalho; teoria, pesquisa e temas correlatos. São Paulo: Casa do Psicólogo, 2002.

Sanchez, Heene & Thomas, 1996

SANTOS, E. H. *Trabalho Prescrito e Real no Atual Mundo do Trabalho.* Trabalho & Educação, Belo Horizonte, n.1, fev/jul, 1997, p.13-27.

SENGE, P. *A quinta disciplina.* São Paulo: Best-seller, 1990.

SPENCER, L.M.& SPENCER, S.M. *Competence at work: models for superior performance.* New York: John Wiley & Sons, 1993.

STEWART, T. A. *Capital Intelectual: a nova vantagem competitiva das empresas,* São Paulo: Campus, 1997

STONER, J.A.F.; FREEMAN, R.E.. *Administração.* Rio de Janeiro: Prentice Hall do Brasil, 1995.

STROOBANTS, M. *A visibilidade das competências*. *In*: F.ROPÉ & L. TANGUY (org.) *Saberes competências*: *O uso de tais noções na escola e na empresa*. Campinas: Papirus, 2002. p.135-166.

TARTUCE,G. L. B. P. *O que há de novo no debate da 'qualificação do trabalho'?*: *reflexões sobre o conceito com base nas obras de Georges Friedmenn e Pierre Naville*. 2002. 221p. Dissertação (Mestrado em Sociologia) - Faculdade de Filosofia, Letras e Ciências Humanas, Universidade de São Paulo, São Paulo. 2002.

TOMASI, A. P. *Qualificação ou Competência*. Educação & Tecnologia, Belo Horizonte, v.7,n.1, p.51-60, jan./jun, 2002a.

_____. *O museu de artes e ofícios e o gesto do trabalhador*. Belo Horizonte: Museu de Artes e Ofícios, 2002b, Mimeografado.

ZARIFIAN, Philippe. *Objetivo competência; por uma lógica*. São Paulo, Editora Atlas, 2001.

Capítulo 3
GERAÇÕES DE LÍDERES:
BASES AUTORITÁRIAS DA CONSTRUÇÃO
DO IMAGINÁRIO BRASILEIRO SOBRE LIDERANÇA

Adriane Vieira
Gilberto Braga Pereira

"Ela está no horizonte [...].
Me aproximo dois passos, ela se afasta dois passos.
Caminho dez passos e o horizonte corre dez passos.
Por mais que eu caminhe, jamais a alcançarei.
Para que serve a utopia?
Serve para isso: para caminhar".[1]

Resumo

Aproximar os temas imaginário e gerações, recortes definidos para se desvendar o tema central liderança, foi o caminho escolhido para se tentar compreender as últimas gerações de líderes presentes nas organizações brasileiras. Rememorar fatos e representações, bem como delimitar imagens sobre autoridade que marcaram as gerações de líderes organizacionais contemporâneos brasileiros constitui o propósito central desse artigo. Discute-se de pronto o conceito de liderança, estabelecendo-se conexões entre as variáveis atributo pessoal, tipologia e contingencialidade para posteriormente dirigir o esforço no sentido de cartografar o imaginário partindo-se de seu conceito. Na seqüência busca-se circunscrever os temas em uma perspectiva geracional e, para tanto, delineiam-se peculiaridades comuns às três últimas gerações de adultos em relação às imagens de autoridade. Chega-se, enfim, à carac-

---

1. Galeano, Eduardo. *As palavras andantes*. Porto Alegre:L&PM, 1994, p. 310.

terização do contexto social e representações imagéticas presentes nas décadas que se estendem dos anos 1960 aos primeiros anos do século XXI. Ao final tecem-se considerações julgadas relevantes.

1. Introdução

Aproximar os temas imaginário e gerações, recortes definidos para se desvendar o tema central liderança, foi o caminho escolhido para se tentar compreender as últimas gerações de líderes presentes nas organizações brasileiras. Identificar e descrever peculiaridades, rememorar fatos e representações, bem como delimitar imagens sobre autoridade que marcaram as gerações de líderes organizacionais contemporâneos brasileiros constitui o propósito central desse artigo. Tal intento, sabe-se de antemão, não é tarefa fácil, mesmo porque se pretende dar uma dimensão polissêmica ao conceito de liderança, elegendo-o como uma categoria multifacetada, complexa e inesgotável em si e, também, por não se ter notícia de pesquisas que tematizam imaginário e liderança sob um enfoque geracional que abranjam a reconstituição do imaginário sobre liderança numa abordagem longitudinal.

Bem recentemente, teóricos e pesquisadores passaram a sugerir que as organizações são, essencialmente, "[...] realidades socialmente construídas [...] cada aspecto componente do todo organizacional tem uma respeitável dose de significado imaginário e implícito que pode ser entendido como o sentido dado à realidade." (BERGAMINI, 1994, p. 118). Nessa perspectiva, o imaginário social constrói a identidade coletiva, designa identidades e papéis a serem representados, expressa necessidades sociais e delimita os caminhos para atingi-las.

Várias vertentes são identificadas para o estudo do imaginário. Nesse trabalho, entretanto, têm-se como referências as correntes sociológicas, mais especificamente a vertente que o compreende como *interpretação*.[2]

---

2. Conforme classificação proposta por Verlindo (2004) há cinco dimensões (dominação, interpretação, criação, distinção e simbolização) nos estudos brasileiros sobre o tema.

Discute-se de pronto o conceito de liderança, buscando-se estabelecer conexões entre as variáveis atributo pessoal, tipologia e contingencialidade para posteriormente dirigir o esforço no sentido de cartografar o imaginário partindo-se de seu conceito. Na seqüência busca-se circunscrever os temas em uma perspectiva geracional e, para tanto, delineiam-se peculiaridades comuns às três últimas gerações de adultos em correlações às imagens de autoridade. Chega-se, enfim, à caracterização do contexto social e representações imagéticas presentes nas décadas que se estendem dos anos 1960 e primeiros anos do século XXI. Ao final tecem-se considerações julgadas relevantes.

2. Liderança e imaginário: do conceito e da correlação

2.1. ABRANGÊNCIA E DELIMITAÇÃO DO CONCEITO DE LIDERANÇA

Após recorrer-se a diferentes autores para a formulação do conceito de liderança é possível concluir que pelo menos duas representações são ocorrências freqüentes: (1) a liderança como fenômeno grupal e (2) caracterizada como um processo de influenciação intencional. Bergamini (1994) salienta, inclusive, que há uma complementaridade nos trabalhos sobre liderança que ora enfocam o que o líder é, ora buscam delimitar o que ele faz e ainda os que consideram as circunstâncias que favorecem o fenômeno.

Das três designações líder, liderança e liderar, talvez somente o conceito de líder não suscite controvérsias: "[...] pessoa que vai à frente para guiar ou mostrar o caminho, ou que precede ou dirige qualquer ação, opinião ou movimento" (PENTEADO, 1978, p. 1). O conceito evidencia pelo menos duas imagens essenciais: o *destaque* – o líder diferencia-se, é proeminente, aparece no grupo – que se configura como um *atributo*; e a *influência*, que por sua vez sugere uma relação. Ao se referir à liderança, Penteado (*ibidem*, p. 2) faz menção, ainda, à *dominação*, que é entendida como a síntese das duas imagens precedentes (destaque e influência): "ter influência sobre e elevar-se acima de". Concluindo o autor afirma que "liderança é uma *forma de dominação*, o exercício de um poder sobre indivíduos ou grupos" (*Ibidem*, p. 3).

Liderança, segundo Bergamini (1994, p. 13), é tema de forte apelo há anos, sem que se tenha chegado a um consenso quanto à sua conceituação ou à sua correlação com outros fenômenos e variáveis presentes nas organizações. Muitas vezes o fenômeno vem correlacionado a imagens com "[...] conotação de 'dom' mágico responsável por uma espécie de atração inexplicável que certas pessoas exercem sobre outras".

Não obstante a dificuldade que se encontra para conceituar o fenômeno, e partilhando uma visão bastante próxima da de Bergamini (1994), Penteado (1978, pp. 4-5) assim se refere:

> Para que se caracterize um conceito amplo de Liderança precisamos de um líder, de um grupo e de uma situação. [...] Liderança, assim, seria *a função do líder que a exerce no e sobre um grupo, em determinada situação*. [...] Dessa conclusão nascem três teorias básicas na conceituação de Liderança – função do indivíduo, do grupo e da situação.

Por outro lado, são bastante controversas as associações feitas entre os temas gestão, administração, empreendedorismo e liderança. Motta (2002) relaciona o aparecimento do termo *administração* ao contexto da área pública e a expressão *gerência* como originária da esfera privada, porém ambos com o mesmo sentido de execução de decisões. O próprio autor reconhece que essa dissociação entre dirigentes e executores não faz sentido e que administração, gerência e gestão são expressões aceitas como sinônimas, sendo que esta última, nos anos 1990, ascendeu com maior *status* para designar o campo de atuação e modelos participativos (co-gestão e autogestão) das duas primeiras.

Até este ponto, partiu-se de uma aceitação do fenômeno liderança como próprio e natural às várias formas de organização social que, por seu turno, pressupõem um modelo hierárquico. Relevância deve contudo ser dada também a correntes de pensamento que seguem uma outra vertente, suscitando questionamentos inclusive sobre o fenômeno da liderança em si. É o caso, por exemplo, de autores preocupados com o estudo de sistemas autogerenciados, ou ainda de outras correntes, como a *Ecologia Organizacional*, que é às vezes entendida como *anti-management*. Ao traçar um paralelo entre a natureza e a sociedade, supõe-se que a *Ecologia Organizacional* nega a influência e a escolha humana acerca daquilo que o seu mundo e a sua organização social poderão ser. Como se deve conceber a liderança ante essas últimas visões se o pressuposto de base é a inexistência de *alguém* para planejar e dar ordens, guiar e dar direção? Esse tipo de visão, marcadamente atual, põe em dúvida algumas das representações imaginárias sobre liderança, desconstrói e reconstrói novos mitos e reclama por novas representações e modelos.

Enfim, ainda que se encontrem múltiplas definições para o termo, *liderança* é comumente associada a um *processo de influência*, o qual

pode manifestar-se sob diversas formas, desde o simples comando – ato de mandar para que os outros *obedeçam* – até a complexa inspiração – impulso que leva os homens a fazer ou deixar de fazer alguma coisa que, eles sabem, o líder gostaria que fizessem ou deixassem de fazer (PENTEADO, 1978, p. 20).

Portanto, parece relativamente simples estabelecer um vínculo ideológico entre liderança e imaginário, bastando-se atentar para as evidências históricas. Em todos os tempos os conceitos de liderança sempre se uniram ao contexto sócio-histórico e, em conseqüência, aos interesses daqueles em posição de poder e, ainda, como argumento estratégico para se justificar um modelo hierárquico que conserva uma ordenação social específica. Uma sociedade baseada na hierarquia, ou em outra forma de organização, necessita definir estratégias e mecanismos ideológicos que a justifiquem. Isto posto, resta discorrer em seguida sobre os fundamentos que orientam e demarcam o conceito de imaginário para, em seguida, circunscrevê-lo juntamente com a liderança em uma perspectiva geracional.

112

2.2. IMAGINÁRIO: FORMAS DE EXPRESSÃO E ESTRUTURAÇÃO DO CONCEITO

Há uma série de conceitos interdependentes que conferem uma complexidade ímpar ao estudo do imaginário. Os elementos constitutivos *representações*, *símbolos* e *imagens* e as categorias analíticas *rito*, *mito*, *ideologia* e *utopia* estão fortemente presentes na maioria deles. Franco[3] (*apud* FERREIRA, 2002, p. 28) considera que essas três últimas modalidades se entrelaçam e, como poderá ser confirmado mais adiante, elas assumem grande relevância ao se estudar o imaginário geracional sobre liderança.

O mito foca sua atenção em um passado indefinido para explicar o presente, a ideologia projeta no futuro as experiências históricas do grupo – concretas e idealizadas, passadas e presentes; a utopia parte do presente na tentativa de antecipar ou preparar um futuro que é recuperação de um passado idealizado.

Le Goff (1994, pp. 14-15) considera que três termos auxiliam no esforço de se desvendar o conceito de imaginário: a *representação*, que "engloba todas e quaisquer traduções mentais de uma realidade exterior percebida e que está ligada ao processo de abstração"; o *simbólico*, que só é concebido "quando o objeto considerado é remetido para um sistema de valores subjacentes, histórico ou ideal"; e as *imagens*, que se revelam "no decorrer da simples observação." O imaginário, portanto, permite entender as representações coletivas uma vez que se observa um entrelaçamento entre os significados atribuídos ao real e as estruturas simbólicas. Constroem-se representações do real através das imagens criadas a partir do sentido que se confere às coisas.

Uma outra referência importante ao se tentar compreender o imaginário e, sobretudo, o relativo à liderança pode ser visto na definição proposta por Lapierre (1995) em que se identificam pelo menos dois componentes presentes. De um lado tem-se uma conotação

---

3. FRANCO JR., H. *Cocanha: história de um país imaginário*. São Paulo: Companhia das Letras, 1998. A*pud* Ferreira (2002, p. 28).

profundamente pessoal para o imaginário expressa no *fantasma* e, de outro, a *imaginação* que é, ao mesmo tempo, pessoal e pública – pessoal, na medida em que é criada e mágica, e pública, por se referir ao enquadramento social, ao processo de assimilação da cultura.

O real não é, pois, só um conjunto de fatos. As representações socioculturais caracterizam uma época. Tais figurações situam-se no território de concepções individuais que se coletivizam, passando a expressar um *ethos* característico de um dado momento. A imaginação é um dos modos pelos quais a consciência apreende e elabora a vida.

Para compreender o imaginário é necessário que se recorra aos fatos, mas também às representações, aos símbolos, aos valores, às utopias e ideologias presentes, ainda que não se possa perder de vista que o mesmo

> não é um mero reflexo de uma realidade material acabada. Tal concepção estática do imaginário, [...] da crença na existência de um mundo de idéias puras separadas do real efetivo, foi ultrapassada por uma visão mais dinâmica do fenômeno, baseada em compreensão ampliada do funcionamento dos sistemas simbólicos no interior das sociedades (VARGAS, 1999, pp. 176-177).

Mesmo porque, rememorar não é reproduzir, mas é resgatar e reconstruir. Relembrar é um vaivém dinâmico que não permite um enquadramento preciso e estático. O pensamento científico característico do século XIX demarca a dicotomia ciência-imaginário, razão-desejo. Nessa perspectiva, a história assume uma cisão entre o que é oficial (fato) e o que é ficção (imaginário) e passa a ser entendida como uma representação do real, contrastando-se com o imaginário. O processo de industrialização, contudo, além de possibilitar a reestruturação das relações de trabalho, resgatou no mundo corporativo a importância do imaginário para a compreensão de seu próprio universo. Conhecer esse mundo corporativo a partir do imaginário geracional sobre liderança repõe as imagens em seus contextos respectivos, dando-lhes materialidade histórica e conferindo propriedade aos fazeres quotidianos. É com essa expectativa que a incursão pelo contexto histórico das gerações toma corpo na seção que se segue.

3. Materialidade histórica: imaginário sobre liderança e as gerações

3.1. DAS GERAÇÕES[4] E DAS IMAGENS SOBRE AUTORIDADE

A diferença etária situa-se entre os mais elementares parâmetros determinantes do destino e da vida humana, além de delimitar expectativas sócio-culturais bastante específicas. O recorte "gerações", além de poder ser entendido como uma categorização, carrega consigo uma conotação ideológica, visto que se associa regularmente a significados, valores, expectativas e grau de importância relativa de cada segmento etário. Além do que, as características de uma determinada geração e as expectativas de papel[5] a elas relacionadas só podem ser compreendidas num comparativo às outras gerações, em seus contrastes e semelhanças e, também, em uma visão de continuidade, ante a qual se torna possível obter um mapa total das potencialidades humanas.

As definições institucionais em uso convencionaram chamar de *jovens* aos que se situam entre os 15 e os 24 anos. Com esse parâmetro é possível, pelo menos cronologicamente, supor-se o que vem a ser um adulto. Ao primeiro, não raro, associam-se imagens de

---

4. VELHO, O. G. Geração. *In*: FUNDAÇÃO GETÚLIO VARGAS. *Dicionário de Ciências Sociais*. Rio de Janeiro: FGV, 1986 *apud* Schmidt (2001, p. 88) considera entre quatro conceitos sobre gerações o de que seria um conjunto dos indivíduos que nasceram aproximadamente na mesma época. E, em conformidade com Ariès (1997), o termo recebe a conceituação de uma população relativamente homogênea, que corresponde aos homens e às mulheres nascidos no espaço de uma vintena de anos.

5. Eisenstadt (1976) salienta que uma sociedade é um sistema de papéis e que o papel é a unidade básica de sua integração, compreendendo um segmento do comportamento total do indivíduo em relação a outros indivíduos e organizando todos eles em padrões bastante distintos.

promessa de crescimento futuro, enquanto aos adultos são reservadas funções de modelo e referência para eles. Dizendo de outro modo, a relação que se estabelece entre autoridade e gerações nas sociedades ocidentais caracteriza um vínculo sempre simétrico e expresso de forma autoritária, onde o agente socializante adulto constitui-se no primeiro modelo de autoridade experienciado.

A fim de configurar as três últimas gerações de adultos da contemporaneidade, Conger (2002) as distingue na forma de relação estabelecida com o local de trabalho e o fenômeno da liderança. A primeira, "Geração X", compreende os indivíduos nascidos entre 1965 e 1981[6] que inicialmente foram considerados *slackers*,

> um grupo de niilistas desmotivados e céticos [...] desconfiam da hierarquia. Preferem arranjos mais informais. Querem julgar mais pelo mérito do que pelo *status*. São bem menos leais a suas empresas. Apreciam o trabalho em equipe. Conhecem computadores por fora e por dentro. Gostam de dinheiro, mas também procuram equilíbrio com a vida pessoal. Enfim, estão mudando as empresas" (CONGER, 2002, pp. 64-65).

Respondem à necessidade de seu tempo, pois só *frutificam* e *prosperam* nas organizações contemporâneas porque estas tiveram, por sua vez, de responder aos imperativos de mercado, às exigências de competitividade e qualidade. Nesse caso, não se podem dissociar comportamentos socialmente aceitos da materialidade que os suscita e permite sua consolidação. Nessa perspectiva, a do materialismo histórico, a Geração X contrasta substancialmente com a "Geração Silenciosa", formada pelos chamados *burocratas* – executivos nascidos entre os anos 1925 e 1942 e em que a marca da lealdade à organização foi exercida em troca da garantia do emprego vitalício. Representativos da "era de comando", esses executivos foram sur-

---

6. Podem-se identificar intervalos distintos para definir cada geração. Entretanto, em todos, nota-se a permanência dentro das décadas consideradas por Conger (2002), ou seja, para a Geração X temos os nascimentos entre os anos 1960 e 1980 e assim por diante.

preendidos, na década de 1970, e chamados a ceder espaço como força de trabalho para a "Geração Baby Boom", composta por pessoas nascidas entre 1943 e 1964.

A lentidão e a inflexibilidade adaptativa dos modelos hierárquicos deram lugar às *equipes multifuncionais por projeto*, tendo por base uma estrutura de funcionamento supostamente muito mais democrática e participativa. Com os *boomers*, assiste-se à ruína da aura que envolvia as posições de autoridade cujos ocupantes lhes parecia totalmente retrógrados nos paradigmas, decisões e visão. Em uma proporcionalidade inversa, como não poderia ser de outro modo, crescia a independência, reduzindo-se a obediência. Como discutido adiante, o paternalismo cede lugar à imagem de autoridade autônoma.

Encontram-se, pois, argumentos plausíveis que justificam a escolha do recorte "gerações" para se tentar compreender o tema liderança, porque:

> o desenvolvimento bem-sucedido de padrões de comportamento que se conformam às normas e expectativas de papéis de uma sociedade envolve um alto grau de integração da personalidade e concomitante desenvolvimento de atitudes especiais no quadro da personalidade do indivíduo. Entre estas a atitude do indivíduo para com a autoridade e sua cooperação são extremamente cruciais para o funcionamento adequado da personalidade no contexto do sistema social. Estas atitudes podem ser subdivididas em três categorias principais: a capacidade de obedecer a pessoas investidas de autoridade; a capacidade de cooperar com seus iguais; e a predisposição em aceitar responsabilidade e assumir autoridade em relação a outras pessoas (EISENSTADT, 1976, p. 8).

Em todas as sociedades os indivíduos são solicitados a desempenhar papéis relacionados às três disposições enumeradas por Eisenstadt (1976). Por meio dessa representação de papéis relativos a diferentes gerações, criam-se padrões de predisposições gerais capazes de dar sustentação à aceitação e ao exercício da autoridade, bem como padrões cooperativos adquiridos mediante a interação entre os indivíduos da mesma faixa etária.

Sennett (2001), a propósito, destaca quatro formas sociais de vínculos, a saber: a autoridade, a fraternidade, os rituais e a solidão, definindo-os como importante caminho para se compreender os compromissos estabelecidos entre os membros de um determinado grupo social ou de grandes conglomerados modernos. Para ele, as predisposições descritas por Eisenstadt (1976) são precondições para a existência social e têm conseqüências políticas relevantes. No caso, esses vínculos têm um duplo significado, visto que traduzem ligação, mas também limite imposto.

A crença na *autoridade*, ligação entre pessoas desiguais, traz consigo a confiança e o amparo, mas em contrapartida demanda obediência e submissão. O *ritual* unifica, une pessoas iguais ou não, mas o vínculo desaparece tão logo é encerrado. A *fraternidade* constitui laço que interliga pessoas semelhantes e pode conduzir a uniões tão próximas, que ameaça a identidade individual e cria lutas internas acerca de quem faz parte "realmente" do grupo. A *solidão* é uma emoção da ausência, expressa na não-ligação e conseqüente falta de limites; a sua natureza dolorosa empurra, porém, em direção à busca de uniões substitutivas que, no fundo, não a superam.

Por razões óbvias interessa aqui um aprofundamento especial no vínculo de autoridade e, sobremaneira, enumerar as imagens usuais presentes na sociedade acerca do fenômeno e determinar se estas sofrem alterações ao longo dos anos e em cada grau etário. É o mesmo Sennett (2001) que contribui parcialmente para tal intento. Ele lembra que etimologicamente a raiz de autoridade é "autor", o que sugere a implicação com algo produtivo. Contudo, a palavra "autoritário" é freqüentemente usada para descrever pessoas ou sistemas repressivos. Assim, ainda que todos saibam intuitivamente o que é autoridade, a idéia em si não é muito fácil de ser traduzida em um conceito restrito. Uma imagem passível de associação é o autocontrole e o controle sobre o que está fora, que por sua vez remete à idéia de disciplinarização, panotipismo[7] etc. Também é factível uma correlação com força e capacidade de inspirar medo. Em relação à força, o

---

7. Neologismo derivado de panóptico que se refere a ponto ou posição central de onde se tem vista periférica e, ainda, local de guarda com estas características.

seu equivalente político é poder. Não raro, autoridade e poder são usados como sinônimos, mas também é possível entendê-los como conceitos distintos.

A idéia de força carrega consigo uma complexidade notória, ainda mais quando associada à sua componente "integridade". Nem sempre as forças que dão autoridade a uma determinada pessoa, grupo etário ou instituição servem a um ideário elevado ou como garantia de proteção aos demais, mas tão somente de sua dominação. Sennett (2001, p. 33) conclui em meio a todas essas considerações que, em sentido geral, autoridade "é uma tentativa de interpretar as condições de poder, de dar sentido às condições de controle e influência, definindo imagens de força. [...] não é uma coisa. É um processo interpretativo [...]".

Basicamente duas imagens acerca do exercício da autoridade são apresentadas por Sennett (2001). Na primeira, o paternalismo, a relação pai-patrão é facilmente estabelecida e a segunda imagem diz respeito ao que denomina "autoridade autônoma". No paternalismo a legitimação do poder dá-se menos pela via material do que pelos símbolos e crenças. É, portanto, uma forma de dominação não contratual, e o resultado disso, afirma Sennett (2001), é a introdução de uma ambigüidade relativa à figura de autoridade. A criação da imagem pai-patrão encontra eco na visão especular preconizada pela Psicanálise, em que se confia que as relações sociais mais amplas espelham as relações com o par parental. O autor (*ibidem*, 2001, p. 78), entretanto, adverte que não obstante o trabalho não seja uma extensão natural da família, na sociedade moderna o paternalismo buscou novos meios para legitimar o poder fora da mesma a partir do apelo aos papéis exercidos dentro dela. A fusão pai-patrão em relação mútua modifica-se em seus significados originais, ampliando o sentido para além daquele encontrado nos termos em separado. Tanto "pai" como "patrão" são formas de controle, mas o primeiro empresta ao segundo um sentido de "cuidado" e "proteção", sugerindo a fusão cuidado-poder.

Uma vez que se pode entender a autoridade como alguém que usa a força para proteger os demais, estabelece-se uma estratégia paternalista meio tacanha, na medida em que a proteção prometida no mesmo está a serviço dos interesses de quem exerce a autoridade e só é mantida sob esses termos. Há, portanto, uma promessa de amparo, negando-se porém o que há de essencial no cuidado, ou seja, seu propósito de tornar independente e forte aquele que o recebe e de dar-lhe consciência crítica.

> [...] estamos passando a ver, na sociedade moderna, exatamente como é o poder sem o amparo. [...] Em vez do falso interesse, essa nova autoridade não expressa interesse algum pelos outros. Trata-se da autoridade da figura autônoma [...] (*ibidem*, p. 115).

A imagem de autoridade autônoma professada por Sennett (2001) situa-se no extremo oposto ao da imagem de paternalismo na sociedade moderna. No paternalismo, a autoridade é exercida pelo "bem" de outrem. A autoridade autônoma, por seu turno, não parte de qualquer intenção de cuidar. A sutileza dessa imagem parte do princípio de que na vida social são possíveis a auto-suficiência e a inexistência de controle de uns sobre os outros.

Na contemporaneidade, a autonomia assume uma forma simples, por um lado, traduzida na posse de "qualificações", e complexa, por outro, relativa à estrutura do caráter (*ibidem*, p. 118). Sob o rótulo de "sociedade das especializações", a sociedade moderna tem como valor a perícia, a habilidade técnica, conferindo independência. Já a forma complexa da autonomia liga-se à reunião de atitudes capazes de conservar essa mesma independência. Deter a capacidade de julgar, por não se esperar aprovação, constitui-se primordialmente no autocontrole, numa força que confere autoridade natural aos olhos de quem a possui. Portanto, a indiferença, ou melhor, a impessoalidade burocrática confere autoridade nas instituições modernas.

Todos esses elementos entrecruzados demarcam o propósito de se discutir, neste trabalho, a questão da liderança e as expectativas de papel a ela relacionadas, o que tem ocorrido no imaginário geracional atinente a imagens de autoridade. A seguir constrói-se um panorama bastante abrangente do contexto brasileiro em que se deu a formação das três últimas gerações de adultos presentes nas organizações empresarias. Parte-se de um compromisso despretensioso ao se percorrer o universo imaginário brasileiro circunscrito entre a década de 1960 e os primeiros anos do século XXI, pois que não se propõe esgotar toda uma descrição histórica social ou econômica e nem tampouco a reconstituição da história política ou de eventos em cada década. O que se busca é dar relevância às contingências sociais e às imagens construídas, atentando-se em especial para os jovens adultos em cada época, em um esforço de compreender os imaginários representativos das respectivas gerações no tocante à formação do conceito e representações sobre autoridade e liderança. Os eventos estão a serviço de uma viagem ao imaginário de então e de seu mapeamento, assim como o diálogo com os autores é o suporte sobre o qual se busca desvendar a materialidade imaginária, na certeza de que é pouco provável que se consiga capturar a essência da sociedade brasileira, mesmo que circunscrita em uma década ou tempo específico.

3.2. MARCAS AUTORITÁRIAS DO IMAGINÁRIO GERACIONAL BRASILEIRO NAS ÚLTIMAS GERAÇÕES DE ADULTOS

Eu te darei o céu[8], grande sucesso do movimento da Jovem Guarda, simboliza e sintetiza com certa precisão todas as promessas da década de 1960. O imaginário presente move-se no terreno da utopia. O otimismo de então reafirma o *slogan*: "Brasil, país do futuro"[9]. Essa representação, no dizer de Silva (1996), toma força com o golpe militar de 1964, projetando uma ideologia ufanista e demarcando o mito do futuro. Como "anos rebeldes", os anos 1960 configuram sonhos, utopias, lutas e práticas não-conformistas. "Década em que os *hippies*, situados na fronteira entre a utopia holista moderna e o descompromisso pós-moderno, conviveram com os guerrilheiros urbanos e os revolucionários marxistas. Tempos da ditadura militar" (*ibidem*, p. 231). Promete-se o "céu" e muitas coisas mais e fazem-se igualmente política e festival.

---

8. Lançamento de Roberto Carlos – 1966 – música de sua autoria e de Erasmo Carlos constante de LP com o mesmo nome.

9. ZWEIG, Stefan. *Brasil, país do futuro*. Rio de Janeiro: Nova Fronteira, 1981.

Em 1968/69, com o AI-5, dá-se início ao que viriam a ser os "anos de chumbo", os anos silenciosos. E, então, vem a profecia: "o sonho acabou"[10]. Durante os anos 1970 o Brasil vive o paradoxo: (1) o apogeu do orgulho patriótico alimentado pela ditadura militar, prevalecendo os ideais de modernização e (2) a vergonha da ausência de democracia. Além da consagração do futurismo como uma ideologia, é tempo de se bradar "Brasil, ame-o ou deixe-o", "Este é um país que vai pra frente" etc. Cantam-se "noventa milhões em ação... pra frente Brasil, salve a seleção". "Enquanto corria a barca"[11] daqueles anos pesados, observavam-se o uso de artifícios e de mecanismos de obscurecimento com o propósito de se manipular o real. A visão de intelectuais é a de que se aproveita a euforia do tricampeonato na copa de 1970 para encobrir atrocidades, tortura e caça aos intelectuais de esquerda, militantes comunistas e guerrilheiros urbanos.

Dias (2003) configura a juventude dos anos 1970 como perdida entre uma infância permissiva vivida nos anos 1960 de muitas promessas e a idade adulta "odiosamente" conformista imposta pelos "anos de chumbo". "No lugar do coletivo entrou o individual na assim chamada 'década do eu' [...]" (ibidem, p. 86). Como alternativas possíveis a autora enumera a descoberta de si e a revolução comportamental, e a guerrilha. Os que optam por uma posição intermediária, conforme Dias (2003) supõe, fazem-no geralmente pela integração ou subordinação ao modelo autoritário instituído, visto que formas de resistência só há duas. Também nessa década o capitalismo entra em recessão, com baixas taxas de crescimento e altas taxas inflacionárias. No Brasil, a crise do petróleo desfaz a magia, e a classe média vê-se diante de uma realidade diversa da decantada prosperidade e das promessas dos primeiros anos da década de 1970. "A coisa começa a ficar preta, e a expressão 'crise econômica' entrou no cotidiano do país como sintoma principal de uma doença crônica que se instalava no coração do combalido corpo nacional: a inflação" (ibidem, p. 185).

---

10. Declaração de John Lennon à revista Rolling Stones apud Dias (2003, p. 34).

11. Verso da música Preta pretinha (Galvão – Moraes Moreira). Lançamento do grupo Novos Baianos, constante do disco Acabou Chorare (1972).

Em 1979 o país experimenta a decadência do regime militar e de seu projeto de "modernização conservadora". E a juventude dos anos 1970 que entra na barca nesse momento, já é outra. Afiança Gil (2001) que as lideranças operárias voltam à cena na negociação dos assuntos trabalhistas. A luta agora, o embate é entre aqueles que detêm o poder e os que não o detêm, não mais entre capitalistas e socialistas. Os anos 1970 que haviam amanhecido *hippies*, floridos e ingênuos, anoitecem *punks*, agressivos e cinzentos –, uma representação que se materializa na redefinição de

> [...] mundo que, desde então, passou a ser dividido em termos de regimes totalitários e regimes livres, assim entendido pela direita e, com alguma dificuldade, aceito pela esquerda; com as crises que iam da inflação ao desemprego; da crise monetária à crise de energia; com a erosão da credibilidade de personalidades públicas e instituições intocadas; com a constatação de que corrupção e escândalo não eram privilégio de ditaduras latino-americanas [...] (DIAS, 2003, p. 343).

Maria Paula Nascimento Araújo[12] (*apud* DIAS, 2003, p. 347) assim sintetiza aqueles anos:

> Toda geração tem uma marca específica. [...] a marca da geração dos anos 1970 parece ter sido a desconfiança em relação a todo tipo de hierarquia; convenções e padrões institucionalizados de vida [...]; a resistência ao discurso da competência (identificado com o poder instituído); e, principalmente, uma atenção para a questão da diferença, do indivíduo e da subjetividade.

Arrolados como a década maldita, os anos 1980, por seu turno, carregam o peso da privatização do político, do desencanto utópico, do fim das ideologias, dos sonhos e da história. A década, por alguns denominada "perdida", é marcada por forte recessão econômica,

---

12. ARAÚJO, M. P. N. *A utopia fragmentada: as novas esquerdas no Brasil e no mundo na década de 70*. Apud DIAS, 2003, p. 347.

inflação, elevação dos níveis de desemprego, redução proporcional dos salários e pela intensificação da automação através da multiplicação do número de demissões (GIL, 2001, p. 56). Coincidente com o momento de redemocratização do país, traduzido na transição política entre a ditadura militar e a primeira eleição direta para a representação máxima da nação, os anos 1980 é visto como o início do fim do século XX. Entretanto, no seu final, convive-se com um Brasil marcado pelas juras de "caça obstinada aos marajás" e com o resgate de promessas em um governo com marcas populistas.

Os últimos anos da década abrem uma perspectiva após o silêncio: a juventude da época é empurrada em direção à reconstrução de uma outra visão de mundo e à escolha de artefatos para expressá-la. Jovens adultos e adolescentes que se iniciam na aventura da descoberta de um espaço mais amplo que se estenda para além do familiar, de um espaço político e social a ser conquistado.

Vargas (1999) salienta que a análise da década merece um cuidado, sobretudo no tocante aos sujeitos implicados. Em sua visão, é temerário e injusto afirmar que a juventude dos anos 1980 se configura como implicitamente apática, passiva, alienada e incapaz de criticar consistentemente. Ele toma uma direção que desemboca no comparativo entre os paradigmas utópico e pós-utópico, dando relevo a rupturas que configuram essa passagem.

Recorrendo-se a Maffesoli, Silva (1991)[13] explicita que os anos 1980 se configuram como marco representativo da transição para a pós-modernidade, "o que implica a morte de três utopias seculares: a aposta no futuro, a fé na ideologia do trabalho e o apego ao prometeísmo, símbolo da produção moderna". Decorre então que, ao se pensar nas novas modalidades de convivência e interpretações de mundo, não se pode prescindir de uma compreensão do que se convencionou chamar de paradigma pós-utópico.

Como faz Vargas (1999) com base na etimologia da palavra utopia – do grego *u-topos*, o "não lugar" –, é possível verificar que o

---

13. SILVA, J. M. *A miséria do cotidiano: energias utópicas em um espaço moderno e pós-moderno*, Porto Alegre: Artes & Ofícios, 1991, p. 21. *Apud* VARGAS, 1999, pp. 185-186.

pensamento utópico remete a um tempo imaginário de uma era de ouro ou a um futuro livre dos males, mas nunca ao *aqui e agora*. É, portanto, um embate entre presente e futuro, entendidos nesse caso como o paradigma utópico e pós-utópico, ou, melhor ainda, um embate entre as representações predominantes nesses dois lugares. A inexistência do objetivo comum, associada ao vínculo hedonista e tribal, atualiza para Vargas (1999) uma solidariedade de outro tipo relativa às décadas anteriores, interiorizada, familiar, relacional e orgânica, marcada pelo sentimentalismo. O fim das energias utópicas toma lugar, então, na afirmação do tempo presente e do espaço privado, em substituição à projeção futurista e messiânica.

Outro aspecto importante no tocante ao imaginário relativo aos anos 1980 diz respeito ao que Marra (1999) chama de virada neoliberal na América Latina, situada entre os anos 1988/1990. A marca: ascensão concomitante de governantes (Salinas/México, Collor/Brasil, Menem/Argentina, Perez/Venezuela e Fujimori/Peru) que têm em comum o fato de não terem confessado em campanha o que efetivamente fariam depois de eleitos, implementando exatamente o oposto do que propalaram. É, portanto, nos anos 1980, que o Brasil se reencontra com a democracia formal e entrega-se ao presente. Gil (2001) relata que se observa, nas organizações, o surgimento das novas tecnologias gerenciais voltadas para a redução de custos com pessoal, processos e outras despesas de gestão. Popularizam-se conceitos como descentralização, *downsizing*, reestruturação, reengenharia, *empowerment*, gestão japonesa etc.

A fim de que se compreenda a geração dos "caras pintadas", na concepção de Silva (1996, p. 149):

> é preciso evitar-se o erro da contraposição alienação/não-alienação. [...] Em vez da refutação do diagnóstico do desacatamento, da despolitização e da passividade, a juventude ativou outra dinâmica de prática social.

Para ele (*apud*, p. 150), contra todos os argumentos, a não sistematização de uma atuação política toma forma, na qual o fragmentário e a cultura do sentimento pesam: "os jovens estiveram nas avenidas, pressionaram as autoridades, jogaram no espaço público, embaralharam as cartas e, como vieram, partiram: espontâneos, coloridos, ecléticos e descomprometidos". Nessa vertente de entendimento, o autor analisa que a idéia expressa em "O Brasil é o país do futuro", se esgotara. Antes se confundiam futurismo, mito, fabulário, ideologia, projeções e sonhos, fazendo desabar sobre o país o realismo e empurrando os brasileiros para a construção de seu presente. E conclui:

> A passagem do futurismo ao presenteísmo não significa a fundação do paraíso pela desistência de procurá-lo em um tempo vindouro. Desumano, o Brasil da miséria produz um imaginário espetacular, de criação e maleabilidade, que o mundo pós-industrial desconhece. A verdadeira utopia seria a construção de um Brasil justo e orgulhoso de seu estilo barroco (*ibidem*, p. 153).

Vargas (1999, p. 192) deixa, enfim, a descrição de uma imagem que supostamente representaria a geração dos anos 1980, utilizando-se da expressão "anjos decaídos" para simbolizar um grupo social que compartilha grau etário semelhante e que, tendo perdido a fé no paraíso utópico, finca pé num presente contraditório, injusto e violento, "um presente saturado de apelos consumistas, de signos de rotação e de revoluções por minuto; presente, no entanto, que é também o tempo da festa, do jogo estético e exibicionista, das grandes efervescências [...] da fruição permanente do aqui e agora em um espaço crescentemente privatizado".

Por fim, quando se dirige o olhar para analisar o imaginário social dos anos 1990, depara-se com indícios tanto de continuidade quanto de rupturas. Constatam-se a convivência concomitante do velho e do novo, própria a toda sociedade em transformação, e uma pluralidade de posições teóricas e políticas que apontam tendências otimistas ou pessimistas conforme o caso. Profundas transformações políticas e econômicas marcam o início dos anos 1990 – pelo menos é esse o viés com o qual Gil (2001) o enxerga. Seus argumentos são arrolados: esfacelamento dos estados comunistas do leste europeu, unificação alemã, fim à Guerra Fria. Ocorrências que não só se reflem diretamente no mundo todo, como também consolidam ou reafirmam a hegemonia americana, tanto política quanto militar. Stiglitz (2003) salienta que é a década em que as finanças reinam absolutas. Durante toda a década o crescimento econômico americano se mantém, a inflação permanece sob controle, e os níveis de desemprego são os mais baixos do mundo. "Não era apenas o capitalismo que triunfara sobre o comunismo; a versão americana do capitalismo, baseada em uma imagem de individualismo rude, parecia ter triunfado sobre outras versões mais brandas" (*ibidem*, p. 34). Os primeiros sinais de que algo não ia bem foram aparecendo no mundo no final da década, inclusive no Brasil de 1999.

O que importa não é discutir pormenorizadamente a realidade econômica ou mesmo os *booms* e colapsos do capitalismo moderno. O que interessa, evidentemente, é o processamento do resgate de uma imagem presente no imaginário dos anos 1990 que também repercute na geração que viveu e vive sob essa égide. Após a luta inglória contra os índices inflacionários, a recessão e o desemprego da década anterior, iniciam-se no Brasil dos anos 1990 as iniciativas de integração ao mercado mundial. A economia abre-se para o capital externo, e, na visão de Gil (2001), tal fator contribui para o aumento no volume de demissões, até que, do meio da década em diante, se obtém a estabilidade monetária (Plano Real), mesmo que desacompanhada do crescimento econômico e do nível de emprego. Um fenômeno bastante importante, continua o autor, foi a migração de grande contingente de profissionais para o mercado informal.

No Brasil, na passagem dos anos 1980 para os anos 1990, convive-se com uma imagem no mínimo desconcertante:

> Tudo o que os guerrilheiros e militantes *sixties* não obtiveram, apesar da paixão e da disciplina, os garotos de 1990 alcançaram com espalhafato, criatividade e nenhum projeto de longo alcance. [...] Alheios às utopias marxistas ou libertárias, desinteressados de guerrilhas ou da política partidária ou de tendências [...], os rebeldes lançaram mão de uma arma estranha ao arsenal dos antecessores: o humor (SILVA, 1996, p. 146).

Em Sousa (1999, p. 9) localizam-se críticas à associação automática que se habituou fazer entre juventude e representação de imagens de esperança, desejo de justiça, "portadora ímpar de utopias ou projetos de transformação da sociedade existente. Na condição de elo entre o passado e o futuro, caberia a ela ser foco da mudança do legado social pela invenção do futuro". A autora analisa o resgate da utopia nos anos 1990 através da retomada de movimentos sociais e da militância política de jovens. Ela tem o cuidado, entretanto, de não se afastar da representação predominante e, arrisca-se a dizer, unânime da cultura brasileira como fortemente autoritária. Outro cuidado de sua parte é considerar os efeitos da internacionalização da economia sobre a subjetividade contemporânea. Evita, ainda, o lugar comum de atualizar modelos próprios aos movimentos estudantis ou manifestações de rua que ocorreram quando do *impeachment* do presidente Collor. Seu esforço, ao contrário, é todo dirigido no sentido de construir argumentos que confirmem que "os conteúdos das ações coletivas dos jovens hoje não significam nem retrocesso nem avanço, mas o que é possível historicamente sua geração ser portadora" (*ibidem*, p. 14).

O Brasil dos anos 1990 convive com imagens revivificadas de populismo e de tendências de personalização e espetacularização dos líderes políticos. Governantes são representados como salvadores carismáticos e prevalecem construções de sacralização-satanização da política.

Assim, a crise do Estado, o descrédito na política e no político, a internacionalização da economia e a reestruturação produtiva –, que supostamente desloca a decisão para a base da produção –, vinculam-se, ainda, com estruturas centralizadas e autoritárias. É, portanto, a convivência do velho com o novo. Tudo isso marca o imaginário social e o cenário dos anos 1990, trazendo em seu bojo contradições e incertezas, o compartilhamento da diluição de referenciais.

Não obstante há quem afirme que a democracia brasileira está consolidada. A democracia brasileira é frágil, pelo menos na visão de Zaverucha (2000). Baseado na tese de que os militares só estão parcialmente submetidos ao controle civil, o autor confia que as Forças Armadas não têm o peso no poder como no regime autoritário, estando porém ainda distante a sua subordinação ao poder civil. Para o autor, "os militares brasileiros mostram-se satisfeitos em não ter de carregar o ônus de ser governo e, simultaneamente, usufruem o bônus de ser poder" (*ibidem*, p. 11). Além do que, no Brasil, pela ausência de um líder militar proeminente, o poder é exercido de forma mais sutil. A análise de Zaverucha (2000) serve ao propósito de se dar relevância à caracterização de uma natureza latente do poder militar, num esforço de se obter entendimento sobre o quanto da presença do poder autoritário no imaginário contemporâneo encontra eco no real.

Em síntese, recorrendo-se a Abramo (1998), tem-se que, na década 1960 e em parte da de 1970, a imagem construída para a juventude assume uma conotação, à época, de jovens ameaçando a ordem, nos planos político, social e moral: movimentos pacifistas, estudantis e de oposição ao autoritarismo, rejeição à tecnocracia e outras formas de dominação, contracultura e movimento *hippie*. Somente muitos anos depois é que essa imagem, principalmente a relativa à juventude dos anos 1960 foi reeditada no imaginário social, plasmando-se como idealista, generosa, criativa, que cometeu a ousadia de sonhar e comprometer-se com a mudança social. Nos anos 1980, continua Abramo (1998), em forte contraste, a juventude assume uma simbologia patológica, porque oposta à dos anos 1960: individualista, consumista, conservadora, indiferente aos assuntos públicos e apática, tudo isso associado ao pragmatismo e à falta de idealismo e de compromisso político. E, por fim, dos anos 1990 até a atualidade, a representação imaginária pára e do jovem muda. Agora é a presença de inúmeras figuras juvenis no espaço público que surpreende em suas ações coletivas ou individuais. Porém, algumas dessas ações continuam marcadas pelo individualismo e pela fragmentação e agora vêm acompanhadas de violência, desregramento e desvio (meninos de rua, arrastões, *surf ferroviário*, gangues, galeras e puro vandalismo).

4. Considerações

Ao se estruturar este artigo procurou-se reproduzir e reconstruir o percurso trilhado. Após breve introdução, arrolaram-se os referenciais e pressupostos capazes de sustentar um conceito sobre liderança multifacetado e, portanto, abrangente. O intertítulo seguinte tomou para si a tarefa de aproximar as temáticas imaginário e gerações, construtos de sustentação ao tema central liderança, num diálogo com autores abalizados.

Partiu-se da premissa de que buscar uma cartografia do imaginário é antes de tudo revelar os fatos, símbolos, ideologias e utopias etc., materializados na vida cotidiana social, e foi diante disto que se fez necessário investigar o processo de construção imagética nas últimas décadas. As evidências materiais costumam ser o substrato com os quais a ciência administrativa normalmente se ocupa, porém são exatamente as evidências não materiais que permanecem presentes no imaginário coletivo e forjam as condutas.

Posto isso, se, ao analisar o imaginário presente na atualidade relativo à liderança ou à relação com a autoridade, se leva em conta o trajeto percorrido até aqui pelas últimas gerações de adultos, não se exige muito esforço para compreender que a marca do autoritarismo ainda se revela fortemente presente, sobretudo quando se considera, como faz Sousa (1999), que o autoritarismo tem seu fundamento material em relações de dominação e desigualdades sociais, expressas de múltiplos modos e que transformam a vida das pessoas e a cultura. Nessa perspectiva, ela destaca que a própria razão que orienta a economia é essencialmente autoritária e, nesse sentido, abrangente.

Sabe-se que não se chegou a promover uma análise histórica da formação imagética e cultural brasileira, mas sim fazer menção a alguns valores e padrões de comportamento observados em cada geração e sobretudo peculiaridades referentes ao posicionamento de cada uma perante a autoridade. É curioso observar que, apesar da miscigenação de raças, o imaginário está forjado na hierarquia. Ao eleger como líderes as figuras que personificam a representação imagética pai-patrão, o brasileiro sinaliza suas expectativas de proteção e dependência. Ao se dizer, contudo, que a sociedade brasileira é autoritária, pensa-se em determinados traços amplos, ainda que se viva sem que se tenha uma consciência clara de que o Brasil é vertical e de que nele as relações são de cumplicidade quando os sujeitos se reconhecem como iguais e de mando/obediência quando esses mesmos sujeitos se reconhecem diferentes, numa relação não só de assimetria, mas principalmente de desigualdade.

As três gerações estudadas sob o viés do fenômeno liderança revelaram distintas qualificações no que se refere à incorporação de um imaginário de época, como também a demarcação de performances específicas e mesmo estereotípicas. Como exemplo das evidências, dentre outros aspectos, tem-se que, para a Geração Silenciosa, permanece uma imagem associada ao exercício autoritário da liderança e a uma estruturação baseada no poder central. Enquanto, por um lado, a Geração *Baby Boom* vem agregada a representações de contestação, resistência e transição, por outro a Geração X reveste-se de uma suposta "capa" de alienação e, pelo qualificativo "jovem", responde pela esperança ou decepção na reconstrução do futuro aos olhos das outras gerações.

É possível, ainda, vislumbrar-se quase que um *continuum* na cartografia dos imaginários de época sobre liderança que presidem as *epistemes* dos anos 1960 a 1990 e suas travessias: utopias, autoritarismo (1964/1984), clivagem, perda das energias utópicas, o moderno e o pós-moderno e a instabilidade dos anos 1990.

No tocante à questão da liderança, discutiram-se três elementos – atributo pessoal, tipologia e contingencialidade – que, embora aparentemente diversos, sugerem relações de complementariedade, não obstante o fato de que os mesmos remetem a postulados ideológicos mobilizados pelo contexto social vigente no momento de sua emergência em associação ao conceito de liderança que preconizam.

Para concluir, sem a pretensão de esgotá-la, analisa-se a idéia de que por trás de toda representação imaginária tem-se uma estrutura mágica a ser desvendada. Não se opera diretamente no mundo em que se vive, mas, em verdade, criam-se modelos ou mapas do mundo, que são usados para guiar os comportamentos. Confia-se que desvendar o mistério não significa, necessariamente, abrir mão do encantamento, mas, sim, concretizar os sonhos.

Sabe-se que a convivência concomitante das três últimas gerações de adultos nas organizações contemporâneas configuram muito antes que posições conflitantes e visões bastante distintas acerca da gestão e da liderança, modos de conceber o mundo, o que é reflexo da materialidade história própria a cada uma delas e das representações imagéticas construídas a partir dela. É comum se ouvir expressões como "choques de gerações", que suscitam sentimentos de desconforto nas gerações mais velhas, ainda mais se vêm acompanhadas de "programas de *trainees*" que privilegiam os mais jovens.

O Brasil é uma democracia jovem e por isso paga o preço de não apresentarem-se consolidadas marcas igualitárias no exercício do poder e da autoridade, o que se reflete na forma como o brasileiro não só se posiciona respeitosamente perante uma sociedade cuja evidência de controle ainda é forte. O brasileiro sofre ao mesmo tempo pelas marcas paternalistas de sua sociedade e pela presença de indicativos do exercício da autoridade autônoma. A autonomia é, ainda, incipiente, tanto decorrente do autoritarismo de quem exerce o poder, como da tendência do brasileiro de localizar fora de si a responsabilidade.

Não importa se é real ou imaginária a representação, o fato é que o autoritarismo faz parte da maneira como o brasileiro enxerga a si mesmo, o que se reflete em sua conduta em geral e na forma como administra e gera resultados. E não há dúvidas de que a auto-imagem afeta o mundo do trabalho de forma incontestável.

Referências

ABRAMO, H. W. Considerações sobre a tematização social da juventude no Brasil. *Juventude e contemporaneidade – Revista Brasileira de Educação*. São Paulo: ANPED, 1998, pp. 25-36.

ARIÈS, Philippe. Gerações. *In: Enciclopédia Einaudi*. Lisboa: Imprensa Nacional Casa da Moeda, 1997. v. 36, pp. 353-359.

BENNIS, W. *A formação do líder*. Rio de Janeiro: Campus, 1996.

_____. *A invenção de uma vida*. Rio de Janeiro: Campus, 1995, 235p.

_____. A nova liderança. *In*: JÚLIO, C. A.; SALIBI NETO, J. (Org.). *Liderança e gestão de pessoas: autores e conceitos*. São Paulo: Publifolha, 2002, pp. 31-46.

BENNIS, W.; NANUS, Burt. *Líderes: estratégias para assumir a verdadeira liderança*. São Paulo: Harbra, 1988, 197p.

BERGAMINI, C. W. *Liderança: administração do sentido*. São Paulo: Atlas, 1994, 234p.

BESSONE, Tânia M. T.; QUEIROZ, Tereza A. P. *América Latina: imagens, imaginação e imaginário*. São Paulo: Edusp, 1997, 755p.

BLANCHARD, K. Virando ao contrário a pirâmide organizacional. *In*: PETER F. DRUCKER FOUNDATION (Org.). *O líder do futuro: visões estratégicas e práticas para uma nova era*. 5. ed. São Paulo: Futura, 1996, pp. 99-103.

CARVALHO, José Carlos P. *Imaginário e mitologia: hermenêutica dos símbolos e estórias da vida*. Londrina: Ed. UEL, 1998, 409p.

CASTORIADIS, C. *A instituição imaginária da sociedade*. 3. ed. São Paulo: Paz e Terra, 1982, 418p.

CONGER, Jay. Quem é a geração X?. *In*: JÚLIO, C. A.; SALIBI NETO, J. (Org.). *Liderança e gestão de pessoas: autores e conceitos*. São Paulo: Publifolha, 2002, pp. 63-79.

COVEY, Stephen R. *Liderança baseada em princípios*. Rio de Janeiro: Campus, 2002.

DIAS, L. *Anos 70: enquanto corria a barca*. São Paulo: Senac, 2003, 360p.

DOLABELA, Fernando. *A vez do sonho*. São Paulo: Cultura, 2000.

DRUCKER, Peter F. Introdução: rumo à nova organização. *In*: HESSELBEIN, F.; GOLDSMITH, M.; BECKHARD, R. *A organização do futuro*. São Paulo: Futura, 1997.

_____. *O líder do futuro: visões estratégicas e práticas para uma nova era*. 5. ed. São Paulo: Futura, 1996, 316p.

DURAND, G. *As estruturas antropológicas do imaginário*. São Paulo: Martins Fontes, 551p.

_____. *A imaginação simbólica*. São Paulo: Cultrix, 1988, 114p.

_____. *Campos do imaginário*. Lisboa: Piaget, 1996, 284p.

_____. *O imaginário: ensaio acerca das ciências e da filosofia da imagem*. Rio de Janeiro: DIFEL, 2001, 122p.

EISENSTADT, S. N. *De geração a geração*. São Paulo: Perspectiva, 1976, 308p.

ENCICLOPÉDIA Mirador Internacional. São Paulo: Encyclopædia Britannica do Brasil Publicações, 1982.

ENRIQUEZ, Eugène. *Imaginário social, recalcamento e repressão nas organizações*. Rio de Janeiro: Tempo Brasileiro, 1974.

FERREIRA, A. C. *Imaginário religioso e modos de vida urbana: experiência da juventude católica em Belo Horizonte – MG, anos 80. 2002*. 185f. (Tese Doutorado em Ciências da Religião) – Faculdade de Filosofia e Ciências da Religião, Universidade Metodista de São Paulo, São Paulo, 2002.

FILION, Louis Jacques. Prefácio. *In*: DOLABELA, F. *A vez do sonho*. São Paulo: Cultura, 2000.

FRANCO JR., H. *Cocanha: história de um país imaginário*. São Paulo: Companhia das Letras, 1998.

FRANÇA, Júnia Lessa. *Manual para normalização de publicações técnico-científicas*. 6. ed. Rev. Ampl. Belo Horizonte: Ed. UFMG, 2003, 230p. (Coleção Aprender, 15.)

GIL, A. C. *Gestão de pessoas*. São Paulo: Atlas, 2001.

GREENLEAF, R. K. The Robert R. Greenleaf Center for Servant-leadership. *Who was Robert K. Greenleaf?* Indianápolis: Disponível em: <http://www.grenleaf.org/leadership/servant-leadership/Robert-K-Greenleaf-Bio.html>. Acesso em: 04/01/2004.

HOFSTEDE, G. Prefácio. *In*: BARROS, B. Tanure. *Gestão à brasileira*. São Paulo: Atlas, 2003.

JAWORSKY, Joseph. *Sincronicidade: o caminho interior para a liderança.* São Paulo: Best Seller, 2000.

JOHNSON, Steven. *Emergência: a vida integrada de formigas, cérebros, cidades e softwares.* Rio de Janeiro: Jorge Zahar, 2003, 229p.

KETS DE VRIES, Manfred F. R. *Liderança na empresa: como o comportamento dos líderes afeta a cultura interna.* São Paulo: Atlas, 1997, 215p.

KOTTER, John P. *Afinal, o que fazem os líderes: a nova face do poder e da estratégia.* Rio de Janeiro: Campus, 2000, 163p.

_____. Chaves para o sucesso. *In*: JÚLIO, C. A.; SALIBI NETO, J. (Org.). *Liderança e gestão de pessoas: autores e conceitos.* São Paulo: Publifolha, 2002, pp. 21-30.

_____. Os líderes necessários. *In*: JÚLIO, C. A.; SALIBI NETO, J. (Org.). *Liderança e gestão de pessoas: autores e conceitos.* São Paulo: Publifolha, 2002, pp. 47-54.

KOUZES, James; POSNER, Barry. *O desafio da liderança.* Rio de Janeiro: Campus, 1997.

LAPIERRE, L. (Coord.). *Imaginário e liderança na sociedade, no governo, nas empresas e na mídia.* São Paulo: Atlas, 1995. V.1, 301p.

LAPLANTINE, F.; TRINDADE, L. *O que é imaginário?* São Paulo: Brasiliense, 1997, 82p.

LE GOFF, J. *O imaginário medieval.* Lisboa: Estampa, 1994, 367p.

LEITE, I. A. *Eu te darei o céu: e outras promessas dos anos 60.* São Paulo: Ed. 34, 2004, 120p.

LEVITT, Theodore. *Repensando a gerência.* Rio de Janeiro: Campus, 1991, 133p.

MANZ, Charles C.; SIMS, Henry P. *Empresas sem chefes!* São Paulo: Makron Books, 1996, 219p.

MARRA, T. M. O encantador de marajás. *In*: COSTA, C. B. da; MACHADO, M. S. K. (Orgs.). *Imaginário e história.* São Paulo: Paralelo, 1999, pp. 97-128.

MORGAN, Gareth. *Imagens da organização.* São Paulo: Atlas, 1996, 421p.

MOTTA, Paulo R. *Gestão contemporânea: a ciência e a arte de ser dirigente*. Rio de Janeiro: Record, 2002, 256p.

NANUS, Burt. *Liderança visionária*. Rio de Janeiro: Campus, 2000.

PENTEADO, J. R. Whitaker. *Técnica de chefia e liderança*. São Paulo: Pioneira, 1978, 243p.

RENESCH, J. Introdução: compromisso com uma mudança contextual. *In*: _____. (Org.). *Liderança para uma nova era: estratégias visionárias para a maior das crises do nosso tempo*. São Paulo: Cultrix, 1994, pp. 13-17.

ROUANET, Paulo S. *Imaginário e dominação*. Rio de Janeiro: Tempo Brasileiro, 1978, 114p.

RUIZ, Castor B. *Os paradoxos do imaginário*. São Leopoldo: Ed. Unisinos, 2003.

SCHMIDT, J. P. *Juventude e política no Brasil: a socialização política dos jovens na virada no milênio*. Santa Cruz do Sul: EDUNISC, 2001, p. 369.

SENGE, Peter *et al*. *A dança das mudanças: os desafios de manter o crescimento e o sucesso em organizações que aprendem*. Rio de Janeiro: Campus, 2000.

SENNET, R. *Autoridade*. Rio de Janeiro: Record, 2001, 270p.

SILVA, J. M. *Anjos decaídos: futuro e presente na cultura brasileira*. Porto Alegre: Sulina, 1996, 302p.

SOUSA, T. P. J. *Reinvenção da utopia: a militância política de jovens nos anos 90*. São Paulo: Hacker Editores, 1999, 232p.

STIGLITZ, J. E. *Os exuberantes anos 90: uma nova interpretação da década mais próspera da história*. São Paulo: Companhia das Letras, 2003, 391p.

SWAIN, Tânia N. Você disse imaginário? *In*: _____. (Org.). *História no plural*. Brasília: Ed. UNB, 1994, pp. 43-67.

ULRICH, Dave; ZENGER, Jack; SMALLWOOD, Norm. *Liderança orientada para resultados: como os líderes constroem empresas e aumentam a lucratividade*. Rio de Janeiro: Campus, 2000.

VARGAS, Christian. Os anjos decaídos: uma arqueologia do imaginário pós-utópico; as canções da Legião Urbana. *In*: COSTA, C. B.; MACHA-DO, M. S. K. (Orgs.). *Imaginário e história.* São Paulo: Paralelo, 1999, pp. 171-205.

VERLINDO, J. A S. *O imaginário social.* Caxias do Sul: Educs, 2004, 129p.

ZAVERUCHA, J. *Frágil democracia: Collor, Itamar, FHC e militares (1990-1998).* Rio de Janeiro: Civilização Brasileira, 2000, 333p.

Capítulo 4
GESTÃO ESTRATÉGICA DE PESSOAS E EQUIPES: COMO MENSURAR DESEMPENHO

Hugo Ferreira Braga Tadeu

Resumo

Pensar estrategicamente é essencial para qualquer empresa ou setor da economia, desde grandes conglomerados financeiros a empresas de petróleo, escolas públicas ou privadas e até mesmo pequenos negócios. Empresas que atuam estrategicamente identificam a sua visão de longo prazo, determinam a sua missão e os diversos planos de ação para uma atuação efetiva, buscando eficiência segundo a competitividade de mercado, a concorrência, a abertura econômica entre nações e a crescente demanda exigente do público consumidor por produtos e serviços que agreguem valor (tempo, qualidade e custo atrelado). Logo, a proposta deste capítulo é apresentar os conceitos básicos de cada etapa do "pensar" estrategicamente, incorporado a modernas técnicas de mensuração de desempenho, com base na valorização da gestão de pessoas como diferencial competitivo, na era da gestão do conhecimento e do capital intelectual.

1. Empresas Voltadas para a Gestão Estratégica

Segundo Kaplan e Norton (2000), a capacidade de executar a estratégia é mais importante que a qualidade da estratégia pensada e aprovada em sua origem. Segundo os mesmos autores, "10% das estratégias formuladas na década de 1980 foram implementadas com êxito". Para Porter (1986), a capacidade de executar a estratégia de fato é muito mais importante do que as estratégias formuladas, colaborando com a primeira citação. Em 1999, a revista *Fortune* publicou um editorial afirmando que em torno de 70% das empresas e seus Presidentes não conseguiam entender que o verdadeiro problema da conduta empresarial era a má execução da estratégia. Logo, por que será que estas empresas passam por tantos problemas de gestão estratégica? A resposta é muito simples. Toda e qualquer organização deve primeiro pensar em desenvolver as suas estratégias de maneira bem simples e transparente, para a compreensão de todos os níveis hierárquicos, desde a direção da empresa no topo até o nível tático e operacional. Ou seja, segundo o ditado popular "regra simples é regra fácil". A segunda lição é atuar pelo exemplo, para que todos os níveis da empresa executem com perfeição as suas atividades, segundo metas previamente estabelecidas e constantemente revisadas. E terceiro que seja desenvolvido um plano para medir desempenho, com a utilização de métodos quantitativos aplicados.

Em uma economia global, as empresas devem estar preparadas para as sazonalidades e intempéries do mercado, trabalhando com planejamento de longo prazo e gente especializada. Até a década de 1970, as empresas eram genuinamente industriais e estavam muito preocupadas em registrar a evolução de seus estoques, em otimizar a cadeia produtiva, na redução de custos e maiores margens de lucro. Porém, na atual conjuntura, o diferencial competitivo são os ativos intangíveis, fruto da revolução da Internet, baseada na gestão do conhecimento e em como criar valor para o cliente. Neste sentido as empresas vêm enfrentando sérias dificuldades no seu gerenciamento.

Quando se fala em gestão de pessoas, as empresas operavam, até bem pouco tempo, com uma estrutura organizacional horizontal, na tentativa de aumentar o entendimento sobre as demandas consumidoras, até o surgimento de escândalos financeiros nos Estados Unidos, como os da Enron, Worlcom e empresas de auditoria financeira que supervalorizaram os seus balancetes para encobrir dívidas financeiras, forçando a criação de leis como a *Sarbanez-Oxlei*, obrigando a gestão estratégica eficiente, por intermédio de regras de governança corporativa e de conhecimento do mercado. Logo a estratégia deve ser uma tarefa cotidiana.

1.1. Planejamento Estratégico

O primeiro passo de qualquer empresa é identificar qual o seu *core competence*? Para que a empresa existe e qual o seu público consumidor? Se esta empresa é uma escola, a sua razão de ser é a educação e o seu público consumidor os seus alunos, por mais capitalista que esta visão pareça. Em uma segunda análise, se a empresa é um banco, o seu foco é a prestação de serviços financeiros, e como público consumidor as pessoas físicas e jurídicas que queiram usufruir seus serviços e taxas de juros. Em uma última análise, se a empresa é do setor petrolífero, esta tem como razão explorar e produzir petróleo para atender ao consumidor de derivados de petróleo, como óleo diesel, gasolina e até mesmo a indústria petroquímica. Ou seja, para qualquer setor da economia o pensamento estratégico tem a mesma origem e foco: qual a razão social e público consumidor? Contemplando esta etapa, estas empresas devem identificar com qual tipo de estratégia e de *branding* (marca e identificação) elas querem ser reconhecidas. São três as estratégias genéricas identificadas e desenvolvidas pelo mercado, segundo Porter (1986):

a) Enfoque: é a análise geográfica e verificação de onde e como a organização irá se desenvolver e implementar as suas atividades. Exemplo: grupo Pitágoras e sua rede de escolas na região de Manaus.

b) Custo Total: é a opção por oferecer serviços mais baratos, que por conseqüência possui um menor valor agregado, segundo um menor investimento em pesquisa e desenvolvimento. Exemplo: carros populares.

c) Diferenciação: ao contrário da estratégia por custo total é voltada na oferta de produtos e serviços mais caros, que por conseqüência agregam maior valor ao público consumidor, segundo pesados investimentos em pesquisa e desenvolvimento. Exemplo: carros esportivos, como BMW e Mercedes-benz.

Logo após esta etapa, as empresas devem utilizar um diagnóstico estratégico, determinando a situação atual de trabalho, da qualidade do serviço prestado, da disponibilidade financeira, considerando uma visão de longo prazo, e analisar e implementar ferramentas que garantam a competitividade. Competitividade significa poder competir segundo um alto desempenho, buscando sempre a excelência, levando em consideração as demandas do mercado consumidor. Ao analisar a competitividade, é fundamental o pleno entendimento da oferta e demanda por produtos e serviços, de tal maneira a colaborar com a sobrevivência da empresa. Logo, é função da direção da empresa tornar o processo estratégico inovador rumo à vantagem competitiva. Essa vantagem significa entender a própria empresa e os seus concorrentes, buscando inovações e sustentabilidade.

1.2. FUNDAMENTOS DO PENSAMENTO ESTRATÉGICO

Visão: toda e qualquer empresa deve se questionar sobre o motivo da sua existência e sobre qual o seu negócio. As respostas devem se basear em como estas organizações se imaginam daqui a dez anos, por exemplo. Este é o processo de sonhar, segundo o pleno conhecimento sobre quem é a empresa e o seu mercado.

Missão: a missão é o processo de criar planos de ação para toda a empresa e seus diversos níveis organizacionais. Os planos podem ser divididos segundo a matriz hierárquica da empresa, compreendendo as unidades de finanças, marketing, suprimentos e gestão de pessoas. A missão existe para estruturar o pensamento estratégico em documentos que devem contribuir a ação por parte de cada funcionário.

Matriz SWOT: é a análise do ambiente interno (micro-ambiente) e externo (macro-ambiente) da empresa. O nome SWOT vem do inglês e significa *Strong* (forte), *Weakness* (fraco), *Oportunities* (oportunidades) e *Tendency* (tendências), adaptando para a língua portuguesa em pontos fortes, pontos fracos, ameaças e oportunidades.

É importante ressaltar que a matriz deve ser interpretada como aprendido nas aulas de matemática: o pleno relacionamento entre linhas e colunas. Qualquer fenômeno externo tem impacto direto no ambiente interno das organizações e vice-versa. Como exemplo, imaginemos se a partir de amanhã o Banco Central do Brasil decidir aumentar a taxa básica de juros para algo absurdo em torno a 50% ao ano. De imediato, o público consumidor perderia em muito o seu poder de compra, sendo uma ameaça externa as empresas, conseqüentemente a rentabilidade. Logo, como gestor organizacional, como poderia entender o mercado e adotar procedimentos internos adequados para a sobrevivência da empresa?

A análise do micro-ambiente compreende o pleno entendimento de tudo que ocorre dentro da organização. Refere-se à sua estrutura organizacional, à política de cargos e salários, aos incentivos aos colaboradores, à correta utilização de tecnologia, às constantes revisões de processos de trabalho e à utilização de gente especializada e desempenhando as suas tarefas com dedicação e excelência.

A análise do macro-ambiente está relacionada à dinâmica do mercado e as suas cinco forças competitivas. Esta dinâmica está relacionada à (1) conjuntura econômica, dizendo respeito ao aumento do PIB, dos gastos em conta corrente (importação e exportação), do valor do cambio, da capacidade de geração de investimentos externos, entre outros; (2) às forças tecnológicas, relacionadas ao processo evolutivo da vida humana como um todo e não somente a *hardware* e *software*; (3) às forças políticas, no caso brasileiro, as constantes atribulações ocorridas pelo governo, com impacto direto na saúde empresarial das empresas por aqui instaladas (segundo o Banco Mundial, o Brasil é um dos países mais burocráticos do mundo, acarretando no aumento da corrupção): e (4) às forças sociais, relativo às origens, costumes e cultura da sociedade em geral, segundo a região.

As cinco forças competitivas estão relacionadas ao (1) público consumidor, relativo a cada empresa, devendo ser ressaltada a análise anterior das estratégias genéricas e ao poder de compra, (2) às funções internas e atividades de compra e de (3) fornecimento, em que o poder de barganha é constantemente exercido por ambas as partes, à presença da (4) concorrência e de possíveis (5) empresas substitutas, estas são as que causam a maior preocupação, devido à possibilidade de assumirem uma posição hoje ocupada por sua empresa no mercado.

2. Estratégia em Termos Operacionais

A sua empresa precisa de um plano de gestão de pessoas? A resposta imediata seria a contratação de um gestor de capacitação de pessoas. A função deste executivo será o desenvolvimento de um documento formal que contenha as atividades inerentes a cada colaborador da empresa, segundo o cargo ou função, em seus diversos níveis hierárquicos (diretivo, gerencial e tático/operacional), objetivando a criação das atividades segundo o perfil do profissional, datas de execução, datas para reuniões de revisão e a avaliação dos resultados alcançados, como medida de desempenho para possíveis adicionais, em caso de bons resultados, atrelados ao salário, participação nos lucros, bônus por conduta de trabalho, compra de ações, progressão de carreia, entre outros. Em empresas diferentes os planos são distintos, bem como os resultados, segundo a estratégia genérica a ser adotada pela empresa e descrito no item 1.1 deste capítulo.

É importante frisar que a estratégia e os seus planos de ação devem ser entendidos, compreendidos e executados por todos os níveis da organização, segundo o ideal de gerar valor ao cliente.

Como o propósito da estratégia é criar valor para os clientes, segundo a dinâmica competitiva dos mercados torna-se fundamental mensurar o desempenho dos planos de ação da empresa como um todo.

Valor, aliás, no caso do plano de ação para gestão de pessoas é o processo de melhoria na qualidade e percepção do produto/serviço ofertado, em que a causa principal é a geração do lucro. Este processo de melhoria torna-se implícito quando são desenvolvidos constantes treinamentos aos empregados para estarem capacitados às constantes demandas e mudanças de humor dos clientes, sendo que cliente satisfeito é aquele prontamente atendido.

Neste sentido a proposta em mensurar a estratégia em termos operacionais passa pela utilização do *Balanced Scorecard*, para avaliar os ativos de toda a organização. O objetivo dos *scorecards* está em medir quantitativamente como se criar valor para os processos internos e externos da empresa, atrelados à estratégia como um todo.

3. Implementando a Estratégia

O *Balanced Scorecard* tem como meta descrever toda a estratégia da empresa. Porém, descrever a estratégia organizacional significa entender a empresa segundo o seu *core competence*. Para que o *Balanced Scorecard* seja eficiente é importante que as unidades de negócio sejam compartilhadas e que possuam ampla sinergia organizacional.

Neste sentido, as organizações devem ser entendidas em três níveis de funções: (1) corporativo, (2) gerencial e (3) operacional. Na gestão organizacional é importante a constante avaliação de eficiência operacional, como objetivo de eliminar ou não atividades que não criem valor. Neste sentido a gestão por processos é um elemento chave para entender a própria estratégia e se a mesma está sendo coerente com as demandas do mercado.

3.1. PROCESSOS ORGANIZACIONAIS UNIFICADOS

Como determinar e assegurar que a estratégia está sendo executada pela empresa em todos os seus níveis operacionais, do presidente ao operário? Qual a responsabilidade de cada executivo no processo de conferência da execução das tarefas da empresa? Qual o papel da área ou unidade de gestão de pessoas?

Respondendo a todas estas perguntas, a função principal do *Balanced Scorecard*, mas principalmente de cada executivo responsável pela liderança de pessoas e equipes, está no processo de colaboração e de visão estratégica de longo prazo das organizações, empenhando tempo suficiente no desenvolvimento de uma cultura voltada para se atingir resultados, conforme o planejamento empresarial.

Até bem pouco tempo, fazer com que todos os níveis da empresa estivessem integrados à estratégia da organização como um todo era algo quase que impossível. Hoje em dia, com o desenvolvimento de metodologias de gestão como o próprio *Balanced Scorecard*, de unidades de gestão de pessoas corporativas, com o constante aumento da importância em capacitar pessoas, verificando sempre o seu desempenho, e da necessidade de uma visão executiva, da qual o líder seja capaz de executar a sua tarefa *core*, por exemplo, de gestor financeiro, de suprimentos, marketing, entre outros e ao mesmo tempo assumir o entendimento de gerenciar pessoas. Uma das causas deste fenômeno é a constante especialização da mão-de-obra e principalmente de uma sociedade pautada pela gestão do conhecimento e do capital intelectual e não mais de atividades fabris e braçais. Logo, qual a função do *Balanced Scorecard* e da gestão de pessoas no processo de mensurar efetivamente o desempenho, avaliar e capacitar os funcionários de uma organização?

A função de gerenciamento de pessoas vem passando por uma série de modificações, graças ao aumento da competitividade dos mercados e por conseqüência das empresas que demandam pessoas qualificadas. Se antes, gerenciar pessoas era sinônimo de empregar modelos clássicos originais da psicologia, com as técnicas de desenvolvimento organizacional, hoje é necessário o entendimento e o aperfeiçoamento desta função. Daí a multidisciplinaridade dos conhecimentos oriundos da psicologia tradicional e a aplicação pragmática da administração de empresas, através de métodos quantitativos, como a pesquisa operacional e até mesmo a análise multicritério de tomada de decisões para mensurar desempenho, estimulando e criando uma força de trabalho apta aos atuais desafios da área de negócios. O próprio *Balanced Scorecard*, quando atrelado à estratégia organizacional, torna-se uma importante ferramenta para o alcance de resultados satisfatórios. Na ponta do gerenciamento, podem ser empregadas técnicas contemporâneas como a análise multicritério aplicada, com métodos da escola francesa e americana de tomada de decisão, avaliando quantitativamente e qualitativamente as expectativas do funcionário e da empresa, buscando correlacionar medidas de desempenho e otimizando o resultado, cujo foco central é a plena satisfação do público consumidor no serviço prestado.

Neste sentido, várias são as tendências para o alinhamento dos funcionários às estratégias organizacionais:

- Avaliar com freqüência o desempenho dos funcionários, estabelecendo métricas eficientes. Porém, avaliar desempenho não significa comprometimento. Os funcionários devem ser avaliados como pessoas e não máquinas, procurando atender também às suas expectativas, segundo a estrutura atual da empresa.

- Os empregados devem entender muito bem o processo de visão, missão, análise da concorrência e a criação de propostas constantes para o desenvolvimento organizacional, segundo um processo contínuo de comprometimento e de contribuição.

- Determinar de fato que gente é o ativo mais importante para as empresas. Mas como criar metas para este desempenho? O *Balanced Scorecard* contribui para este processo. Determinar um ativo significa a todo tempo contabilizar e comparar através de números. Neste sentido quais são as atitudes esperadas e a cultura organizacional da empresa e do funcionário? Não adianta o "batismo" como colaborador, ou outros nomes. É preciso eficiência na prática de atribuir números atrelados a medidas de desempenho.

- A importância estratégica de um funcionário está correlacionada à sua importância na matriz de decisão da organização. Quanto maior a sua participação na tomada de decisão, maior a sua influência no futuro organizacional. Logo, quais são os incentivos adequados a cada nível corporativo?

- É de suma importância o envolvimento de toda a equipe de trabalho e da gestão colaborativa na tomada de decisão, segundo técnicas de *brainstorming* estruturado ou não estruturado.

- É preciso envolver os consumidores, ou seja, a razão de ser da empresa na geração de lucros, no processo de avaliação do seu corpo de funcionário. É importante medir com freqüência, por exemplo, a linha de frente da organização está sendo efetiva na tratativa de relacionamento. Neste sentido serão desenvolvidos treinamentos, participação nos lucros, bônus, progressão de carreira, entre outros para a prestação de serviços de ponta e de pleno atendimento ao cliente.

Empresas que conseguem enxergar a estratégia como um processo de longo prazo, de fato conseguem alinhar o comportamento e desempenho do seu corpo de funcionários. Deve-se pensar que quem executa a estratégia são os funcionários.

Empresas que visualizam os seus funcionários de fato como pessoas, devem alinhar a estratégia de modo que exista um processo de comunicação efetiva, para o pleno entendimento do conhecimento e da gestão do capital intelectual. Cada funcionário deve ser uma ferramenta de constante divulgação de idéias e implementação da estratégia, sendo o líder organizacional um "canal aberto" a novidades. Como parte do planejamento organizacional e estratégico, as organizações precisam de um orçamento equilibrado para remunerar e bem os seus empregados, desde que o retorno sobre este investimento seja contabilizado e efetivamente comprovado por medidas de desempenho, sendo tudo muito bem planejado e executado. Os funcionários devem se sentir importantes e parte de um todo organizacional. Caso a empresa apresente resultados ou fracasso estes farão parte de um sistema integrado de gestão.

3.2. Criando uma Estratégia de Longo Prazo

Para criar uma estratégia de longo prazo, além de gerenciar pessoas é preciso gerenciar o orçamento de maneira equilibrada. Segundo Kaplan e Norton (2001), "as organizações estão sendo cada vez mais tolhidas pela inflexibilidade do orçamento". Neste sentido, como gerenciar a estratégia e a gestão de pessoas de modo eficiente? Neste sentido, alguns itens devem ser avaliados como críticos:

- 20% das organizações levam mais de dezesseis semanas para preparar o seu orçamento;
- 68% das organizações não alteram o seu orçamento durante o período de execução fiscal, o que é péssimo, pois na concepção das empresas o orçamento é algo imutável, porém a dinâmica dos mercados é amplamente mutável.

Perante a dinâmica e a sazonalidade dos mercados, torna-se fundamental interpretar a estratégia como um processo contínuo em que toda a organização compreenda as diretrizes estratégicas, executando de fato o que foi anteriormente planejado.

É função das organizações conectar a estratégia e o orçamento, segundo as próprias diretrizes e perspectivas do *Balanced Scorecard*, a fim de atender as demandas operacionais e de pleno atendimento ao público consumidor. Mas qual a correlação entre gerenciar pessoas, estratégia e orçamento? Quando uma organização está em busca de resultados expressivos primeiro deve possuir pessoas e equipes capacitadas, segundo deve possuir uma estratégia de longo prazo e que seja constantemente revisada e terceiro dinheiro em caixa. Mas a resposta à pergunta não é tão simples. As equipes devem possuir as responsabilidades de gerenciar o seu desempenho a todo o momento, verificando a sua eficácia, trabalhar constantemente com métodos quantitativos e qualitativos na análise, interpretação e divulgação de dados, "bolar" novas estratégias, atualizando sempre os indicadores de desempenho estratégico, sempre verificando e alterando o orçamento.

3.3. CAPACITAÇÃO DE EQUIPES E O PROCESSO DE LIDERANÇA EXECUTIVA

Ao falar de estratégia de curto e longo prazo não há a menor possibilidade de que todo o plano executivo de ação seja cumprido com excelência, se o gerenciamento de pessoas e equipes não exigir um processo de reformulação cultural em larga escala.

Gerenciar pessoas e equipes é uma atividade que exige muito tempo e dedicação nas empresas. Este processo decorre da intensidade da mudança, segundo as expectativas internas e externas da organização. Neste sentido, torna-se essencial a presença do gestor executivo na função de supervisão e delegação de tarefas.

Gerenciar pessoas, estratégia e adotar o *Balanced Scorecard* consiste em definir a empresa como um processo contínuo e interrelacionado, em que são determinadas responsabilidades e *a priori* deveriam ser desenvolvidas políticas de meritocracia, para um trabalho ótimo, segundo a disponibilidade da empresa a atuar com políticas de recompensas ao desempenho, conforme descrito nos itens 3.1 e 3.2 deste capítulo.

3.4. Afinal, o que é um Balanced Scorecard?

O *Balanced Scorecard* é uma técnica de gestão desenvolvida por dois contadores: Kaplan e Norton. A iniciativa em desenvolver o BSC surgiu da necessidade de compreender e gerar maior eficiência na gestão das empresas, além da perspectiva financeira.

Para desenvolver o BSC os dois estudiosos decidiram avaliar toda a dinâmica empresarial norte-americana através do levantamento de indicadores de desempenho, segundo dados da Bolsa de Valores.

O diferencial competitivo do BSC está em correlacionar as perspectivas financeira, de gestão de pessoas, dos processos internos e dos clientes, agrupando medidas e gerando desempenho.

Neste sentido, as organizações deixam de focar somente no gerenciamento de métricas financeiras e contábeis, dando relevância aos indicadores de gestão de pessoas e do gerenciamento com os clientes, considerando os dois últimos como fundamentais para a sobrevivência de fato de qualquer negócio.

4. Como Criar Valor para a Gestão de Pessoas

A criação de valor e um ambiente saudável de competição são os responsáveis na geração de transparência no processo de gestão das organizações e por conseqüência em resultados e recompensas para as pessoas.

Como exemplo, o Banco Garantia (diga-se de passagem uma cópia fiel do banco americano Goldman Sachs), considerado o melhor banco de investimentos do Brasil em todos os tempos por analistas de mercado devido à sua agressividade na compra e venda de ações e empresas, mas principalmente pelos valores internos éticos e profissionais disseminados pelos seus sócios e diretores (Jorge Paulo Lemann, Carlos Alberto Sicupira, Marcel Telles e Claudio Haddad), como a meritocracia e gestão por desempenho, sempre considerando o seu maior patrimônio as pessoas.

Segundo Marcel Telles, ex-sócio do banco e hoje membro do conselho da Inbev, maior cervejaria em volume vendido no mundo, o banco tinha uma excelente reputação, tecnologia de ponta empregada em suas operações, mas o maior ativo gerenciado "era aquele que subia às oito da manhã e descia às oito da noite". Neste sentido o banco ficou capacitado em atrair e reter jovens talentos, segundo o conceito de *partnership*, ou seja, a possibilidade de virar sócio, de acordo com o desempenho do executivo, na geração de maior comprometimento e carreira.

Logo, o que seria criar valor para as pessoas? Na visão do banco e relacionado à estratégia, mensuração de desempenho e gestão de pessoas era fundamental dar participação às pessoas competentes e nunca perdê-las para a concorrência ou na abertura de um novo negócio.

Mas o processo de geração de valor não é simples. Tanto para o exemplo do banco ou para qualquer outra organização, seja ela pública ou privada, é necessário que se apliquem medidas simples e claras de desempenho para a empresa como um todo. Medir desempenho significa primeiro uma comunicação clara e transparente, além da constante troca de experiências. Em um segundo momento, este processo deve ser interpretado como uma grande supervisão da empresa às suas operações, desde a diretoria aos seus *trainees*.

4.1. Busca por Resultados

Buscar resultados significa gerar valor para a empresa e pessoas. Seguindo o conceito do item anterior, o *partnership* é uma excelente iniciativa, por gerar comprometimento, tensão, busca constante por resultados e estimular a governança nas organizações.

Neste sentido, a gestão de pessoas tem como base a definição de metas simples e claras alinhadas à estratégia empresarial. Quando se fala em meta, o entendimento deve ocorrer desde o nível diretivo até o operacional. Ou seja, quem não alcançar resultados não tem direito, por exemplo, à participação nos resultados da empresa. Neste sentido a empresa deve realizar uma política de acompanhamento de desempenho e verificar constantemente se o funcionário apresenta problemas, acarretando em treinamentos ou na sua demissão. Para se gerar valor é necessário um ambiente aberto e democrático, com pessoas capacitadas, treinadas e motivadas na realização de um trabalho duro, focado e de resultados constantes.

Referências

INSTITUTO EMPREENDER ENDEAVOR. *Como fazer uma empresa dar certo em um país incerto: conceitos e lições dos 50 empreendedores mais bem-sucedidos do Brasil*. Rio de Janeiro: Elsevier, 2005.

KAPLAN, ROBERT S. *A estratégia em ação: balanced scorecard*. Rio de Janeiro: Campus, 1997.

_____. *Organização orientada para a estratégia: como as empresas que adotam o balanced scorecard prosperam no novo ambiente de negócios*. Rio de Janeiro: Campus, 2000.

_____. *Mapas estratégicos − Balanced Scorecard: convertendo ativos intangíveis em resultados tangíveis*. Rio de Janeiro: Elsevier, 2004.

PORTER, MICHAEL E. *Estratégia Competitiva: técnicas para análise da indústria e da concorrência*. Rio de Janeiro: Campus, 1986.

PARTE II

ABORDAGENS METODOLÓGICAS

EM

PSICOLOGIA E ADMINISTRAÇÃO

Capítulo 5
ANÁLISE DE CONTEÚDO

Iris B.Goulart

Resumo

Este texto aborda uma das mais utilizadas técnicas de análise de dados qualitativos, que é a análise de conteúdo. Trata-se de uma metodologia muito utilizada em Ciências Sociais, com ênfase maior para a Psicologia Social e para os estudos de Administração. Entre as abordagens da análise de conteúdo, o texto privilegia a que é adotada por Lawrence Bardin, especialista francesa que vem aperfeiçoando a técnica desde a década de 1970. O texto se inicia fazendo referência ao conceito de análise de conteúdo e às características que ele tem. Faz um breve histórico da utilização da análise de conteúdo e detém-se nas etapas observáveis para a realização de uma análise de conteúdo de natureza predominantemente qualitativa.

1. Introdução

Dorwin P. Cartwright[1] considerava que entre as qualidades indispensáveis a um psicólogo social devia-se incluir, em primeiro lugar, a capacidade de analisar de modo adequado o "material verbal". Uma parte importante da pesquisa sócio-psicológica consiste em classificar, ordenar, quantificar e interpretar as respostas verbais e outras manifestações simbólicas dos indivíduos e dos grupos.

Entretanto, não é apenas o psicólogo social que necessita cultivar esta capacidade. Estudar um *dossier*, interpretar um artigo em um jornal, analisar um documentário, resumir um texto, uma conversação ou uma conferência, analisar uma entrevista registrada, avaliar a diferença entre o conteúdo de duas mensagens, além de muitas outras atividades que são desenvolvidas pelos mais diversos profissionais, exige que as pessoas tenham o conhecimento e sejam capazes de dominar a prática de analisar o conteúdo. Como nossa intenção é apresentar a análise de conteúdo como uma metodologia utilizada por pesquisadores da área de ciências sociais, torna-se indispensável assegurar sua objetividade, evitando que o resultado constitua um ponto de vista do pesquisador ou uma interpretação subjetiva; para isto, uma rigorosa disciplina deve presidir o trabalho de análise de conteúdo.

A análise de conteúdo, tomada em sua forma mais ampla, é constituída pelo conjunto de operações intelectuais, que Pierre Oleron[2] enumera: abstração, indução e classificação. Para este autor, a abstração é "dissociação ativa de certos caracteres ou aspectos do objeto ou da classe de objetos, visando considerar esses caracteres ou esses aspectos isoladamente". Abstrair, nesta perspectiva, não é apenas dissociar e analisar; é também isolar uma característica geral, um aspecto comum a uma classe de objetos ou a forma comum a uma classe de situações. Abstrair, portanto, difere de generalizar e supõe que se deva fazer uma indução. A classificação, para Oleron, implica "a percepção das semelhanças e diferenças", já que é identificando o semelhante e o diferente que o sujeito classifica. Quando se observa a classificação de objetos mais complexos (a classificação de enunciados verbais, por exemplo) percebe-se que esta operação intelectual requer a compreensão dos enunciados que serão classificados (o que exige o conhecimento da língua utilizada), e em seguida o julgamento comparativo, a abstração do sentido e a indução das categorias classificatórias.

Estas considerações pretendem sugerir que a análise de conteúdo consiste na utilização de operações intelectuais que, de acordo com Piaget (1958) são as seguintes: classificação, seriação, formação de conjuntos ou classes complexas, estabelecimento de relações de equivalência, estabelecimento de correspondência biunívoca, reagrupamento dos dados. Na verdade, essas operações são as mesmas que os testes de inteligência se propõem medir.

O pesquisador e, de modo mais particular, aquele que lida com pessoas e documentos, precisa tornar-se um analista de conteúdo.

Além do uso das operações intelectuais, a prática da análise de conteúdo requer também a empatia, que o aproxima das pessoas e de suas produções. Portanto, para utilizar esta metodologia, o pesquisador necessita usar o raciocínio lógico, e quando se tratar de avaliação quantitativa ter domínio da matemática e da estatística. Acima de tudo, ele precisa adotar uma conduta ética e um afastamento do objeto, que lhe permitam analisar a partir do ponto de vista do outro e não do seu ponto de vista subjetivo.

2. Breve histórico

A pré-história da análise de conteúdo pode ser encontrada na Hermenêutica, Lógica e Retórica. A Hermenêutica, que é a arte de interpretar os textos sagrados, está presente na tentativa de se interpretar a Bíblia, na interpretação dos sonhos e na busca de explicação para textos literários, todas essas experiências bem antigas. A Retórica estudava as modalidades de expressão mais adequadas para tornar o discurso persuasivo; enquanto a Lógica, com base na análise dos enunciados de um discurso, tentava determinar as regras formais do raciocínio.

Por volta de 1640 foi feita na Suécia uma pesquisa sobre a autenticidade dos hinos religiosos, com a finalidade de verificar se esses hinos poderiam ter efeitos nefastos sobre os luteranos. Mais recentemente, e já iniciando uma fase que convive com o avanço da pesquisa científica, em 1888, um psicólogo experimental, Benjamin Bourdon, professor da Universidade de Rennes, trabalhou a *expressão das emoções e tendências na linguagem* e fez uma espécie de síntese metodológica entre a crítica literária, a lingüística (estudo da linguagem) e a psicologia (estudo da personalidade). Ele apresentou um estudo da Bíblia tentando demarcar o campo da Psicologia, da Filosofia e da Religião.

Em 1908, P. Thomas, de Chicago, apresentou o primeiro grande empreendimento sistemático de análise de conteúdo, sob o título *O povo polonês na Europa e na América*. Neste trabalho ele associou-se ao antropólogo polonês Znaniecki e reuniu uma coleção de documentos: cartas pessoais, artigos de jornais, atas de reuniões, entrevistas, anotações autobiográficas dos imigrantes analisando-os para identificar as atitudes e valores deste povo.

Em 1915, Harold Laswell, nos Estados Unidos, pesquisou um método que fosse capaz de substituir a intuição individual no domínio da análise das comunicações. Nesta época, que coincide com a Primeira Guerra Mundial, a análise das notícias veiculadas pela imprensa era considerada importante, e Laswell estudou a propaganda sobre a guerra. Analisando o conteúdo dos textos jornalísticos, ele apresentou, em 1927, a obra *Propaganda Technique in the World War*.

Um aluno de Laswell, Schreyler Forster, avançou nos estudos das idéias do mestre e durante a Segunda Guerra Mundial aplicou o método de análise de conteúdo para demarcar a presença de agentes hitlerianos na grande imprensa americana.

A partir de 1944, dois acontecimentos fazem progredir a análise de conteúdo: o avanço da Documentação e a Lingüística aplicada. A palavra **documentação** apareceu em 1930, com o sentido de "exploração metódica da informação", mas a explosão documentária ocorreu por volta de 1960, em razão da necessidade de condensação dos documentos para preservá-los. Em 1876, já havia sido criado o sistema de classificação por matéria usado nas bibliotecas, depois veio a indexação e a partir de 1891 a famosa Classificação Decimal Universal. Os belgas Paul Otlet e Henri Lafontaine fundaram em 1892 o primeiro Office International de Bibliographie, que em 1931 transformou-se no Institut International de Documentation. Em 1945, os psicossociólogos encontraram nas técnicas documentárias uma ajuda considerável para suas pesquisas sobre documentos humanos. A primeira promoção de documentalistas ocorreu em 1946, organizada pela Union Française des Organismes de Documentation, ligada ao Consservatoire National des Arts et Métiers de Paris. A primeira conferência internacional sobre documentação (L'analysse des documents scientifiques) aconteceu em 1949, sob o patrocínio da UNESCO.

A **Psicolingüística**, por sua vez, experimentou progresso a partir de 1925, no estudo da linguagem de crianças instáveis, quando se tentou avaliar os distúrbios de personalidade a partir de métodos lingüísticos. Em 1932, Eisenson, partindo da idéia de que "a linguagem é um comportamento", procurou descrever os perfís linguísticos de três doenças mentais típicas (mania, esquisofrenia e melancolia). Seus estudos foram ampliados em 1938 por Newman e Mather e posteriormente pela análise de vocabulários de Johnson em 1944. O tema foi depois ampliado em 1949 por White e em 1955 pelo psiquiatra e antropólogo italiano Arieti. Em 1965, Laffal propôs um léxico especial para abordar a linguagem normal e a patológica.

Depois desta análise da evolução da Documentação e da Lingüística, voltamos à Análise de Conteúdo das Comunicações, observando que em 1948 os americanos B. Berelson e Paul F. Lazarsfeld publicaram em Chicago e New York *The Analysis of Communication Content* e definiram-na como "uma técnica de pesquisa que tem por fim a descrição objetiva, sistemática e quantitativa do conteúdo manifesto das comunicações."

Em 1955, em Illinois, nos Estados Unidos, foi realizado o primeiro simpósio sobre análise de conteúdo, e em 1959 foi publicado um trabalho coletivo denominado *Trends in Content Analysis*. O segundo evento deste tipo aconteceu na Annenberg School, na Filadélfia, em 1967, e a discussão se deu entre lingüistas, psicólogos e sociólogos. Em 1969 outra coletânea foi publicada: *The analysis of communication content*, de G. Gerdner, D. R. Holsti, K. Krippendorf, W. J. Paisley e P. J. Stone.

Este breve histórico evidencia que, a partir de 1950, a Análise de Conteúdo tornou-se um tema que passou a reunir pesquisadores vindos de domínios diferentes das Ciências Humanas: da etnologia, da história, da psiquiatria, da psicanálise, da ciência política e do jornalismo. Esses estudiosos se dedicaram, a partir dos anos 1960, à análise de comunicações orais, escritas, por imagem, por signos de toda natureza, desde as manifestações individuais às coletivas, veiculadas por jornais, vídeos, filmes, televisão e por toda a literatura escrita ou registrada por meios diversos. Desenvolveram-se, então, novas abordagens epistemológicas e metodológicas. Na perspectiva epistemológica, evidencia-se o confronto entre dois modelos de comunicação: a concepção instrumental, que é própria de A. George, segundo a qual o fundamental não é o que a mensagem diz à primeira vista, mas o que ela veicula, em vista de seu contexto e de suas circunstâncias; e a concepção representacional de Osgood, segundo a qual o importante na comunicação é revelado pelo conteúdo dos itens léxicos nela presentes; logo, a mensagem é aquilo que o analista observa. No plano metodológico, surge a querela entre a abordagem quantitativa e a qualitativa. Na análise quantitativa a *freqüência* com que surgem as características do conteúdo é o mais importante, enquanto na análise qualitativa é a *presença* ou *ausência* de uma dada característica num fragmento de mensagem que é tomada em consideração.

Com a evolução da análise de conteúdo, a exigência de objetividade foi se tornando menos rígida e passou-se a aceitar mais favoravelmente a combinação da compreensão clínica com a contribuição da estatística. Além disso, a análise de conteúdo deixou de visar apenas a descrição e passou a valorizar mais a *inferência*.

3. Definição de Análise de Conteúdo

Todo documento falado, escrito ou sensorial contém, potencialmente, uma quantidade de informações sobre seu autor, sobre o grupo ao qual ele pertence, sobre os fatos e acontecimentos que são relatados, sobre o mundo ou sobre o setor da realidade que este documento questiona. A percepção dessas informações é filtrada, deformada, alterada por toda uma série de seleções e interpretações que provêm dos centros de interesse, das motivações, das ideologias daqueles que as analisam.

A Análise de Conteúdo teve sua origem no esforço para se evitar recorrer à intuição, às "impressões pessoais" e à marca da subjetividade do operador. Por isto, os primeiros teóricos propuseram que a Análise de Conteúdo devia apresentar as seguintes características:

- Objetiva, isto é, considerar os dados informacionais como objetos suscetíveis de serem estudados cientificamente, descritos, analisados, autopsiados, decompostos de todas as maneiras;
- Exaustiva, ou seja, os dados devem ser explorados até se esgotarem;

- Metódica, isto é, sujeita a regras estritas que podem ser aprendidas e transmitidas;
- Quantitativa, sujeita a cálculos e medidas, a avaliações tão precisas quanto seja possível.

Jean Maisonneuve e Margot Duclos diferenciam dois domínios de análise de conteúdo: o material dado *a priori* e o material especialmente criado pela pesquisa. No caso do material dado *a priori*, há um material dado ou recebido e um material relacionado em vista de um objetivo:

1. O material dado *a priori*, que corresponde à primeira classificação, compreende todo material de comunicação que se **recebe** como objeto de estudo. A pesquisa tem apenas um fim de análise, e se justifica pela necessidade de o operador descobrir o que está contido na comunicação. Como exemplo: resumir o essencial de um livro, descobrir o que significa uma expressão, inventariar as informações contidas no texto e classificá-las.

2. O material dado *a priori* que corresponde à segunda classificação **resulta dos objetivos** formulados pela pesquisa. Ele emerge das questões que são colocadas a respeito do conjunto de dados informacionais. Como exemplo: devo descobrir e definir procedimentos da propaganda clandestina de um jornal televisivo entre tal e tal data ou em uma ocasião; devo hierarquizar os temas característicos de cartas deixadas por suicidas.

3. O material criado pela pesquisa geralmente provém das questões abertas de um questionário, do registro de uma entrevista sobre situações definidas, dos protocolos de testes, dos resultados de experiências.

Laswell, tentando clarear o campo da Análise de Conteúdo, considera que ela deve responder a seis questões: Quem fala? Para dizer o quê? A quem? Como? Com que finalidade? Com qual resultado?

A análise de conteúdo pode prender-se a um ou a muitos desses objetivos e mesmo ao seu conjunto e, por isto, deve-se admitir que os métodos e técnicas adotados não serão forçosamente os mesmos.

Para assegurar a objetividade, tão importante nos primeiros trabalhos sobre análise de conteúdo, os teóricos têm se detido sobre a questão das inferências. Berelson, por exemplo, afirmava que a análise deveria ser feita apenas sobre conteúdo manifesto e propunha que a informação deveria ser desdobrada em unidades informacionais, suas unidades deviam ser classificadas em temas ou categorias, os quais deviam ser nomeadas, correlacionadas, comparadas por toda sorte de tratamentos ou operações. Para ele, o conteúdo deveria ser analisado do mesmo modo que um químico analisa um líquido. Outros teóricos consideram a necessidade de "inferir" além do conteúdo manifesto. Klaus Krippendorf, no Simpósio de 1967, afirmou: "A análise de conteúdo pode ser definida como a utilização de métodos confiáveis, fiéis e válidos para fazer inferências específicas a partir de um texto". Ele insistia que uma grande parte do comportamento humano é simbólica, que as configurações simbólicas não só controlam e estruturam o comportamento individual, mas também têm uma vida própria, ou que "o corpo da mensagem jamais está de acordo com o ideal de uma representação objetiva".

O que se pode concluir é que a análise de conteúdo tem seguidores que preferem se restringir ao manifesto, considerando subjetivo o que ultrapassa este nível, enquanto outros preferem considerar que ela resulta das inferências que são feitas pelo operador. Embora pareça difícil, deve-se buscar uma conciliação entre esses dois pontos, uma vez que o esperado numa análise de conteúdo bem conduzida é que as inferências feitas abordem os símbolos, tão presentes no mundo humano, sem permitir que a subjetividade do pesquisador atribua uma interpretação sua, um sentido pessoal a esses símbolos.

Bardin, professora da Universidade de Paris V, assim definiu Análise de Conteúdo: "um conjunto de técnicas de análise das comunicações, visando obter, por procedimentos sistemáticos e objetivos, a descrição do conteúdo das mensagens, indicadores (quantitativos ou não) que permitam a inferência de conhecimentos relativos às condições de produção/recepção (variáveis inferidas) destas mensagens" (BARDIN, 1977, p. 42).

Tomando como referência a definição apresentada por Bardin, conclui-se que a análise de conteúdo não constitui apenas um instrumento, mas um conjunto de apetrechos, que podem tomar diferentes formas, conforme se apliquem ao extenso campo da comunicação humana. Pode se aplicar à análise de uma entrevista; à identificação de um lapso cometido por um político em seu discurso; radiografar as relações informais numa empresa; avaliar os estereótipos de gênero em uma novela; analisar a intenção de algumas expressões na propaganda de um produto.

Pode-se inferir que qualquer comunicação, qualquer repasse de significações de um emissor para um receptor, controlado ou não por este, deveria ser escrito, decifrado pela análise de conteúdo. A intenção da análise de conteúdo é a inferência de conhecimentos relativos às condições de produção (ou eventualmente de recepção) inferência esta que recorre a indicadores (quantitativos ou não) (BARDIN, 1977, p. 38). A inferência é uma operação lógica, pela qual se admite uma proposição em virtude de sua ligação com outras proposições, já aceitas como verdadeiras. Inferir, segundo o *Dictionaire de la langue française*, Petit Robert, 1972, é extrair uma conseqüência. Em última análise, é este o objetivo da análise de conteúdo.

4. Análise quantitativa e qualitativa

A análise de conteúdo constitui um método formal para a análise de dados qualitativos, mas pode ser feita mediante uma abordagem quantitativa ou qualitativa. Por volta dos anos 1950, colocou-se um debate sobre qual seria a melhor abordagem, havendo defensores de ambas. Durante o primeiro congresso de analistas, no final da referida década, A. L. George defendeu a tese de que quando a análise de conteúdo é utilizada como instrumento de diagnóstico, que permite levar a cabo inferências específicas ou interpretações causais sobre um aspecto do comportamento do sujeito, o procedimento pode ser dominantemente qualitativo; até então, tendo como referência a posição de Berelson, admitia-se que a análise de conteúdo devia ser apenas quantitativa.

Mostyn[3] refere-se à análise de conteúdo como "uma ferramenta de diagnóstico de pesquisadores qualitativos, que a empregam quando se vêem diante de uma massa de material que deve fazer sentido". Assim, a análise de conteúdo é uma maneira de converter sistematicamente texto em variáveis numéricas para a análise quantitativa de dados. O material é qualificado em várias unidades de código, que em geral são pré-construídas pelo pesquisador. A abordagem quantitativa e a qualitativa apresentam características diferenciadas. Neste texto, pretende-se privilegiar esta última, a partir do referencial adotado por Laurence Bardin. Entretanto, é necessário mencionar a outra abordagem.

Pode-se considerar que a abordagem qualitativa é válida na elaboração de deduções sobre um acontecimento ou uma variável de inferência precisa, não em inferências gerais. Este tipo de abordagem está voltado principalmente para a compreensão do sentido e, por isto, utiliza categorias mais discriminantes, já que não está ligado a freqüências elevadas. Este tipo de preocupação pode deixar de levar em consideração elementos importantes, que não são os buscados pelo pesquisador, e corre-se o risco de fazer generalizações apressadas. Para evitar que isto ocorra, deve-se reler o material, alternar releituras e interpretações e desconfiar da evidência (Bardin, 1977, p. 115). Um exemplo de análise qualitativa: Como os brasileiros estão analisando um evento político, em termos do exercício da democracia? Ou ainda: Quais os valores compartilhados na cultura de determinada empresa?

Na abordagem quantitativa, pode-se tomar o material por inteiro, se ele não reunir um grande volume de dados, e recorre-se a uma *amostragem* caso existam muitos dados para serem submetidos à análise. O passo seguinte consiste em determinar as *unidades de código*, como uma palavra, um caractere, um tema ou expressão. Uma vez definidas essas unidades de código, procede-se à *codificação*, permitindo a análise da comunicação. Pode-se realizar a análise utilizando-se a *freqüência* com a qual cada palavra ou expressão se apresenta ou *duração* se estivermos lidando com um filme ou áudio.

Um exemplo de análise quantitativa de conteúdo: estudando a absorção da propaganda sobre a prevenção de doenças sexualmente transmissíveis, pode-se tomar uma amostra de jovens de 15 a 21 anos e, analisando a conversa mantida em um grupo focal, pode-se estabelecer como código o nome dos preservativos e verificar a freqüência com a qual cada um deles aparece.

Outro exemplo: Analisando uma reunião dos diretores de uma empresa, pode-se avaliar o tempo que cada um deles dominou a conversa e a relação entre este tempo e o convencimento de seus pares.

Finalmente, pode-se concluir que a análise qualitativa é caracterizada pelo fato de que a inferência, sempre que é realizada, é fundada na presença do índice (um tema, uma palavra, um personagem) e não sobre a freqüência de sua aparição em uma comunicação individual, enquanto a análise quantitativa é fundada justamente na freqüência do acontecimento ou da presença de um elemento na fala que é analisada.

Os objetivos da pesquisa, assim como o material que é submetido à análise de conteúdo, constituem fatores determinantes da escolha de uma dessas abordagens.

5. Etapas da Análise de Conteúdo

A realização de uma análise de conteúdo pode ser resumida em três momentos:
Pré-análise.
Exploração do material.
Tratamento dos resultados, inferência e interpretação.

5.1. A FASE DA PRÉ-ANÁLISE

Esta é a fase de organização e constitui um momento em que as idéias iniciais se organizam de modo a facilitar o desenvolvimento de operações sucessivas, que irão determinar o sucesso da análise de conteúdo. Segundo Bardin (1977), esta fase possui três missões: a escolha dos documentos que serão submetidos à análise, a formulação de objetivos e hipóteses e a elaboração de indicadores que fundamentem a interpretação final.

A realização da pré-análise vai incluir alguns passos, que nem sempre vêm ordenados, mas que são considerados indispensáveis a uma boa análise de conteúdo.

a) *Leitura flutuante* – É o primeiro contato com o material, seja ele um documento, o relato de uma atividade ou uma entrevista. Inicialmente, a leitura é feita por alto, deixando-se tomar por impressões e orientações. Algumas hipóteses emergem e, aos poucos, o material vai se tornando mais familiar, mais passível de interpretação.

b) *Escolha dos documentos* – Esta escolha pode ser feita *a priori* ou mediante uma predefinição do objetivo. Quando se decide analisar os jornais internos de uma empresa para se identificar a mudança dos valores ao longo dos anos, a escolha está sendo feita *a priori*. Entretanto, quando se pretende verificar a influência dos imigrantes italianos sobre a cultura de uma empresa no Bairro do Brás, em São Paulo, a seleção dos documentos será feita *a posteriori* e atenderá à identificação dos materiais disponíveis na empresa e na comunidade italiana. A seleção dos documentos, neste caso, deverá obedecer às regras seguintes:

- Exaustividade – Todos os documentos que possam oferecer informações que permitam responder ao objetivo devem constituir o *corpus* do trabalho; nenhum pode ficar de fora.

- Representatividade – O material selecionado deve conter as características do grupo ou do fenômeno estudado. Deste modo, analisando-se a amostra, pode-se generalizar os resultados. Entretanto, em determinados casos, é preferível trabalhar com o universo, e não com a amostra. Isto garantirá a representatividade.

- Pertinência – Os documentos a serem estudados devem constituir uma fonte de informação adequada, permitindo o alcance do objetivo predefinido.

c) *Formulação de hipóteses e objetivos* – Uma hipótese é uma afirmação provisória, uma suposição que se pretende verificar recorrendo à análise. Quando formulamos uma hipótese, estamos respondendo a uma pergunta que fazemos sobre o problema que vamos examinar. Em um dos exemplos que colocamos, poderíamos estar nos perguntando: a grande emotividade dos italianos influencia a relação interpessoal nesta empresa? Se consideramos que sim, nossa hipótese ou nossa suposição será: as relações entre as pessoas nesta empresa são calorosas, marcadas por emoções fortes. O objetivo é uma finalidade que nos propomos, é o resultado que pretendemos atingir com a realização da análise de conteúdo. Por exemplo: identificar os traços mais evidentes da cultura de uma organização; avaliar a influência dos prêmios sobre o desempenho dos funcionários. As hipóteses e os objetivos facilitam o trabalho a ser feito, definindo a direção a ser tomada pelo pesquisador.

d) *Colocação dos indicadores e índices* – Trata-se de escolher os índices que serão explorados através da análise. Se considerarmos que a importância de um elemento se manifesta pelo número de vezes que ele é repetido, este índice tem como indicador a freqüência de uma expressão (quantas vezes uma expressão se repete na fala do entrevistado, por exemplo). Se considerarmos que a emoção se manifesta nas alterações da voz do entrevistado, os índices repetição, gagueira, sons estranhos emitidos constituem indicadores do estado emocional subjacente.

e) *Preparação do material* – Este preparo depende muito da maneira de o pesquisador organizar o material que vai ser analisado. Os jornais podem ser recortados e os artigos colados em folhas de papel ofício. As entrevistas podem ser digitadas deixando-se um espaço lateral para a colocação de observações. Esta preparação formal ou edição dos textos pode ir desde o alinhamento dos enunciados até a transformação lingüística do texto, podendo-se utilizar recursos de tratamento informático ou recursos manuscritos.

5.2. A FASE DE EXPLORAÇÃO DO MATERIAL

Nesta fase, têm lugar as operações de codificação, enumeração em função de regras previamente formuladas e categorização.

Codificação – é uma transformação dos dados brutos do texto, segundo regras precisas. Esta transformação é feita por recorte, agregação e enumeração e permite atingir uma representação do conteúdo ou da sua expressão, capaz de esclarecer características do texto que podem servir de índices.

- O recorte é a escolha das unidades.
- A enumeração é a escolha das regras de contagem.
- A classificação e a agregação correspondem à escolha das categorias.

Unidades de registro – correspondem ao segmento de conteúdo a considerar como unidade de base, visando a categorização e a contagem da freqüência. Há várias formas de se definir a unidade de registro: pode ser uma palavra, um tema, um personagem, um acontecimento ou mesmo um documento. Analisando-se um discurso de um candidato, pode-se identificar quantas vezes ele pronuncia a palavra *ordem* ou a palavra *renovação* e, a partir de tal análise, inferir seu posicionamento.

O tema, segundo Berelson (1971), "é uma afirmação acerca de um assunto. É uma frase, uma frase composta, habitualmente um resumo ou uma frase condensada, por influência da qual pode ser afetado um conjunto de formulações singulares". Para se fazer uma análise temática, deve-se descobrir "núcleos de sentido" que compõem a comunicação e cuja presença pode significar alguma coisa para o objetivo da análise.

Pode-se adotar o personagem como unidade de registro. Ao analisar o funcionamento de uma determinada repartição, pode-se tomar como referência determinado ator ou personagem (traços de seu caráter, papel social, relações que mantém com seus pares, idade e interesses). Esta escolha oferece tanto mais resultado quanto mais o personagem representa o seu grupo.

A escolha do acontecimento como unidade de registro é possível quando se toma um relato, um filme, um artigo divulgado pela mídia, um acidente como ponto de partida para a análise do conteúdo das conversas que rolam. Já a escolha do documento como unidade de registro é tomada muitas vezes quando se dota um livro, um artigo, um filme, como referência para a análise de uma determinada situação.

Unidades de contexto – correspondem ao segmento da mensagem cujas dimensões são ótimas para que se possa compreender a significação exata da unidade de registro. Deste modo, a unidade de contexto serve de unidade de compreensão para codificar a unidade de registro. Como exemplo pode-se lembrar: no caso de análise de discurso político palavras como democracia, sociedade, progresso precisam de contexto para serem compreendidas no seu verdadeiro sentido. Só quando se entende o que essas palavras significam no contexto da mensagem é que se pode tomá-las como unidades de registro. Numa economia mundializada, o contexto em que a expressão "nossa empresa" é utilizado pode ser tão amplo que cubra unidades espalhadas por todo o mundo, se tratamos com uma multinacional. Deste modo, só tendo conhecimento do contexto se pode compreender de modo adequado as unidades de registro adotadas.

A categorização – uma análise de conteúdo não necessita incluir, obrigatoriamente, a categorização; entretanto a maior parte dos trabalhos deste tipo são facilitados quando se recorre a este processo.

A categorização é uma classificação dos elementos constitutivos de um conteúdo e comporta duas etapas: o inventário e a classificação. O inventário é o isolamento dos elementos e a classificação é a operação de repartir os elementos, procurando impor uma certa organização na distribuição dos mesmos. Desde que a análise de conteúdo decide codificar o material, deve produzir um sistema de categorias, que permita organizá-lo.

Uma boa categorização deve apresentar as seguintes características:

1. As categorias devem ser mutuamente exclusivas – cada elemento só pode estar presente em uma divisão, para que não haja ambigüidade.

2. Deve haver homogeneidade das categorias, ou seja, um único princípio de classificação deve presidir a organização.

3. A pertinência da categorização deve ser assegurada: o critério adotado para se efetivar a classificação deve pertencer ao quadro teórico definido.

4. Objetividade e fidelidade devem ser observados no processo de classificação, evitando-se as distorções devidas à susbjetividade dos codificadores e à variação dos juízos. O organizador da análise deve definir claramente as variáveis que trata e deve precisar os índices que determinam a entrada de um elemento em uma categoria.

5. Um conjunto de categorias deve ser produtivo, isto é, deve fornecer índices de inferências, hipóteses novas, dados ricos.

Em algumas situações, as categorias podem estar relacionadas aos objetivos da pesquisa a ser feita. Quando se tem como objetivo identificar a avaliação que os funcionários fazem de determinado supervisor, a avaliação positiva, negativa, ou indefinida já pode constituir um conjunto de categorias.

Outras vezes, as categorias podem ser definidas pelas questões formuladas no momento da entrevista. Analisando o processo de socialização organizacional adotado por uma empresa posso colocar as seguintes questões: Como é feita a introdução do funcionário nesta empresa? Quais as informações prestadas na primeira semana de trabalho? Como são executados os treinamentos e os programas de desenvolvimento na empresa? Quais as ações que são premiadas durante o trabalho? Com base nessas questões pode-se trabalhar com as seguintes categorias: Ações de introdução do funcionário; Informações prestadas e valores comunicados; Investimento na formação do funcionário; Premiação e valorização.

Quando as categorias não são definidas previamente, a leitura das entrevistas pode direcionar a escolha das categorias e mesmo das subcategorias. Neste caso, pode-se inferir os temas que estão presentes em todas ou quase todas as entrevistas.

5.3. A FASE DE TRATAMENTO E INTERPRETAÇÃO DOS RESULTADOS

Nesta fase, o pesquisador procura tornar significativos e válidos os resultados obtidos. Podem ser utilizadas operações estatísticas, síntese e seleção dos resultados, inferências e interpretações.

Operações estatísticas – Quando a análise de conteúdo tem caráter quantitativo, são utilizadas estatísticas simples, como levantamento de freqüência e construção de gráficos demonstrativos dos resultados encontrados, porcentagens, medidas de tendência central e de variabilidade ou estatísticas complexas, como análise fatorial. Nesses casos, utilizam-se tabelas, quadros de resultados, figuras e modelos que sintetizam as informações fornecidas pela análise dos resultados.

Síntese e seleção dos resultados – As falas dos entrevistados ou os trechos dos documentos analisados ou mesmo outros materiais selecionados na etapa anterior (exploração do material) são, na fase de tratamento dos resultados, submetidos a uma seleção durante a qual escolhem-se os mais representativos da situação a ser estudada. Deve-se organizar a apresentação desses materiais em grupos de significado, evitando que sejam apresentados muitos itens sem os comentários do autor da pesquisa. Assim, se pretendemos analisar como os gerentes mencionam a importância dos programas de qualidade de vida desenvolvidos pela empresa, selecionamos duas ou três falas elogiosas e comentamos, depois selecionamos outras duas ou três que criticam os programas e comentamos e, finalmente, selecionamos mais algumas que apresentam sugestões que, segundo eles, poderiam melhorar tais programas.

Inferências – Embora a análise de conteúdo exija que as extrapolações do analista não comprometam a interpretação, pode-se afirmar que a inferência é aquele processo mediante o qual o analista obtém informações suplementares, resultantes de sua visão crítica de uma mensagem. Esta visão crítica depende da formação do pesquisado, seja ele psicólogo, sociólogo, historiador, crítico literário, comentarista religioso ou político. A partir dos trechos que foram selecionados, ao fazer a inferência o pesquisador expressa sua visão particular do objeto de estudo, colocando o tipo de inferência que sua formação acadêmica permite fazer.

Os pólos de atração para a inferência podem ser:

- O emissor da mensagem – um indivíduo, com seus motivos, sua história pessoal, suas aspirações, características pessoais e, no caso de um grupo, com os objetivos que o mobilizam e as relações entre seus membros. Assim, a análise da trama de uma novela traz informações sobre seu autor e a conversa que acontece em um grupo informa sobre as características e objetivos de seus membros.

- O receptor – seja ele um indivíduo ou um grupo, também informa o pesquisador. Neste caso, os leitores de um tipo de literatura nos informam sobre suas preferências e os participantes de um tipo de debate nos apontam seus interesses.

- A mensagem – esta constitui o material, o ponto de partida da análise de conteúdo. A maneira pela qual uma pessoa narra sua própria história evidencia seu autoconceito, os sentimentos que experimenta em relação a si mesma e aos outros.

- O código – refere-se ao como um indivíduo organiza sua mensagem: as palavras que usa, os sinais, até mesmo os silêncios. Através do código usado pode-se inferir a origem do autor de uma mensagem, a avaliação que ele tem das pessoas e ambientes sobre os quais fala, os aspectos conscientes ou inconscientes da mensagem emitida.

- A significação – deve-se verificar os temas presentes no discurso analisado e o significado que eles têm para os seus autores. Pode-se deduzir os sistemas de valores e as instituições contidas na temática dos discursos quando se busca a significação dessas mensagens.

- O meio ou canal através do qual a mensagem é transmitida. Quando se assiste a uma fala através da TV a análise nos possibilita informações que a fala através do rádio não oferece. Ainda assim, a mesma fala apresentada pelo emissor face-a-face com o entrevistador tem uma riqueza muito maior do que a que é apresentada pela TV porque se tem a oportunidade de observar todo o conjunto de manifestações não verbais, além de a presença do observador exercer efeito inibidor ou estimulador sobre o observado.

Interpretações – Pode-se concluir que a interpretação consiste no estabelecimento de uma relação entre a análise de resultados que foi feita pelo pesquisador, com base na sua leitura da realidade, e a teoria que fundamenta sua pesquisa. Ao fazer a interpretação, o pesquisador verifica em que medida os resultados encontrados confirmam a teoria estudada; cita autores que são mencionados no marco teórico para fundamentar suas análises, quer seja confirmando o que eles afirmam, quer seja questionando a teoria apresentada por tais autores.

Ao fazer a interpretação, alguns cuidados devem ser observados.

5.3.1. Precauções necessárias para evitar a má interpretação

Uma das dificuldades com a qual se depara o analista de conteúdo é o risco de realizar interpretações subjetivas. Como se trata de uma técnica de interpretação, não é uma tarefa fácil eliminar toda a subjetividade, mas o rigor metodológico deve buscar afastar o ponto de vista do pesquisador e ressaltar a perspectiva do objeto ou sujeito pesquisado.

A compreensão do sentido – O sentido "objetivo" dos dados analisados deve referir-se ao autor (do texto ou da imagem) e para isto é necessário que o pesquisador compreenda a linguagem e as idéias deste autor. A compreensão da linguagem utilizada exige o perfeito conhecimento da língua. Se o analista de conteúdo conhece pouco a língua de jornais estrangeiros que procura estudar, sua contribuição não terá o caráter objetivo desejado. Mesmo que o conteúdo a ser analisado seja oriundo de sua língua natal, é importante que o pesquisador conheça expressões regionais, ditos populares, recursos estilísticos utilizados na língua.

A compreensão das idéias – Intuições, idéias, opiniões, atitudes do autor de um texto são expressas por ele com a ajuda da linguagem, e há uma quantidade de formas verbais para exprimir o mesmo conteúdo. Além das palavras, mas apoiando-se no conteúdo da linguagem, deve-se buscar a idéia. A diferenciação de opiniões, atitudes ou idéias a partir de nuances da linguagem exige julgamento e discernimento. A mesma palavra ou expressão pode representar uma afirmação, uma crítica, um constrangimento experimentado pelo autor da fala e o analista de conteúdo precisa captar o sentido da idéia que está oculto na emissão do autor.

O viés afetivo e ideológico – A influência do grau de sensibilidade e emotividade do operador precisa ser contornada, para que a análise de conteúdo reflita precisamente aquilo que o autor pretendeu. Quando analisamos um artigo de jornal ou uma exposição feita por um entrevistado, tendemos a nos mostrar favoráveis ou contrários ao conteúdo do texto, e este posicionamento pode pesar sobre a interpretação que fazemos. Evitar este risco é uma tarefa necessária, para a qual temos de tomar algumas precauções. Se estivermos ouvindo a exposição feita por alguém temos de nos compenetrar que nossa expressão facial ou nossas palavras podem estimular ou desanimar aquele que fala; por isto, evitar tais manifestações é indispensável.

Outro cuidado importante consiste em evitar a influência de nossa ideologia, dos pressupostos que temos e mesmo de nossa hipótese de trabalho. Os primeiros teóricos da análise de conteúdo já apontavam este risco desde o início da análise de conteúdo. Eles mostravam que uma teoria explicativa construída *a priori* conduziria inevitavelmente a pesquisar em uma direção determinada, a manipular as informações para "fazer acontecer" aquilo que se previu. Festinger[4] realçava que nossa tendência é utilizar um "filtro de interpretação" uma seleção privilegiada das informações, de modo que possamos evitar a "dissonância cognitiva."

6. A título de conclusão

O objetivo final e mais importante da análise de conteúdo é produzir inferências válidas. A análise de conteúdo é hoje um dos mais valiosos recursos de interpretação de dados, constituindo um meio de se proceder à investigação de causas (variáveis inferidas) a partir de efeitos (variáveis de inferência ou indicadores).

Para que uma análise de conteúdo leve ao alcance de resultados significativos, é importante que se tenha bem claro o que se pretende investigar. Se tivermos pouca clareza sobre o objeto de investigação, a análise reunirá informações muito diversificadas, que dificilmente poderão ser combinadas. Uma análise de conteúdo pode centrar-se nas relações hierárquicas de um setor de uma organização; mas se pretendermos cobrir as relações interpessoais, as regras impostas, a cultura e outros aspectos, teremos dificuldade em colher os dados e em organizá-los.

Para se fazer a análise de conteúdo de documentos, de entrevistas, de conversas mantidas em grupos focais, é importante que o analista seja bem treinado, mas é importante também que ele realize uma experiência piloto na qual procure identificar as unidades de registro a serem adotadas. Esta técnica tende a ser tanto mais segura quanto mais haja troca de opiniões e críticas envolvendo outra(s) pessoa(s) além do pesquisador principal.

Referências

BARDIN, Laurence. *Análise de conteúdo*. Trad. Luis Antero Reto e Augusto Pinheiro. Lisboa: Edições 70, 1977.

BERELSON, B. *Content analysis in communication research*. New York, Univ. Press, 1952; Hafner Publ.Co., 1971.

BAUER, Martin W. *Pesquisa qualitativa com texto, imagem e som; um manual prático*. Petrópolis: Vozes, 2002.

COLLIS, Jill & HUSSEY, Roger. *Pesquisa em administração*. Trad. Lúcia Simonini. 2. ed. Porto Alegre: Bookman, 2005.

FREITAS, H. M. R., CUNHA JR., Marcus V. M., MOSCAROLA, Jean. *Pelo resgate de alguns princípios da análise de conteúdo; aplicação prática qualitativa em marketing*. Porto Alegre: 1996.

GODOY, Arilda S. Pesquisa qualitativa: tipos fundamentais. *Revista de Administração de Empresas*. São Paulo: Fundação Getúlio Vargas, v. 35, n. 3, pp. 20-29, maio/junho 1995.

MUCCHIELLI, R. *Introduction à la psychologie structurale*. Ed. Dessart, 3e. edition, 1972, spécialement chap. 2e. "Enquète de l'information", pp. 74-143.

OSGOOD, C. E. The representational model and relevant research method. *In*: POOL, L. S. *Trends in content analysis*. Urbana: Univ. of Illinois Press, 1959.

PECHEUX, M. *Analyse automatique du discours*. Paris: Dunod, 1969.

PIAGET, Jean. *Psicologia da inteligência*. Trad. Eglea de Alencar. Rio de Janeiro: Ed. Fundo de Cultura, 1958.

STONE, Philip J. A perspective on content analysis, capítulo I. *In*: Stone, P. J. *et al*. *The general inquirer – a computer approach in content analysis*. Cambridge: Mit Press, 1966, traduzido por Sérgio Muceli, com a permissão da editora.

VERGARA, Sylvia Constant. *Métodos de pesquisa em administração*. São Paulo: Atlas, 2005.

Capítulo 6
PERFIL PROFISSIOGRÁFICO:
UMA COMPARAÇÃO ENTRE A EXPERIÊNCIA
NORTE-AMERICANA E A BRASILEIRA[1]

Jáder dos Reis Sampaio

Resumo

Este texto analisa a técnica de construção do perfil profissiográfico, a partir do contexto norte-americano e do contexto brasileiro, realçando a influência das variáveis geopolíticas, econômicas e sócio-culturais sobre este processo. Faz uma revisão histórica da produção científica sobre este tema nos dois países e busca conceituar perfil profissiográfico em cada um deles, ressaltando suas implicações. O texto é concluído com uma análise dos desdobramentos atuais, especialmente a partir da Constituição de 1988 no Brasil.

1. Introdução

Nenhuma técnica é criada fora de um contexto geopolítico, econômico, histórico e sócio-cultural, o que equivale a dizer que não pode haver senão um entendimento parcial de um conhecimento técnico sem que se compreenda quem o criou, em que contexto e com que finalidade, bem como qual tem sido a sua trajetória pelas sociedades e, se possível, organizações pelas quais tem sido empregada.

---

1. Trabalho apresentado no II Seminário de Avaliação Psicológica em Processo de Seleção, promovido pelo Conselho Regional de Psicologia da 4ª Região em 27 de agosto de 2005.

Um sistema de gestão salarial, programa de certa adoção pelas organizações brasileiras, por exemplo, desenvolvido em diferentes empresas e órgãos públicos com uma mesma base teórico-técnica, um mesmo conjunto de recomendações de "como fazer", não passa de um "tipo ideal" weberiano, aguardando uma análise do seu entorno para que possa ser "decifrado" e "compreendido" dentro de um cenário complexo.

Ilustrando a afirmação acima, um "plano de cargos e salários" tradicional pode ser:

a)   um dos passos de um plano para a profissionalização de uma empresa familiar, até então gerida à deriva dos interesses e preferências de seus sócios;

b)   uma resposta formalista a uma demanda sindical, que não visa realmente a superar uma prática de salários contraditória e voluntarista;

c)   uma mera observação a uma exigência de legislação pública, sem efeito significativo senão para o enquadramento e remuneração de servidores;

d)   um instrumento de gestão, desenvolvido visando a deixar transparentes as "regras do jogo" da colocação, seleção e progressão dos empregados, com capacidade de incentivo à política de qualificação e requalificação de empregados ou servidores públicos, fruto de um pacto entre diferentes atores organizacionais;

e)   um dos resultados de um processo genérico de mudança organizacional, desencadeado por mudanças no mercado ou tecnológicas;

f)   um "desfecho honroso" para uma negociação sindical frustrada por um contexto de recessão econômica, competitividade predatória e prejuízos empresariais constatados.

Cada um destes cenários possibilita um entendimento particular de uma mesma técnica de gestão e de seu papel nas relações e organização do trabalho.

Por esta razão, o objetivo deste trabalho é apresentar e contextualizar diferentes técnicas de construção de perfis profissiográficos e contextualizá-las em duas realidades sociais distintas: a norte-americana e a brasileira.

2. Job Analysis nos Estados Unidos: Origens e Contexto

A literatura norte-americana contemporânea (JACKSON, 1976; ANTHONY, PERREWÉ, KACMAR, 1999; FISHER, SCHOENFELDT, SHAW, 1999; SPECTOR, 2004) trata de *job analysis*, que tem sido traduzido para a língua portuguesa como "estudo do trabalho", "análise do trabalho" e "análise de cargos", entre outros termos. Neste trabalho utilizaremos o último, por parecer mais preciso, em que pese a possibilidade de confusão com a chamada "avaliação de cargos" dos programas de remuneração. Esta família de técnicas tem por objetivo "descrever tanto os diferentes tipos de trabalhos quanto as características humanas necessárias para o desenvolvimento das atividades" (SPECTOR, 2004). Encontra-se nos autores a distinção entre descrição de cargo e especificação de cargo, sendo este último o que mais se aproxima do chamado perfil profissional ou profissiográfico.

A análise de cargos vem sendo desenvolvida desde a revolução industrial e é fruto de uma política de gestão calcada na divisão do trabalho e na complexificação do processo produtivo e das organizações. É clássica a descrição da fábrica de alfinetes que se encontra na obra *A Riqueza das Nações*, de Adam Smith, e a proposta de seleção científica que Taylor apenas esboçou em sua obra, mas a técnica foi se desenvolvendo em paralelo a modificações que foram sendo feitas na legislação norte-americana e como efeito das mudanças na organização do trabalho. Foge ao objetivo deste trabalho uma recuperação exaustiva destas transformações, mas se pretende apontar algumas delas e mostrar o impacto que tiveram sobre esta família de técnicas especificamente.

Em 1964, o congresso norte-americano votou a lei conhecida como "Civil Rights Act" (Direitos Civis), que dispõe, entre outros assuntos, sobre a igualdade dos cidadãos norte-americanos perante o trabalho. Em 1972 votou-se o "Equal Employment Opportunity Act" que cria a Comissão de Iguais Oportunidades de Emprego (*Equal Employment Opportunity Comission*) e dá poderes a este órgão para representar perante a justiça federal norte-americana cidadãos que sejam vítimas de atos discriminatórios (raça, cor, origem nacional, sexo, religião, idade, necessidades especiais, crenças políticas e estado civil), conseqüentemente fazendo com que as empresas norte-americanas fossem obrigadas a apresentar estudos que mostrassem a efetividade de seus critérios e instrumentos de seleção profissional em juízo, caso houvesse uma denúncia de tratamento desigual em um processo seletivo. Esta legislação teve um impacto sobre a Psicologia do Trabalho e a Psicometria Norte-Americanas, que se viram na obrigação de promover estudos para realizarem seus processos seletivos, não importa se eram utilizadas técnicas psicológicas ou não.

As leis e seus desdobramentos geraram toda uma tecnologia de validação de testes e de critérios de seleção. Praticamente qualquer manual de RH norte-americano atual trata deste assunto e ensina aos alunos de administração e Psicologia os tipos de validade e confiabilidade e como validar testes e critérios de seleção.

Em 1973, McClelland publicou um trabalho de conteúdo bastante ácido, intitulado *Testing for competence rather than for intelligence*, no qual criticava a predizibilidade dos testes de inteligência para fins de trabalho. Ele acusa os testes de inteligência de discriminarem minorias, de não estarem associados estatisticamente ao rendimento no trabalho. Neste trabalho ele propõe que se abandone o uso de testes e os substitua por avaliações de "amostras de tarefas" (*job sample*), afirmando que "há amplas evidências de que as avaliações com base em habilidades de trabalho irão predizer a proficiência no trabalho" (1971, p. 7). O autor defende o abandono dos testes de lápis e papel analisando-se o desempenho das pessoas no local de trabalho, desconfiando-se do julgamento dos supervisores, analisando-se cuidadosamente os resultados (*outcomes*) e os comportamentos adaptativos que estão associados a eles de modo a assegurar a validade destes testes e "observar se a capacidade de uma pessoa realizar um trabalho aumenta à medida que sua competência em apresentar comportamento adaptativo à vida aumenta" e estas avaliações de competências deveriam ser voltadas à avaliação de "grupos de habilidades adaptativas" em vez de identificarem-se inúmeras capacidades de realizar pequenas tarefas como o fez o projeto ABLE de Gagné (p. 9). A avaliação de competências deveria considerar mais comportamentos operantes que respondentes. Neste trabalho, McClelland acena com competências não cognitivas que deveriam ser consideradas na avaliação de pessoas, como as habilidades de comunicação, a paciência, a capacidade de estabelecer objetivos atingíveis, e o desenvolvimento do ego.

O discurso de competências de Harvard, portanto, nasceu na Psicologia Organizacional, com a finalidade de reduzir problemas de viés na seleção profissional e com o objetivo de identificar-se características pessoais estatisticamente associadas ao "bom desempenho no trabalho" ou ao "sucesso na vida" profissional. Este é o contexto social e organizacional. Que metodologia McClelland utilizou para fazê-lo?

Considerando a inteligência, as atitudes, os resultados de testes de conhecimento e o histórico escolar como inadequadas à realização de um processo seletivo justo, McClelland serviu-se do seguinte conjunto de técnicas para identificar variáveis de competência:

a) "Emprego de métodos de comparação com grupos critério".

b) Identificação de comportamentos operantes "causalmente relacionados com resultados de sucesso" (*outcomes*)

Cabe destacar que o objeto de análise de McClelland são as pessoas bem-sucedidas em um cargo ou função, em comparação com pessoas de desempenho mediano. O primeiro caso de intervenção realizado por ele foi no Serviço de Informações Norte-Americano.

Em 1963 ele havia criado uma empresa chamada McBer & Company (ADAMS, 1997), que, no início dos anos 1970, realizou pesquisas para a identificação dos comissários júniores do Serviço de Informação. Àquela época, quase todos os comissários eram brancos, do sexo masculino. Como os testes de vocabulário e atitudes fracassassem na seleção de comissários de desempenho superior, McClelland e colaboradores identificaram (através da indicação de superiores, colegas e clientes do Serviço de Informações Norte-Americano) jovens diplomatas com desempenho brilhante, considerado superior. Ele os comparou com um grupo de pessoas de mesma função que desempenhavam seu cargo o suficiente para não serem despedidos.

A técnica empregada por McClelland foi chamada de "Entre-vista Baseada em Eventos Comportamentais" (SPENCER JR, SPENCER, 1993, p. 4). Ela se baseou na Técnica de Incidente Crítico de Flanagan e no Teste de Apercepção Temática de Murray (que McClelland usara como técnica para seus estudos de motivação). O entrevistador solicita ao sujeito que narre detalhadamente "o que ele fez nas situações mais críticas que ele enfrentou em seu trabalho". Pede-se ao sujeito que narre três situações bem-sucedidas e três situações de fracasso, como se fosse uma história. O entrevistador "age como se fosse um repórter" que explora detalhes, situações, sentimentos do sujeito, pessoas envolvidas, questiona como o sujeito agiria se isto voltasse a acontecer, ou seja, faz emergir comentários que dêem evidências aos pesquisadores sobre que competências estão associadas ao trabalho em estudo.

O objetivo das entrevistas é identificar características psicológicas em geral, encontradas diferentemente nos grupos de alto desempenho e de desempenho medíocre. Nota-se que, apesar de se preocupar com o desempenho das pessoas, a metodologia de McClelland não cria mecanismos de coerção ao comportamento das pessoas, mas tenta identificar características psicológicas que estariam associadas estatisticamente e compreensivamente a um desempenho superior. Neste primeiro momento, McClelland considerou inúmeras "variáveis de pesquisa": motivos, traços de personalidade, autoconceito, atitudes, valores, conhecimento específico e habilidades.

No caso dos diplomatas do Serviço de Informação, encontrou-se, após a transcrição das entrevistas, que, entre outras características, eles apresentavam três grandes diferenças (SPENCER JR, SPENCER, 1993, pp. 5-7):

a) "sensibilidade interpessoal intercultural", ou seja, que eles eram capazes de "perceber o que as pessoas de uma cultura estrangeira estão realmente dizendo ou querendo dizer, e predizer como irão reagir";

b) Expectativa positiva com relação às outras pessoas, que seria uma forte concepção de que haja dignidade e valha a pena negociar com pessoas em posições diferentes da sua;

c) Rapidez na aprendizagem das redes políticas, que seria a capacidade de apreender de forma presta quem influencia quem e quais seriam os interesses envolvidos.

Depois de identificar estas características, a McBer se deparou com um problema: como identificar estas competências em pessoas que ainda não são diplomatas nem tiveram experiências semelhantes? Esta pergunta não está bem respondida na literatura revista até o momento. McClelland diz que a primeira das competências acima citadas foi avaliada através de uma técnica criada pelo Prof. Rosenthal, denominada PONS (Profile of Non-Verbal Sensitivity) – Perfil de Sensibilidade Não-Verbal. Trata-se de identificação de gravações nas quais o interlocutor não percebe o conteúdo do que está sendo dito, mas é capaz de apreender as emoções de quem está falando. Os consultores conseguiram mostrar que os diplomatas de sucesso obtinham melhores escores neste tipo de avaliação que os medíocres. O método de seleção é, portanto, validado em uma nova amostra. E as demais?

Neste momento do desenvolvimento do conceito de competências, há alguns pontos a serem demarcados:

a) O trabalho de se identificar competências é artesanal, em que pese a proposta metodológica das entrevistas baseadas em eventos comportamentais, e demanda alguma sagacidade dos pesquisadores que compõem a equipe.

b) Supondo-se que se consiga identificar competências que estejam difundidas no grupo de alto desempenho e ausentes no de desempenho medíocre, nada assegura que se consiga desenvolver uma técnica para identificá-la em pessoas que ainda não realizaram a atividade em questão.

c) McClelland admite que muitas das observações da equipe não são percebidas nem aceitas pelas pessoas que estão na organização.

d) Nada assegura que as competências observadas através deste método seriam exclusivamente a explicação para um desempenho superior.

É, portanto, um método artesanal, com forte ênfase em conceitos tradicionais à Psicologia Norte-Americana e focalizado nos processos de seleção e colocação de pessoas nos espaços organizacionais. Ele demanda um tempo grande de pesquisa e não há como se prometer resultados de antemão. McClelland afirma que geralmente se fazem entrevistas de uma hora com os executivos (este tipo de método, dado o custo de seu desenvolvimento, foi muito difundido nos cargos de direção e gerência, e praticamente não foi utilizado para os cargos operacionais), que são transcritas em um período de não menos de três horas por entrevista.

O custo e o tempo gasto para se desenvolver um programa de gestão por competências nestes moldes foram determinantes na mudança de perspectiva de pesquisa da McBer, como admite McClelland na entrevista concedida a Katherine Adams (1997).

[...] nós usamos competências genéricas em parte para economizar o dinheiro do cliente e, em parte, porque em muitos casos nós descobrimos que elas estão relacionadas com o sucesso.

A necessidade de se utilizar uma metodologia que possibilitasse um atendimento mais ágil e econômico levou a McBer a pesquisar competências universais.

O termo "competências" difundiu-se em meio aos consultores de recursos humanos, e, como todo conceito que se vulgariza, ele passou a rotular conjuntos de práticas muito diferentes entre si. A teoria de competências consolidou ainda mais para as organizações que fazem descrição e especificação de cargos a necessidade de se empregarem critérios passíveis de associação com resultados. Ao contrário do que pensam alguns, as competências não "nasceram" para solucionar problemas de produtividade e competitividade nas empresas norte-americanas, mas como uma alternativa para evidenciar a inexistência da discriminação nos processos de seleção, sem a necessidade de reduzi-los a uma mera análise de provas de conhecimento e títulos. Fisher, Schoenfeldt, Shaw (1999) fizeram uma síntese das mudanças na legislação norte-americana que afetaram os processos de seleção. Uma análise delas mostra que aos poucos a sociedade americana foi identificando e criando regras para evitar situações discriminatórias no trabalho. Na tabela abaixo, adaptada dos autores citados, faz-se uma síntese das evoluções:

Lei ou Resolução	Tipo de Discriminação Proibida
Direitos Civis (1964) e emenda de 1972	Discriminação no emprego com base em raça, cor, religião, sexo ou origem nacional
Discriminação de idade no emprego (1967) emenda em 1972	Discriminação baseada na idade (empregados com 40 anos ou mais)
Reabilitação vocacional (1973)	Discriminação baseada em deficiência física ou mental
Controle e reforma da imigração (1986)	Discriminação baseada em cidadania ou origem nacional
Proteção aos trabalhadores idosos (1990)	Aumenta a proteção da lei de discriminação por idade
Americanos portadores de necessidades especiais (1990) com emenda em 1994	Discriminação baseada em deficiência física ou mental
Direitos Civis (1991)	Discriminação baseada em raça, cor, religião, sexo ou origem nacional
Licença-família e médica (1993)	Possibilita licença não paga para empregados em certas circunstâncias

Toda esta trajetória de resoluções do legislativo norte-americano estabeleceu limites claros à adoção de certos critérios na construção de perfis, restringindo o arbítrio dos empregadores (inciativa privada, estado e organizações sem fins lucrativos) na escolha de pessoas para o trabalho tendo em vista a redução de acesso de minorias
ao trabalho, que a cultura do mundo do trabalho produzia sem qualquer necessidade.

3. As pesquisas sobre métodos e critérios de seleção

Uma vez posta a existência de critérios e técnicas de seleção
estabelecidos apenas intuitivamente, capazes de perpetrar situações
injustificáveis de exclusão de minorias ou de arbitrariedade nos processos de seleção, a construção de documentos contendo critérios
para a avaliação de pessoas, a serem identificados a partir de determinada técnica ou método, passou a ser extensamente pesquisada
nos países anglo-saxões, ao contrário do que afirmavam alguns autores da escola latina.[2]

Robertson e Smith (2001) publicaram o resultado de uma
metanálise realizada com base na revisão de diversas pesquisas que
vieram sendo trazidas a público ao longo dos últimos anos. A figura a
seguir sintetiza seus principais resultados de medidas de associação
entre métodos de seleção e treinamento para o trabalho (à esquerda)
ou desempenho geral no trabalho (à direita).

Observa-se que existe no máximo uma associação média entre
as principais metodologias de avaliação psicológica e os indicadores
escolhidos para análise de resultados no trabalho. À primeira vista,
um crítico da Psicologia, ou mais especificamente da Psicometria,
defenderia que não se deveria fazer avaliação psicológica em seleção e que se deveria evitar os construtos psicológicos das
especificações dos cargos (perfis), mas pretende-se mostrar que tal
posição é equivocada.

---

2. Montmollin (1974), por exemplo.

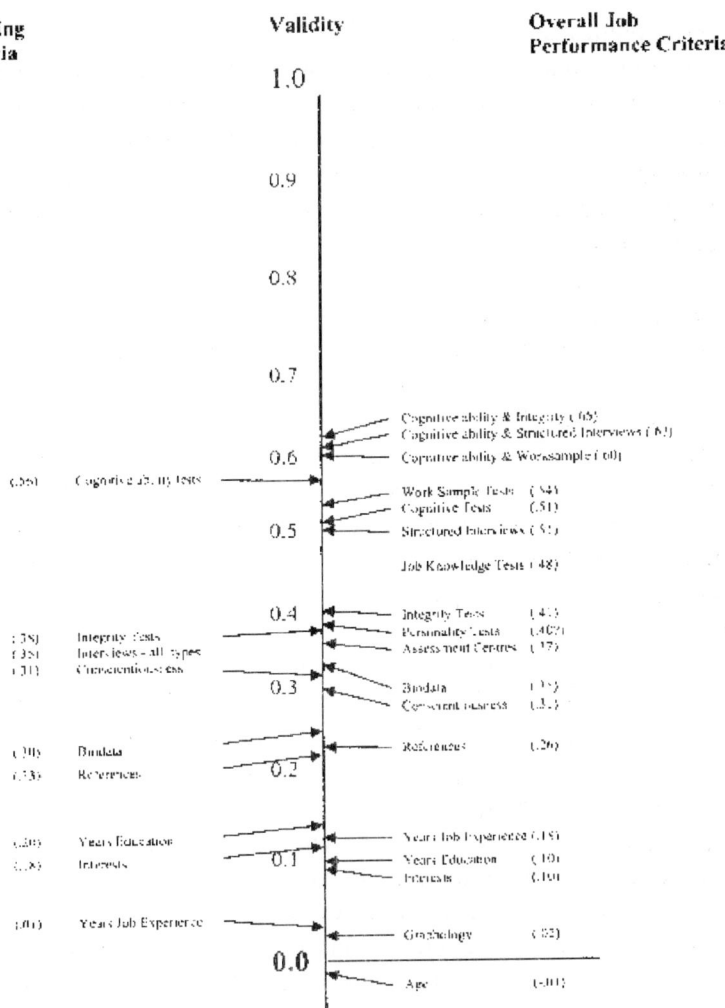

Figure 1. Accuracy of selection Methods.

(ROBERTSON, SMITH, 2001)

O desempenho no trabalho ou o processo ensino-aprendizagem
não são fenômenos explicáveis apenas pela capacidade do trabalha-

dor ou aprendiz de um ofício. Este tipo de pressuposto não enunciado baseia-se em uma concepção solipsista do trabalho. Além do ser humano, há a organização, as condições de trabalho, o ambiente de negócios ou de serviços e muitos outros elementos do mundo do trabalho que afetam significativamente o desempenho de um trabalhador contratado e situado em um posto de trabalho ou espaço organizacional.

O que estas pesquisas indicam é a possibilidade relativa de diversas famílias de técnicas reduzir significativamente a incerteza de um processo seletivo, ao mesmo tempo em que dá evidência de que outras não parecem ser capazes de identificar características relevantes para o trabalho.

No primeiro grupo encontram-se os testes de habilidades cognitivas, os testes de integridade (ainda pouco difundidos na realidade brasileira e latino-americana), as entrevistas estruturadas e as "amostras de trabalho", que seriam provas práticas baseadas na avaliação da própria tarefa que o sujeito irá realizar no ambiente de trabalho.

A análise da experiência norte-americana (que talvez pela facilidade de difusão do idioma, tem muitos pontos de conexão com a experiência inglesa e australiana, entre outras) revela que com o passar dos anos a descrição e especificação de cargos foi se tornando mais e mais exigente. Ela vem incorporando à descrição de tarefas diferentes estratégias empíricas de identificação e validação de outras características desejáveis aos candidatos, um conjunto cada vez mais consolidado de pesquisas sobre os métodos empregados pelas organizações das três esferas societais e um esforço dos respectivos estados na repressão à discriminação de diversos tipos de minorias e na promoção de inclusão das mesmas em esferas do mundo do trabalho que lhe possibilitem o pleno exercício da cidadania.

Que não se pense que o mercado de trabalho norte-americano é uma espécie de Eldorado, que as organizações do mundo do trabalho obedeçam sempre às exigências legais e que não haja práticas discriminatórias, o que seria uma idealização imperdoável. A própria existência da legislação é um indicador de que estes problemas são relevantes nesta sociedade, e, exatamente por isto, o estado toma providências no sentido de regular e tentar diminuir o arbítrio de alguns atores organizacionais que contribuiriam para a construção de guetos de excluídos do mundo do trabalho, sem que haja razão plausível para tal.

4. Profissiografia no Brasil: Origens e Contexto

É difícil precisar a origem da profissiografia no Brasil, mas a literatura consultada converge para Emilio Mira y López e para o Instituto de Seleção e Orientação Profissional – ISOP –, criado na Fundação Getúlio Vargas de São Paulo em 1946.

Como se sabe, Mira y López era um médico espanhol, com contribuições em diversas áreas da Psiquiatria e Psicologia, que foi convidado em 1945 pelo antigo DASP (Departamento de Administração dos Servidores Públicos), órgão do governo federal, para "organizar o treinamento dos técnicos dos serviços civis brasileiros no campo da orientação, seleção e readaptação profissional" (SILVA, ROSAS, 1997). Como o ISOP se configurou como um instituto de prestação de serviços e produção de conhecimento, Mira y López realizou pesquisas e fez diversas publicações sobre profissiografia, tais como: Escolhendo a função para o homem (1947), Seleção dos técnicos orçamentários (1947), A profissiografia do administrador (1955), entre outros.

Este autor caracteriza o estudo profissiográfico como: "destinado ao conhecimento dos normotipos profissionais, não somente com finalidade de elaboração das correspondentes fichas de aptidões, mas para permitir sua classificação de acordo com as características comuns" (MIRA Y LÒPEZ, 1955, p. 208).

O DASP no governo Vargas tinha por base a chamada "organização racional do trabalho", de origem taylorista, muito difundida pelo Instituto de Organização Racional do Trabalho (IDORT). Mira y López, entretanto, apesar de trazer para o país diversas técnicas psicológicas de avaliação, defendia uma lógica de emprego diferente da encontrada na administração clássica.

A Psicologia Aplicada parte da afirmação de que sendo o trabalho
um meio posto a serviço da melhora existencial da vida humana,
o trabalho deve se adaptar ao homem e não este a aquele (MIRA
Y LÓPEZ, 1955, p. 207).

A profissiografia não era concebida por ele como uma técnica
isolada, mas uma ação articulada, desde a escola, na qual se infor-
maria, se observaria e se orientariam os alunos quanto às suas aptidões, vocações e ao ambiente, com a profissiotécnica pedagógica
(estudo dos melhores procedimentos para a formação dos profissionais), com a psicotécnica objetiva (estudo das melhorias a serem
introduzidas no instrumental e no ambiente de trabalho), com a psico-
higiene do trabalho (estudo dos ritmos, pausas e das condições mentais ótimas para conseguir o mínimo de fadiga e a máxima satisfação
compatível com o melhor rendimento.), com a seleção profissional
(que ele considera como um "juízo prévio do potencial de eficiência
relativa de um grupo de aspirantes a uma determinada área"), com a
"epitimologia" profissional (estudo dos incentivos e fatores de ordem
afetiva capazes de influenciar o interesse do trabalhador por seu
trabalho), com a análise psicológica dos acidentes de trabalho,
desajustes e fracassos, com o estudo da racionalização e, finalmente, com o estudo da terapia ocupacional (aplicação do trabalho não
apenas como recurso econômico, mas eugênico e terapêutico). Em
Mira y López se constata uma certa aspiração de uma "arquitetura
social", como o definiu Georgina Silva.

Ele sugere que se utilizem diversos critérios para a profissiografia,
como o descritivo, o hierarquizador da importância, e com a associação ao futuro do trabalho e suas conexões com o ambiente (em que
locais, por exemplo, um médico exerceria suas funções).

Talvez o mais importante desta incursão no pensamento de Mira y
López seja como ele observa a conexão entre os perfis profissiográficos
e a seleção profissional. Com base nos estudos da época, o autor espanhol já criticava os processos seletivos calcados exclusivamente no
emprego de testes psicológicos, e defendia que se os "conciliassem
com a avaliação objetiva dos rendimentos integrais do candidato diante de situações reais" (MIRA Y LÓPEZ, 1955, p. 216).

A profissiografia brasileira foi profundamente marcada pela experiência e pelas teorias defendidas por Mira y López e pelos seus colaboradores do ISOP. Um dos sinais disto é a apresentação de seu esquema teórico de avaliação em autores mais recentes como se vê a seguir:

> Na composição do formulário que registra os elementos básicos na análise profissiográfica, um dos esquemas mais seguidos pelos elaboradores desse instrumento de seleção é o proposto por Emilio Mira y López [...] (CARVALHO, NASCIMENTO, 1999, p. 115).

Estes mesmos autores mostram que a construção de uma ficha profissiográfica tinha por base, além dos dados necessários para a identificação dos conhecimentos necessários ao exercício do cargo e da definição de suas responsabilidades, do ambiente de trabalho e das exigências físicas, uma classificação das características psicológicas exigíveis pelos cargos com base nos instrumentos e teorias psicológicas defendidas por Mira y López, como ilustra a transcrição a seguir:

1. Pelo grau de complicação psíquica requerida

   – Trabalhos predominantemente psíquicos;
   – Trabalhos predominantemente físicos;
   – Trabalhos equilibradamente psicofísicos.

2. Pelo tipo de atividade mental requerida

   – Trabalhos espaciais (de pequenas dimensões [relojoeiros], de todas as dimensões [alfaiate], de grandes dimensões [maquinista de trem]);
   – Trabalhos verbais;
   – Trabalhos abstratos;
   – Formas compostas (verbo-espaciais, espaço-verbais, espaço-abstratos e abstrato-verbais).

3. Pela ação psíquica preferente utilizada

   – Trabalhos reacionais internos ou percepto-associativos (chefe
   de oficina);
   – Trabalhos reacionais externos ou percepto-reacionais
   (dançarino);
   – Trabalhos integrais ou mistos (cirurgia).

4. Pelo tipo temperamental

   – Trabalhos automatizáveis ou preferentemente monótonos
   (operador de computador);
   – Trabalhos não-automatizáveis ou variáveis (motorista de carro);
   – Trabalhos equilibradamente variáveis e determinados ou mistos
   (taquígrafo).

Cabe comentar que as relações de trabalho no Brasil da época
de Mira y López era calcada na Consolidação das Leis do Trabalho
– CLT, que vigorava desde 1943. É conhecido o atrelamento do
sindicalismo às estruturas do Estado Brasileiro, à criação da justiça
do trabalho e à instituição da estabilidade no trabalho após dez anos
de vínculo empregatício, com uma empresa privada e à "liberdade de
escolha", seja por parte dos empregados, seja por parte dos empregadores. Embora se tenha razões para crer que as organizações não
costumavam permitir que os empregados se tornassem estáveis ou
utilizassem diferentes políticas de pessoal para diferentes segmentos
dentro de uma mesma empresa, a idéia de administrar visando a
quadros estáveis de pessoal era compatível com uma preocupação
em selecionarem-se empregados com potencial para permanecer no
emprego, e, por conseqüência, a construção de perfis profissiográficos
pelas áreas de seleção profissional deste tipo de empresa, com
faturamento compatível com o custo da manutenção deste tipo de
política de pessoal.

Não se encontrou registro de legislação ou portaria, por parte do
estado, que orientasse a construção desses perfis. O próprio Mira y
López afirma que havia cerca de "duzentos monografias referentes

a estudos profissiográficos, cuja eficácia tem sido contrastada pela via experimental", mas ele não identifica a origem destes trabalhos e ainda adiciona: "além disto, tem-se realizado a profissiografia puramente intuitiva, sem "controle" adequado, com fins de orientação profissional, para cerca de 2000 ocupações" (MIRA y LÓPEZ, 1955, p. 212). Da realidade insular do ISOP para o mercado de trabalho, muitos destes perfis parecem ter surgido da intuição de psicólogos do trabalho, chefias imediatas e de opiniões de empregados, quando não são fruto de reuniões de diretoria de empresas. Neste ponto cabem diversos comentários. Os trabalhos do ISOP calcaram-se na avaliação de pessoas presumidamente normais, e valorizaram a avaliação da inteligência, do temperamento, dos interesses, das aptidões e de algumas habilidades. A profissiografia se baseou em algumas teorias da psicologia das "diferenças individuais" e em teorias desenvolvidas a partir do empirismo psicométrico. A avaliação das psicopatologias não foi alvo dos perfis, embora alguns dos instrumentos utilizados pelos técnicos do ISOP, como o Zulliger, o Rorschach e o PMK, fossem sensíveis à análise das psicopatologias.

O governo federal criou o Fundo de Garantia do Tempo de Serviço, FGTS, fazendo aprovar a Lei n° 5.107 de 13 de setembro de 1966, e acabou com a instituição da estabilidade (se é que, efetivamente, esta funcionava em nosso país). Esta política de estado tinha como objetivo auxiliar o trabalhador em um cenário dinâmico de mercado de trabalho, ou seja, ela sinalizava às empresas com a possibilidade de demitir e contratar (os americanos têm a expressão *hire-and-fire* para referir-se a este tipo de política). Isto, associado à lógica do estágio probatório e ao aviltamento da norma salarial, em um mercado de trabalho com um grande número de trabalhadores sem qualificação e com baixos salários, contribuiu para o "congelamento" do estado da arte, tanto dos testes psicológicos utilizados em seleção profissional, quanto da construção de perfis e da validação de critérios de seleção. A descrição de cargos tornou-se mais um instrumento para a construção de planos de cargos e salários que um componente da análise de cargos norte-americana.

Nos vinte anos que se sucederam à Psicologia Brasileira, *grosso modo*, vigorou um clima de crítica e desconfiança para com os métodos e técnicas de avaliação psicológica. Um número relativamente pequeno de pesquisas, se comparado a outras áreas da psicologia, e de investimento se fez em profissiografia, seleção profissional e avaliação psicológica.

Alguns levantamentos feitos em meio a organizações mostram que diferentes testes e técnicas de avaliação eram usados, os manuais de testes não eram atualizados, técnicas estranhas à Psicologia (mapa astral, tarô) começaram a figurar ao lado de técnicas já conhecidas, o que contribuiu para uma suspeição sobre a avaliação psicológica em processos seletivos. Muitas organizações jamais adotaram avaliações psicológicas. Em minha dissertação de mestrado apenas cerca de 30% das organizações estudadas utilizavam algum teste de inteligência, e outros instrumentos reconhecidamente psicológicos são ainda menos incidentes como se pode ver no gráfico abaixo.

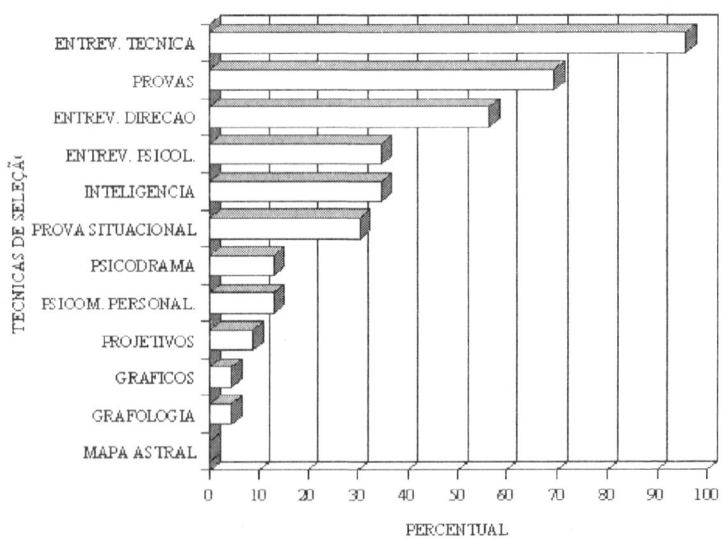

TÉCNICAS DE SELEÇÃO: EMPRESAS JAPONESAS NO BRASIL

Fonte: SAMPAIO, 1994.

Este estudo não pode ser generalizado para a realidade brasileira, obviamente, mas outros estudos como os de Curado *et al.* (1995 e 1996) são convergentes no sentido de mostrar que são amplamente utilizadas a entrevista individual, análise de referências do candidato, provas práticas e escritas (de conhecimentos técnicos), mas os testes psicológicos e dinâmicas de grupo têm sido empregados por uma minoria das empresas (menor que 20% de sua totalidade). Estes dados não refletem apenas o custo relativo do emprego destas técnicas, mas todo um cenário que envolve o seu descrédito, construído intra e extramuros, à comunidade de psicólogos, à falta de investimentos na pesquisa da área, à ausência de legislação que regule o seu emprego, à difusão de uma política de contratação/demissão de alta rotatividade, especialmente nos segmentos em que a mão-de-obra é operacional e desqualificada, e que os custos com a rotatividade de pessoal são baixos e, finalmente, o pequeno número de organizações não familiares de porte médio e grande.

5. Desdobramentos Atuais

A Constituição de 1988 reafirmou a obrigação do estado em:

"IV - promover o bem de todos, sem preconceitos de origem, raça, sexo, cor, idade e quaisquer outras formas de discriminação."

Contudo, é objeto de polêmica jurídica a distinção entre escolha profissional e discriminação e tem sido discutido o emprego de técnicas e critérios psicológicos, seja para fins de seleção, seja como etapa de um concurso público (COELHO, 2004, p. e.). Em boa parte dos editais, consta a avaliação psicológica como uma etapa posterior às provas e exame de títulos, e a profissiografia costuma aparecer como base para que o candidato seja classificado como apto ou inapto, o que tem gerado ações judiciais de desfecho diverso.

Em alguns dos casos que tramitam, observa-se não uma batalha entre a magistratura e a psicologia, mas entre os próprios psicólogos, que, ao redigirem pareceres técnicos, podem chegar a entrar em acordo quanto ao resultado da avaliação do candidato, mas não entram em acordo quanto à relevância do critério de seleção observado pela organização. Na ausência de estudos de validação, aos moldes da experiência norte-americana, é usual que prevaleça um juízo desfavorável à avaliação.

Algumas instituições de estado, como as polícias e corpo de bombeiros, têm baseado seus perfis em uma espécie de "antiperfil", uma vez que seus candidatos não são candidatos para um só cargo, mas têm a possibilidade de ocupar diferentes espaços laborais em sua organização. Eles se preocupam, portanto, em identificar características pessoais que impediriam o exercício da atividade profissional de forma geral, especialmente pelo fato de o profissional poder portar arma de fogo e, independente da função que desempenha, poder ser convocado ao exercício da ação policial ou de bombeiro.

A preocupação da categoria dos psicólogos, que se constituiu na ação do sistema de conselhos de se certificar da qualidade dos instrumentos psicológicos utilizados pela categoria, exigindo estudos, indicadores psicométricos, amostra brasileira, entre muitos outros critérios, tem mobilizado os interessados no emprego e comércio destes instrumentos psicológicos e afetado a decisão de muitos colegas quanto ao emprego, pesquisa e publicação de resultados sobre técnicas de avaliação psicológica.

Essencialmente, não há muito o que discutir quanto à técnica de elaboração de perfis profissiográficos. Eles são listas de características psicológicas ou profissionais, geralmente passíveis de avaliação por diversos métodos, psicológicos ou não, associados a um cargo ou função. O que a literatura revela são diferentes *checklists* de critérios, que são passíveis de indicação ou contra-indicação de candidatos. Apresentá-los, neste trabalho, é inútil. Quem queira vê-los pode consultar Camacho (1984), Carvalho (1999) ou Santos (1980). Eles, em si, não emancipam a escolha das armadilhas do intuicionismo, ainda que este seja limitado (quiçá ampliado...) por uma consulta às chefias e às pessoas que ocupam os cargos na organização.

Mais que discutir qual deve ser o conteúdo ou a técnica de construção de um perfil profissiográfico, não se deve adiar mais uma discussão ampla sobre a validação de critérios de seleção, a serem considerados prognosticadores nos perfis profissiográficos, sobre as teorias em curso e o emprego de outras técnicas como as entrevistas baseadas em eventos comportamentais, as provas situacionais e as dinâmicas de grupo. Considerando os resultados das pesquisas angloamericanas, há que se estudar o emprego de instrumentos e teorias de psicologia cognitiva e de outras áreas emergentes. Considerando também a legislação previdenciária vigente, e o vago conceito de alienação mental posto nas orientações sobre invalidez, cabe uma precisão maior sobre a extensão e as condições nas quais um transtorno psiquiátrico se torna incapacitante para o trabalho, porque não temos qualquer entendimento comum em nossa categoria profissional sobre estes assuntos.

Referências

ALMEIDA, Walnice. *Captação e seleção de talentos: repensando a teoria e a prática*. São Paulo: Atlas, 2004.

ANTHONY, W.; PERREWÉ, P.; KACMAR, K. M. *Human resource management: a strategic approach*. 3rd. ed. Fort Worth: The Dryden Press, 1999.

CAMACHO, Joel. *Psicologia organizacional*. São Paulo: EPU, 1984.

CARVALHO, Antônio; NASCIMENTO, Luiz Paulo. *Administração de recursos humanos*. Volume 1. 2. ed. São Paulo: Pioneira, 1999.

COELHO, Luciano Augusto de Toledo. Testes psicológicos e o Direito: uma aproximação à luz da dignidade da pessoa humana e dos direitos da personalidade. *Psicologia e Sociedade*. Ago 2004, vol. 16, n. 2, pp. 90-100.

CURADO, Isabela *et al*. *A gestão de recursos humanos na grande São Paulo*. São Paulo: Editora SENAC São Paulo, 1995.

_____ . *A gestão de recursos humanos no interior de São Paulo.* São Paulo: Editora SENAC São Paulo, 1996.

FISHER, C.; SCHOENFELDT, L.; SHAW, J. *Human resource management.* 4th ed. Boston: Houghton Mifflin Company, 1999.

JACKSON, Matthew. *Recrutamento, entrevista e seleção.* São Paulo: Mc Graw Hill, 1976.

MIRA Y LÓPEZ, Emilio. *Problemas psicológicos actuales.* 5. ed. Buenos Aires: El Ateneo, 1955.

MONTMOLLIN, Maurice de. A seleção. In: *A psicotécnica na berlinda.* Rio de Janeiro: Agir, 1974, pp. 12-56.

ROBERTSON, Ivan; SMITH, Mike. Personnel selection, *Journal of occupational and **organizational psychology**,* n. 74, pp. 441-472, 2001.

SANTOS, Oswaldo B. *Psicologia aplicada à orientação e seleção profissional.* São Paulo: Pioneira, 1980.

SALGADO, Jesús. The five factor model of personality and job performance in the European Community. *Journal of applied psychology.* V. 82, n. 1, pp. 30-43.

SAMPAIO, Jáder. *Nipobrasileiros: um estudo sobre a gestão de recursos humanos de empresas industriais japonesas situadas no Brasil.* Belo Horizonte, FACE/UFMG, 1994. [Dissertação de Mestrado.]

SILVA, Suely B.; ROSAS, Paulo. *Mira y López e a psicologia aplicada no Brasil.* Rio de Janeiro: FGV, 1997.

SPECTOR, Paul. *Psicologia nas organizações.* São Paulo: Saraiva, 2004.

Capítulo 7
ANÁLISE DE CONGLOMERADOS

José Marcos Carvalho de Mesquita
Kleber Pansanato
Wanderley Ramalho

1. Introdução

O propósito do presente artigo é apresentar e discutir a análise de conglomerados (*cluster analysis*), enfocando seus aspectos principais como objetivos, métodos de aglomeração, medidas de distância, interpretação e validação dos resultados.

A análise de conglomerados tem por objetivo detectar semelhanças e diferenças entre elementos amostrais (ou da população), por meio da divisão dos elementos em grupos, de forma que os elementos pertencentes a um mesmo grupo sejam similares com respeito às características que foram avaliadas e os elementos que estão em grupos diferentes sejam heterogêneos em relação a estas mesmas características.

O método pode ser resumido do seguinte modo: seja $X = (x_1, x_2, ... x_p)$ um conjunto de p variáveis medidas em cada elemento $E_1, E_2, ... E_n$ da amostra (ou da população). Com base no conjunto X, os elementos são agrupados em conglomerados C de modo que:

a) E_i e $E_j \in C$ → E_i e E_j são semelhantes.
b) E_i e $E_j \notin C$ → E_i e E_j são distintos.

O agrupamento dos n elementos em conglomerados deve satisfazer às condições a e b.

Trata-se de uma técnica de análise multivariada que não se baseia em inferência estatística a partir de uma amostra aleatória da população, ao contrário das outras técnicas multivariadas. A maioria dos métodos de aglomeração é heurística e baseada em algoritmos. É também chamada de taxonomia numérica. É considerada uma técnica descritiva, a-teórica e não inferencial. Utilizada basicamente como uma técnica exploratória e para a formação de uma taxonomia (classificação de objetos baseada em dados empíricos), mas pode também ser usada para propósitos confirmatórios. Se uma estrutura proposta pode ser definida para um conjunto de objetos, a análise de conglomerados pode ser aplicada e uma tipologia (classificação baseada em uma teoria) pode ser comparada com a derivada da análise de conglomerados.

Funciona de modo inverso ao da análise fatorial, pois esta produz uma redução no número de variáveis, agrupando-as em fatores, enquanto aquela produz uma redução no número de elementos amostrais (ou da população) agrupando-os em conglomerados.

Assim como em análise discriminante, a análise de conglomerados classifica os elementos (objetos ou casos) em categorias, mas, em análise discriminante, exige-se que se conheça a pertinência do elemento ao grupo para os casos usados para derivar a regra de classificação.

As etapas de uma análise de conglomerados são apresentadas na Fig. 1 e, posteriormente, cada etapa será discutida em detalhes. Ao final será apresentado um caso ilustrativo.

2. Formulação do problema

Nessa etapa deve-se atentar para a escolha dos objetivos da pesquisa e seleção das variáveis. Quanto aos objetivos da pesquisa, esses estarão voltados para a redução de dados, tornando de extrema relevância a seleção das variáveis. Ou seja, se a idéia é aglomerar observações com base em algumas características, deve-se escolher variáveis que, efetivamente, contribuam para que os objetivos da pesquisa sejam alcançados. Sendo assim, a escolha deve se base-

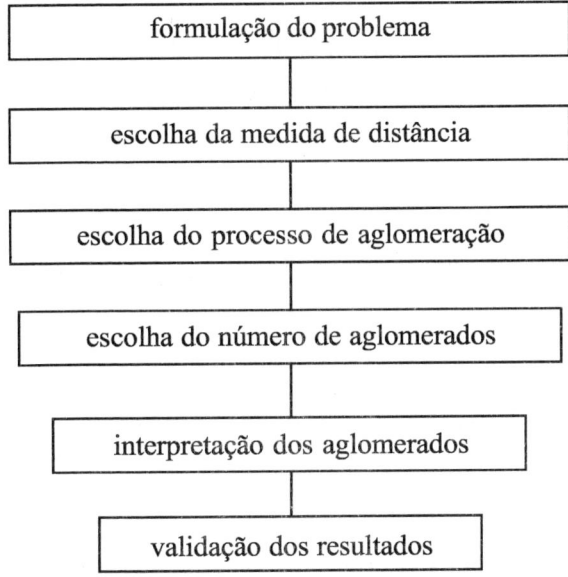

Figura 1. Etapas da pesquisa.

ar em experiências passadas, em modelos teóricos ou, caso seja um estudo exploratório, no conhecimento e intuição do pesquisador.

3. Escolha da medida de similaridade

É um conceito muito importante, pois é a medida de correspondência entre os objetos agrupados, já que um dos objetos principais da técnica de agrupamento é produzir grupos homogêneos de objetos. As principais medidas de similaridade são:

1- Medidas de distância: devem ser utilizadas nos casos em que os dados forem métricos e, normalmente, as variáveis deverão ser padronizadas. A principal limitação é que variáveis com grandes diferenças (de tamanho e de desvios) podem esconder os efeitos de outras variáveis com pequenas diferenças.

Minkowski metric $\qquad D_{ij} = \left(\sum_{k=1}^{p} \left(\left| X_{ik} - X_{jk} \right| \right)^n \right)^{1/n}$

Quando n = 2 → *Euclidean Distance* $\quad D_{ij} = \left(\sum_{k=1}^{p} \left(X_{ik} - X_{jk} \right)^2 \right)^{1/2}$

Quando n = 1 → *City-block* ou
Manhattan Distance $\qquad\qquad D_{ij} = \sum_{k=1}^{p} \left| X_{ik} - X_{jk} \right|$

$$MD_{ik} = \frac{1}{1-r^2} \left[\frac{\left(X_{i1} - X_{k1}\right)^2}{s_1^2} + \frac{\left(X_{i2} - X_{k2}\right)^2}{s_2^2} - \frac{2r\left(X_{i1} - X_{k1}\right)\left(X_{i2} - X_{k2}\right)}{s_1 s_2} \right]$$

Mahalanobis Distance

Trata-se de um caso mais geral de Distância Euclidiana de varáveis padronizadas, levando-se em conta a correlação entre elas.

2- Medidas de correlação: utilizadas para dados métricos, são baseadas no coeficiente de correlação entre os pares de variáveis envolvidos na análise. Raramente são utilizadas devido à sua sensibilidade a grandes diferenças entre as variáveis.

3- Medidas de associação: servem para dados não-métricos (nominal ou ordinal). Têm recebido pouca atenção até hoje na literatura, devido à não disponibilidade na maioria dos *softwares* estatísticos.

Association coeficients *para dados binários:*

I	1	0
II		
1	a	b
0	c	d

$$AC_{I-II} = \frac{a+d}{a+b+c+d}$$

Jackards coeficient é um caso particular que considera a proporção de pares concordantes do tipo (1,1) em relação ao número total de pares concordantes.

O problema com estes tipos de coeficientes é que não satisfazem a algumas das propriedades de uma verdadeira métrica:

Simetria: $D_{ij} = D_{ji} > 0$
Desigualdade triangular: $D_{il} < D_{ij} + D_{lj}$
Distinguibilidade: $D_{ij} = 0 \rightarrow$ i e j são as mesmas observações.
                           $D_{ij}{}^1 0 \rightarrow$ i e j não são as mesmas observações.

4. Escolha do processo de aglomeração

Tendo escolhido a medida de similaridade, a próxima etapa é escolher o método de agrupamento que será usado. Estes métodos são processos (algoritmos) usados para gerar o conglomerados. Existem duas abordagens para se fazer o agrupamento:

1- Hierárquica ou aglomerativa: pode ser feita de duas maneiras: a primeira, iniciando-se com todos os objetos em um *cluster*, com posterior divisão até que se alcance o número de clusters estabelecido. A segunda, principia-se-se com os objetos sozinhos e vai-se agrupando. Em ambos os casos, quando um objeto é agrupado, ele permanece ali até o final.

Ligação Simples: baseia-se na menor distância entre dois objetos para formar o primeiro conglomerado. Em seguida, encontra-se a próxima menor distância e/ou um terceiro objeto é inserido no primeiro conglomerado, ou um segundo conglomerado é formado. O processo continua até que todos os objetos estejam em algum conglomerado. Desvantagem: gera uma longa cadeia de aglomeração e, no final, objetos não similares podem ser agrupados.

Ligação Completa: é similar à ligação simples, diferenciando-se apenas pela utilização da maior distância. Este método elimina o problema identificado na ligação simples.

Ligação Média: a idéia é semelhante às anteriores, só que utilizando a distância média entre os objetos. Para eliminar o problema de valores extremos utiliza-se a informação de todos os objetos do conglomerado.

Método Ward: baseia-se na perda de informação decorrente do agrupamento de objetos em conglomerados, medida pela soma total dos quadrados dos desvios de cada objeto em relação à média do conglomerado no qual ele foi inserido.

Método Centróide: o centróide é o ponto cujas coordenadas são as médias de todas as observações no conglomerado. O método de agrupamento se faz de acordo com as distâncias entre seus centróides, iniciando-se com aqueles de menor distância. A vantagem deste método é que ele é o menos afetado por *outliers*.

2- *Não hierárquica:* nessa técnica, o objeto pode mudar de um *cluster* para outro enquanto o agrupamento se realiza. Isto faz com que o critério de agrupamento melhore, tornando os resultados mais confiáveis. O número de *clusters* é previamente especificado.

Limiar seqüencial: um conglomerado central é escolhido e todos os objetos, dentro de um valor inicial, são agrupados. Em seguida, um novo conglomerado central é escolhido e o processo se repete.

Limiar paralelo: é semelhante ao anterior mas, neste caso, vários conglomerados centrais são escolhidos simultaneamente e os objetos dentro do nível inicial são inseridos no conglomerado mais próximo.

Otimização: este método diferencia-se dos outros dois, de maneira que os objetos possam, posteriormente, ser re-inseridos nos conglomerados, por meio da otimização das medidas de critério, tais como a distância média dentro do conglomerado.

Cada abordagem tem suas vantagens e desvantagens, as quais devem ser ressaltadas. O método hierárquico é relativamente fácil de ler e interpretar, tem estrutura lógica e não exige a definição do número de conglomerados *a priori*. Porém, é instável e pouco confiável, além de sofrer muita influência das primeiras combinações.

Já o método não hierárquico costuma ser mais confiável e possui maior flexibilidade durante o processo, porém a série de conglomerados é um pouco confusa e é preciso definir o número de conglomerados *a priori*.

Sendo assim, uma resposta definitiva para a questão quando usar métodos hierárquicos ou não hierárquicos não pode ser dada por duas razões: em primeiro lugar, varia de acordo com o problema estudado, ou seja, o próprio problema de pesquisa deve sugerir um método ou outro e, em segundo, o conhecimento adquirido com aplicações para um contexto particular pode sugerir um método em relação a outro, mais adequado para o contexto em questão.

Conseqüentemente, é interessante usar as duas abordagens de forma combinada, utilizando os pontos positivos de ambas para melhorar os resultados.

5. Número de conglomerados na solução final

Sempre se defronta com o *trade-off* entre número de conglomerados X homogeneidade nos conglomerados. Quanto menor for o número de conglomerados, menor será a homogeneidade de cada aglomerado. Entretanto, não existe um procedimento padrão (inferências, testes estatísticos ou métodos multivariados auxiliares) para resolver o problema. Há apenas diretrizes. Pode-se basear em considerações teóricas, conceituais ou práticas.

Alguns pesquisadores desenvolvem vários critérios para suas pesquisas. O problema é que são soluções *ad hoc*. Um procedimento simples muito utilizado é verificar as medidas de similaridade e de distância entre os conglomerados nos passos de aglomeração. Um aumento repentino pode implicar na formação de conglomerados heterogêneos.

Para avaliar a solução a cada passo dado e determinar o número de conglomerados, pode-se usar as seguintes estatísticas (Sharma, p. 198):

Root-mean-square standard deviation (RMSSTD) do novo conglomerado – RMSSTD é o desvio padrão combinado (pooled standard deviation) de todas as variáveis formando o conglomerado. O RMSSTD de um conglomerado deve ser tão pequeno quanto possível. Entretanto, não há uma regra fixa para dizer o que é "pequeno".

R-squared $\qquad RS = \dfrac{SS_b}{SS_t}$

Lembrando que $SS_t = SS_b + SS_w$, o RS mede a extensão segundo a qual os conglomerados são diferentes um do outro, ou quanto os grupos são homogêneos. Varia de 0 a 1, com 0 indicando nenhuma diferença entre os conglomerados e 1 indicando diferença máxima entre eles.

Semipartial R-squared (SPR) – a diferença entre a pooled SS_w do novo conglomerado e a soma das pooled SS_w dos conglomerados agrupados para obter o novo conglomerado é chamada "perda da homogeneidade". Se PH = 0, indica que o novo conglomerado foi obtido juntando-se dois conglomerados perfeitamente homogêneos. Se PH for grande, significa que o novo conglomerado foi obtido juntando-se dois conglomerados heterogêneos. Para uma boa solução, SPR deve ser baixo.

Distance between clusters (DBC) – deve ser pequena para assegurar que estão sendo aglomerados grupos semelhantes.

Tabela síntese de estatísticas para avaliar a solução

Estatística	Conceito da medida	Desejável
RMSSTD	Homogeneidade do novo conglomerado	Valor baixo
SPR	Homogeneidade dos conglomerados unidos	Valor baixo
RS	Heterogeneidade dos conglomerados	Valor alto
DBC	Homogeneidade dos conglomerados unidos	Valor baixo

Fonte: SHARMA (1998)

Cabe destacar que as distribuições de todas estas estatísticas não são conhecidas, ou seja, elas são basicamente heurísticas.

6. Interpretação dos conglomerados

Deve-se ressaltar que um estudo completo de conglomerados necessita envolver ainda uma "definição do perfil e interpretação dos conglomerados". Procura-se entender o que os conglomerados representam e, neste caso, pode-se tentar, inclusive, nomeá-los. Isto vai requerer conhecimento da área.

Para tanto, após a identificação dos integrantes de cada conglomerado, pode-se calcular as médias de cada variável para cada aglomerado e, com base nessas médias, é possível avaliar as características do aglomerado.

7. Validação dos resultados

É importante verificar a confiabilidade e validade da solução. A confiabilidade pode ser verificada pelo processo de cross validation separando os dados em duas metades. A validade externa pode ser obtida comparando os resultados da análise de conglomerados com um critério externo obtido de um *expert* na área.

A primeira análise a fazer é separar o conjunto de dados em duas sub-amostras e gerar os conglomerados, verificando a correspondência de resultados. Problemas relativos a essa abordagem referem-se ao tempo necessário e elevação de custos da pesquisa.

Para estabelecer critérios de validação, deve-se gerar o perfil dos conglomerados usando uma variável de perfil conhecido pelo pesquisador e verificar o sentido prático dos resultados.

8. Exemplo

Etapa 1 – formulação do problema

A título de ilustração, imagine-se uma situação na qual uma instituição financeira seleciona 22 empresas varejistas, procurando determinar o perfil de vários clientes potenciais, com base em indicadores financeiros. Para tanto, deve-se aglomerar as empresas de acordo com suas necessidades financeiras. Os índices financeiros escolhidos são: índices de liquidez corrente e índice de rentabilidade para selecionar possíveis investidores; índice de endividamento, para identificar tomadores de empréstimos de longo prazo; e índice giro do ativo total, para selecionar empresas com necessidade de capital circulante líquido. A seguir, são apresentados os comandos (sintaxe) do SPSS – Statistical Package for Social Science –, assim como os resultados para cada um dos métodos.

Etapas 2 e 3 – escolha da medida de distância e do processo de aglomeração

Optou-se por realizar dois processos de aglomeração, um hierárquico (método de Ward) e outro não hierárquico (método otimizador). A medida de distância escolhida foi a distância euclidiana ao quadrado. As variáveis foram padronizadas.

```
CLUSTER    endiv liq rentab gat
    /METHOD WARD
    /MEASURE= SEUCLID
    /PRINT SCHEDULE CLUSTER(2)
    /PLOT VICICLE(1,2,1)
    /SAVE CLUSTER(2) .

QUICK CLUSTER
    endiv liq rentab gat
    /MISSING=LISTWISE
    /CRITERIA= CLUSTER(2) MXITER(10) CONVERGE(0)
    /METHOD=KMEANS(NOUPDATE)
    /SAVE CLUSTER DISTANCE
    /PRINT INITIAL ANOVA CLUSTER DISTAN.
```

Os resultados serão apresentados para cada um dos métodos, separadamente.

Método de Ward
Etapa 4 – escolha do número de aglomerados
A tabela a seguir mostra o esquema de aglomeração. Nas colunas *stage cluster first appears* observa-se a etapa em que os aglomerados são formados. Enquanto estiver aparecendo zero, duas observações estarão sendo juntadas.

A coluna *next stage* indica a próxima etapa em que uma observação vai se juntar a um aglomerado. P. ex.: na etapa 2, foram agrupadas as observações 9 e 11 e, na etapa 6, a observação 7 será agrupada a elas; o número 2 na coluna *cluster* 2 indica que a observação 9 foi agrupada na etapa 2. A coluna coeficientes mostra a distância entre os aglomerados. Quando houver uma

Agglomeration Schedule

Stage	Cluster Combined		Coefficients	Stage Cluster First Appears		Next Stage
	Cluster 1	Cluster 2		Cluster 1	Cluster 2	
1	1	18	,152	0	0	11
2	9	11	**,324**	0	0	**6**
3	2	12	,507	0	0	10
4	5	20	,696	0	0	7
5	3	13	,919	0	0	9
6	7	**9**	1,218	4	**2**	9
7	5	10	1,558	0	0	18
8	14	21	2,105	5	0	14
9	3	7	2,799	3	6	11
10	2	15	3,821	1	0	16
11	1	3	5,184	0	9	16
12	6	22	6,829	0	0	17
13	8	19	8,947	8	0	18
14	14	17	11,414	0	0	20
15	4	16	14,296	11	10	17
16	1	2	18,772	15	12	20
17	4	6	23,519	7	13	19
18	5	8	29,659	17	18	19
19	4	5	41,944	16	14	21
20	1	14	**58,966**	20	19	21
21	1	4	**84,000**			0

mudança brusca, é sinal de que aglomerados com observações heterogêneas estão sendo formados. No exemplo, há uma mudança de 58,966 com dois aglomerados para 84,00 com um aglomerado, sugerindo que deve-se parar em dois aglomerados. O diagrama a seguir, chamado dendrograma, mostra como os aglomerados vão sendo formados. Quanto maior for a distância horizontal, maiores as diferenças entre as observações. Pode-se observar que a distância horizontal cresce demasiadamente quando se passa de dois para um aglomerado.

Dendrogram using Ward Method

```
Rescaled Distance Cluster Combine

      C A S E   0         5        10        15        20        25
      Label  Num  +---------+---------+---------+---------+---------+

              1   ⬇×⬇⤸
             18   ⬇↩ ◻⬇⬇⬇⬇⬇⤸
              3   ⬇⤸ ⬌        ⬌
             13   ⬇⬯⬇↩        ⬌
              9   ⬇◻        ◻⬇⬇⬇⬇⬇⬇⬇⬇⬇⬇⬇⬇⬇⬇⬇⬇⬇⬇⬇⬇⬇⤸
             11   ⬇◻        ⬌                          ⬌
              7   ⬇↩        ⬌                          ⬌
              2   ⬇⤸        ⬌        ◻⬇⬇⬇⬇⬇⬇⬇⬇⬇⬇⬇⬇⬇⬇⤸
             12   ⬇⬯⬇⬇⬇⬇⬇⬇⬇↩        ⬌              ⬌
             15   ⬇↩              ⬌              ⬌
             14   ⬇×⬇⬇⬇⤸              ⬌              ⬌
             21   ⬇↩    ◻⬇⬇⬇⬇⬇⬇⬇⬇⬇⬇⬇⬇⬇⬇⬇⬇⬇⬇⬇⬇⬇⬇⬇↩
      ⬌
             17   ⬇⬇⬇⬇⬇↩                          ⬌
              6   ⬇⬇⬇×⬇⬇⬇⬇⬇⤸                      ⬌
             22   ⬇⬇⬇↩    ◻⬇⬇⬇⬇⬇⬇⬇⬇⬇⬇⬇⬇⬇⬇⤸              ⬌
              4   ⬇⬇⬇⬇⬇×⬇⬇⬇↩        ⬌              ⬌
             16   ⬇⬇⬇⬇⬇↩        ◻⬇⬇⬇⬇⬇⬇⬇⬇⬇⬇⬇⬇⬇⬇⬇⬇⬇⬇⬇⬇⬇⬇⬇↩
              5   ⬇⤸        ⬌
             20   ⬇⬯⬇⬇⬇⬇⬇⬇⬇⬇⬇⬇⬇⤸        ⬌
             10   ⬇↩        ◻⬇⬇⬇⬇⬇⬇⬇⬇⬇⬇⬇↩
              8   ⬇⬇⬇×⬇⬇⬇⬇⬇⬇⬇⬇⬇↩
             19   ⬇⬇⬇↩
```

Para esse propósito também serve o diagrama em sincelos (*icicle*), que deve ser lido de baixo para cima (quando formatado verticalmente) ou da direita para esquerda (quando formatado horizontalmente), como o apresentado a seguir. As colunas indicam, quando não houver espaço em branco entre elas, que duas observações foram agrupadas. No exemplo, na primeira etapa foram agrupadas as observações 1 e 18, na segunda, 9 e 11, e assim por diante.

Horizontal Icicle

Case	Number of clusters
	1 2 3 4 5 6 7 8 9 10 11 12 13 14 15 16 17 18 19 20 21
19	
8	
10	
20	
5	
22	
6	
16	
4	
17	
21	
14	
15	
12	
2	
11	
9	
7	
13	
3	
18	
1	

Etapa 5 – interpretação dos resultados
Foram selecionados dois aglomerados, e os componentes de cada um são mostrados na tabela seguinte, assim como as médias de cada variável em cada aglomerado.
As empresas pertencentes ao grupo 1 (1, 2, 3, 7, 9, 11, 12, 13, 14, 15, 17, 18 e 21) apresentam alto índice de liquidez e baixa rentabilidade, portanto, são possíveis investidores, porque dispõem de recursos ociosos, os quais, se aplicados, poderiam melhorar seus índices de rentabilidade. As empresas do grupo dois (4, 5, 6, 8, 10, 16, 19, 20 e 22) possuem elevado endividamento e elevado giro do ativo e talvez necessitam de empréstimos de curto e longo prazos.

Cluster Membership

Case	2 Clusters
1	1
2	1
3	1
4	2
5	2
6	2
7	1
8	2
9	1
10	2
11	1
12	1
13	1
14	1
15	1
16	2
17	1
18	1
19	2
20	2
21	1
22	2

Report
Mean

Ward Method	ENDIV	LIQ	RENTAB	GAT
1	-,4855	,2834	-,4070	-,5532
2	,7013	-,4094	,5879	,7991
Total	,0000	,0000	,0000	,0000

Método otimizador
Etapa 4 – escolha do número de aglomerados
Nesse caso, o número de aglomerados deve ser definido *a priori*, sendo dois, com base no resultado da aglomeração hierárquica.

Etapa 5 – interpretação dos resultados
As médias para cada grupo e a distância entre eles estão nas tabelas a seguir.

Final Cluster Centers

	Cluster	
	1	2
ENDIV	,87	-,50
LIQ	-,51	,29
RENTAB	,46	-,26
GAT	,94	-,54

Cluster Membership		
Case Number	Cluster	Distance
1	2	,942
2	2	1,502
3	2	,688
4	1	1,965
5	1	,946
6	1	1,612
7	2	,921
8	1	2,044
9	2	,763
10	1	1,347
11	2	,378
12	2	1,845
13	2	,700
14	2	2,102
15	2	1,679
16	1	2,502
17	2	2,651
18	2	1,158
19	1	1,892
20	1	1,303
21	2	2,054
22	2	1,929

Os resultados são muito semelhantes, em termos de separação de observações, porém com a mudança de grupo, ou seja, aquelas que ficaram no grupo 1 no método hierárquico, agora estão no grupo 2 e vice-versa, com exceção da observação 22. As empresas pertencentes ao grupo 2 (1, 2, 3, 7, 9, 11, 12, 13, 14, 15, 17, 18, 21 e 22) apresentam índice de liquidez mais alto e baixa rentabilidade e, portanto, são possíveis investidores. As empresas do grupo 1 possuem elevado endividamento e elevado giro do ativo e, destarte, necessitam de empréstimos de curto e longo prazos (4, 5, 6, 8, 10, 16, 19 e 20).

A tabela de ANOVA, mostrada a seguir, indica quais variáveis apresentam médias significativamente diferentes. No caso, somente a variável rentabilidade não mostrou diferença estatisticamente significativa.

ANOVA

	Cluster Mean Square	df	Error Mean Square	df	F	Sig.
ENDIV	9,606	1	,570	20	16,861	,001
LIQ	3,231	1	,888	20	3,637	,071
RENTAB	2,612	1	,919	20	2,841	,107
GAT	11,041	1	,498	20	22,175	,000

The F tests should be used only for descriptive purposes because the clusters have been chosen to maximize the differences among cases in different clusters. The observed significance levels are not corrected for this and thus cannot be interpreted as tests of the hypothesis that the cluster means are equal.

Etapa 6 – validação dos resultados

Os resultados dos dois testes apresentaram o mesmo esquema de classificação das observações e, como o tamanho da amostra é pequeno, não se justifica a divisão para fins de validação. Além disso, os resultados mostraram elevada significância prática.

Referências

HAIR, J. et al. *Multivariate Data Analysis*. New Jersey: Prentice Hall, 1998.

MALHOTRA, N. K. *Pesquisa de marketing*. Porto Alegre: Bookman, 2001.

SHARMA, S. *Applied Multivariate Techniques*. New York: John Wiley & Sons, 1996.

PARTE III

PESQUISAS EM ADMINISTRAÇÃO

Capítulo 8
EMPREENDEDORISMO NAS INCUBADORAS: PERSPECTIVAS E DESAFIOS

Adelaide Maria Coelho Baêta
Candido Vieira Borges
Flávia Maria Coelho Baeta

Resumo

O empreendedorismo tem sido um tema recorrente nas análises de incubadoras de empresas. O crescimento das incubadoras no Brasil tem se mantido constante desde o final dos anos 1990, mostrando-se um fenômeno relevante para o desenvolvimento econômico, principalmente no que diz respeito à criação de emprego e renda. Com o objetivo de avaliar o papel das incubadoras na formação empreendedora, tendo em vista a análise feita por McDougall et alli (2003) sobre o empreendedorismo internacional, este trabalho busca compreender as perspectivas das empresas emergentes para sustentar-se no mercado global.O trabalho está estruturado em quatro seções. A primeira seção apresenta a temática do empreendedorismo e a metodologia adotada para esta análise; a segunda apresenta o referencial teórico, destacando os conceitos de empreendedorismo internacional; a terceira parte descreve o papel das incubadoras a partir de uma análise documental sobre o tema; a quarta parte aponta perspectivas para a formação empreendedora nas incubadoras de empresas brasileiras.

1. Introdução

Dentre as experiências que contribuem para uma nova paisagem no mundo das organizações estão as incubadoras de empresas. A idéia de Incubadora vem se difundindo e ganhando força nas últimas décadas, intensificando-se nos anos 1990.

Vários estudos têm demonstrado a relevância de incubadoras para a sustentabilidade do desenvolvimento econômico. Castells (2000) chama a atenção para o papel que as incubadoras e os parques tecnológicos desempenharam nos anos 1990 para a criação de empresas, emprego e geração de renda em diversas partes do mundo. No Brasil, nos anos recentes não são poucos os trabalhos reafirmando a importância das incubadoras na promoção de desenvolvimento local, a partir do incentivo a *spin-offs*[1] de laboratórios acadêmicos e outras iniciativas. As incubadoras de empresas estimulam empreendedores a ousarem iniciar seus negócios através de processos de incubação.

O empreendedorismo tem sido um tema recorrente em análises de incubadoras de empresas. Constitui-se numa área de estudos recentes da administração contemporânea, que toma força notadamente quando se acentua a preocupação com o fenômeno de criação de empresas. Esse campo de estudos busca compreender o empreendedorismo como fenômeno social que tem se expandido consideravelmente e tem despertado o interesse de diversas áreas das ciências humanas e gerenciais (Filion, 1990; Dolabela, 1999).

Filion (1999) assinala que a próxima Era será a do empreendedorismo, isto porque, segundo este autor, a velocidade da mudança tecnológica está diretamente relacionada com as habilidades dos indivíduos em gerenciar de forma empreendedora, isto é, de modo criativo e ágil. Empreendedores criativos freqüentemente começam um empreendimento a partir de uma idéia simples e pouco definida que eles transformam em algo concreto, pois possuem altos níveis de energia, imaginação e perseverança, aspectos que, combinados com a disposição de correr riscos calculados, os capacitam a estar sempre inovando e criando algo.

Na literatura sobre incubadoras de empresas, estas tem sido objeto de pesquisa de estudiosos que as identificam como um novo modelo de organização e gestão para a criação de empresas

---

1. *Spin offs* – empreendimentos emergentes de outras empresas ou de laboratórios de pesquisa.

inovadoras (BOLTON, 1996), (TOMATZKY, 1996), (AUTIO, 1998), (BAÊTA, 1999), (HANNON & CHAPLIN, 2001), (ALBERT et al., 2002), (HANNON, 2003).

Hannon (2003) considera que o crescimento do número de incubadoras de empresa em todo o mundo, na última década delineou um novo contorno na paisagem empresarial, que se manifesta no crescimento do número de empresas emergentes (*new ventures*) que competem no mercado internacional.

Para este trabalho nos baseamos nos estudos de McDougall et alii (2003) e Johnson, (2004) sobre o empreendedorismo internacional e também em pesquisa documental sobre o desempenho das incubadoras brasileiras de base tecnológica.

2. Empreendedorismo

A partir dos estudos de Richard Cantillon (1680-1734) e Jean-Baptiste Say (1767-1832) que começaram a propagar a importância do empreendedorismo, passando por Schumpeter (1883-1950) e sua visão sobre a importância da inovação, o termo empreendedorismo ganhou diferentes conotações e é utilizado tanto nas esferas econômicas como sociais. Neste sentido, é importante precisar aqui nossa compreensão de empreendedorismo.

Para Shane e Venkataraman (2000) o empreendedorismo está diretamente ligado à identificação e à exploração de oportunidades econômicas: *"the field involves the study of sources of opportunities; the processes of discovery, evaluation, and exploitation of opportunities; and the set of individuals who discover, evaluate, and exploit them"*[2]. A posição de Shane e Venkataraman ganhou espaço no meio acadêmico. Mais recente-

2. "o campo abrange o estudo das fontes de oportunidades; os processos de descoberta, avaliação e exploração de oportunidades; e o tipo dos indivíduos que as descobrem, avaliam e exploram" (Nota do Editor).

mente, um artigo que conta com a colaboração de nove autores reconhecidos neste campo de estudos (entre eles Brush, Gartner, Katz, Meyer e Venkataraman) tentou reunir os diferentes pontos de vista ao indicar que a principal característica do empreendedorismo é o foco na criação:

> *A fundamental characteristic of the field of entrepreneurship and of its research is a focus on creation (of new ventures and organizations, new combinations of goods and services, etc.). Such creation might occur at multiple levels of analysis (individuals and teams, new ventures and organizations, etc.) and in a wide variety of contexts (new ventures and organizations, existing corporations, family businesses, franchises, etc.)[3].*

(BRUSH, DUHAIME et al., 2003, p. 310 et p. 311).

Conforme o entendimento de Morris (1998) o empreendedorismo trata de sete diferentes tipos de criação não excludentes entre si: criação de riqueza, criação de empresas, criação de inovação, criação de mudança, criação de empregos, criação de valor e criação de crescimento. Podemos ver que o conceito de Schumpeter (1934), que liga o empreendedorismo diretamente a inovação, está presente na visão de Brush, Duhaime et al (2003) e de Morris (1998), mas que o empreendedorismo não é limitado, segundo eles, à inovação. Como já foi demonstrado entre outros por Bhide (2000) existem casos de criação de novos negócios que não são inovadores e que, nem por isso, deixam de ser atos de empreendedorismo.

Neste artigo, focalizamos a criação de novas empresas de base tecnológica que tenham a ambição internacional. Nos interessamos em saber quais as perspectivas desse tipo de empresas, para o que trataremos de alguns aspectos relacionados ao empreendedorismo tecnológico e ao empreendedorismo internacional.

---

3. Uma característica fundamental na área do empreendedorismo e sua pesquisa é o foco na criação (novos empreendimentos e organizações, novas combinações de bens e serviços). Tal criação pode ocorrer em múltiplos níveis de análise (indivíduos e equipes, novos empreendimentos e organizações, etc.) e em ampla variedade de contextos (novos empreendimentos e organizações, corporações existentes, franquias, etc.) (N. do E.).

3. Empreendedorismo tecnológico

O empreendedorismo tecnológico tem algumas particularidades, quando comparado ao empreendedorismo tradicional que tornam seu processo de criação mais difícil (BORGES, BERNASCONI e FILION, 2003). As empresas de base tecnológica fazem, em geral, parte de uma nova indústria e propõem ao mercado algum tipo de inovação e, por isso, sofrem o que Stinchombe (1965) caracterizou de "*liability of newness*". Ou seja, ainda não existe no mercado uma base de conhecimento sólida para o tipo de produto ou ação que a nova empresa está propondo. Em conseqüência, o processo de criação e de legitimização da nova empresa torna se mais difícil. Mais do que criar uma empresa, muitas vezes os empreendedores tecnológicos precisam criar um mercado.

Uma série de barreiras estruturais e fatores limitantes constrangem a ação das empresas no estágio industrial emergente: ausência de infra-estrutura, de instalações, de canais adequados de distribuição e suprimento, de serviços complementares necessários, qualidade irregular dos produtos, dificuldades de obtenção de matérias primas e componentes, ausência de padronização, escala e externalidades de produção, além de um estado de "confusão" (ou as vezes desconfiança) por parte de clientes e consumidores. Em outra dimensão, há incertezas quanto a imagem e credibilidade das empresas iniciantes junto à comunidade financeira , além de atrasos e transtornos na obtenção de aprovação a regulamentações que implicam certo tempo para se estabelecerem. (PORTER, 1986).

São características comuns à indústria emergente processos de tentativa e erro e comportamentos pouco convencionais, já que predominam a "incerteza tecnológica" e a "incerteza estratégica". Usuários e consumidores também desconhecem os produtos/serviços, devendo, neste estágio, serem informados sobre os mesmos, até que possam ser capazes de compreender e responder de modo mais adequado a suas necessidades e experiência de consumo.

O Empreendedorismo tecnológico caracteriza-se ainda por um empreendedor mais bem qualificado (em termos de formação, mas não necessariamente de experiência profissional), pela presença de equipes empreendedoras e pela necessidade maior de recursos para bancar o desenvolvimento e constante atualização tecnológica de produtos e serviços (BORGES, BERNASCONI e FILION, 2003).

4. Empresas emergentes e empreendedorismo internacional

Estudos sobre internacionalização de pequenas e médias empresas enfatizam que a opção de internacionalizar dá-se normalmente em uma etapa posterior ao processo de criação, ou seja, a empresa não nasce com a ambição de exportar. Entretanto, Oviatt e McDougall (1995) defendem um ponto de vista diferente. Para estes autores, algumas empresas já nascem com a ambição de serem globais. A oportunidade de negócio visualizada transborda as fronteiras do país, sede da empresa. Muitas vezes, para viabilizar esse negócio a empresa tem que necessariamente, desde muito cedo, estabelecer contatos com clientes, fornecedores e parceiros no exterior. É destes tipos de empresas que falamos aqui: empresas criadas com o objetivo de serem internacionais.

Segundo Oviatt e McDougall (1995), estes tipos de empresas apresentam alguns fatores de sucesso: 1) visão global desde o inicio do projeto; 2) equipe de direção com experiência no mercado internacional; 3) rede de relações de negócios internacionais, 4) escolha de mercados ou tecnologias proeminentes; 5) controle sobre algum recurso intangível único; 6) estreita ligação entre produtos e serviços; e 7) coordenação global.

Mais tarde, McDougall, Oviatt et Shrader (2003), a fim de realizarem um estudo comparativo entre novas empresas internacionais e as domésticas, propuseram, a partir de uma extensa revisão da literatura e de outras pesquisas realizadas pelos próprios autores, 14 hipóteses de pesquisa. Essas 14 hipóteses (ver quadro 1) sintetizam as principais características do empreendedorismo internacional.

É importante ressaltar que nem todos os pontos são exclusivos do empreendedorismo internacional; alguns podem ser encontrados em quase todos os tipos de empreendedorismo, porém, no caso das empresas emergentes de base tecnológica gestadas em incubadoras, tais pontos são de grande relevância como será enfatizado na análise da pesquisa. Tratam-se de critérios que, de acordo com o trabalho daqueles autores poderão contribuir para a formação empreendedora que tem como objetivo atuar no mercado global e competir na fronteira tecnológica.

Quadro 1
Características do empreendedorismo internacionalHipóteses levantadas por McDougall, Oviatt et Shrader (2003)

1. O empreendedorismo internacional distingue-se pela experiência de equipe, estratégia e estrutura organizacional.
2. A equipe tem alto nível de experiência internacional.
3. A equipe tem alto nível de conhecimento do ramo industrial em que atua.
4. A equipe tem alto nível de experiência de mercado
5. A equipe tem experiência técnica anterior.
6. A equipe tem experiência anterior de *start-up*.
7. A equipe demonstra uso intensivo de estratégias agressivas.
8. O empreendedorismo internacional não enfatiza baixo custo.
9. O empreendedorismo internacional enfatiza a inovação como forma de diferenciação no mercado.
10. O empreendedorismo internacional enfatiza a qualidade do produto.
11. O empreendedorismo internacional enfatiza o serviço.
12. O empreendedorismo internacional enfatiza o mercado.
13. O empreendedorismo internacional opera em parceria com empresas globais
14. O empreendedorismo internacional opera em industrias que têm alto grau de mudança tecnológica.

Fonte: Relatório de pesquisa. 2004.

Para analisar a internacionalização de empresas emergentes no Reino Unido e nos Estados Unidos, Johnson (2004) elaborou um quadro de análise que contém fatores externos, internos e facilitadores (veja figura 1). Podemos notar que algumas das proposições deste autor, em especial em relação aos "fatores internos" são semelhantes às propostas de Oviatt e McDougall (1995) e de McDougall, Oviatt et Shrader (2003).

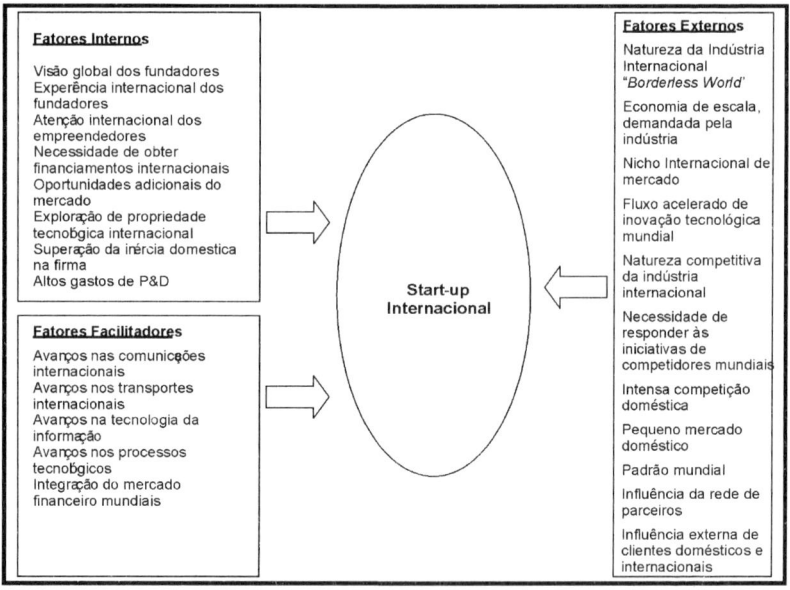

Fig. 1 – Fatores que influenciam o início da internacionalização das empresas emergentes internacionais (Fonte: Johnson 2004).

A fim de comparar as condições disponibilizadas pelas incubadoras às empresas incubadas para criar uma empresa internacional, utilizamos um quadro (Ver quadro 2) que elaboramos a partir dos trabalhos de McDougall, Oviatt et Shrader (2003) e de Johnson (2004). Identificamos aspectos que precisam ser considerados nas estruturas e serviços das incubadoras brasileiras. Vale ressaltar que nos restringimos aqui às atividades das incubadoras tecnológicas ou de base tecnológica. Não tratamos de possíveis ações governamentais que aumentariam o número de empresas internacionais.

5. As incubadoras tecnológicas

Dentre os mecanismos de apoio à criação de pequenas e médias empresas, destaca-se a atuação de incubadoras, que, além de incentivar o desenvolvimento de negócios deste porte, buscam capacitar os empreendedores na gestão do empreendimento. Acredita-se que a empresa instalada em uma incubadora tende a apresentar maiores chances de sobrevivência, quando inserida no mercado, em comparação com aquelas que não tiveram a mesma oportunidade. Para Fonseca e Kruglianskas (2000, p.3-4):

a idéia de incubadoras esteve associada ao propósito de estimular o surgimento de negócios resultantes de projetos tecnológicos desenvolvidos no interior dos centros de pesquisa universitários ou não. O conceito criado foi o de incubadoras tecnológicas, voltadas para apoiar o nascimento e o fortalecimento das chamadas empresas de base tecnológica.

Segundo a Associação Nacional de Entidades Promotoras de Investimentos de Tecnologias Avançadas – ANPROTEC:

uma incubadora de empresas é um ambiente flexível e encorajador onde é oferecida uma série de facilidades para o surgimento e crescimento de novos empreendimentos. Além da assessoria na gestão técnica e empresarial da empresa, a incubadora oferece a infra-estrutura e serviços compartilhados necessários ao desenvolvimento do novo negócio, como espaço físico, salas de reunião, telefone, fax, acesso à Internet, suporte em informática, entre outros. Desta forma, as incubadoras de empresas geridas por órgãos governamentais, universidades, associações empresariais e fundações, são canalizadoras do processo de desenvolvimento e consolidação de empreendimentos inovadores no mercado competitivo.

Incubadora é a denominação utilizada para definir o espaço institucional de apoio à transformação de empresas potenciais em empresas crescentes e lucrativas (LALKAKA, 2003). As incubadoras promovem oportunidades para o desenvolvimento tecnológico do processo produtivo e oferecem aos novos empreendedores, além de espaço físico e os serviços de escritório, o apoio administrativo, aconselhamento e consultoria gerencial e de marketing. (BAÊTA,1999; VON ZEDTWITZ, 2003)

Já as incubadoras tecnológicas podem ser definidas da seguinte forma:

> Incubadoras tecnológicas são organizações que abrigam empreendimentos nascentes, geralmente oriundos de pesquisa científica, cujo projeto implica inovações. Tais organizações oferecem espaço e serviços subsidiados que favorecem o empresariamento e o desenvolvimento de produtos ou processos de alto conteúdo científico e tecnológico. (BAÊTA, 1999, p. 30)

As incubadoras brasileiras apresentam algumas características como: maior foco no incentivo ao empreendedorismo e ao desenvolvimento econômico regional; vínculo crescente com o mercado formal; capacidade de abrigar, em média, treze empresas, sendo que a menor abriga quatro e a maior 119; a infra-estrutura e os serviços ofertados aos incubados absorvem amplo espectro de recursos; trabalham com quadro de pessoal reduzido; o grau de instrução das pessoas é alto, abrigando 89% de pessoal com nível superior e 32% com pós-graduação; e tem a maior parte de seu custo coberto por entidades gestoras, instituições parceiras e pelas próprias empresas incubadas (BARQUETTE, 2000).

A ANPROTEC relaciona a criação de incubadoras ao "estímulo à cooperação entre universidades e a sociedade, com a otimização do potencial regional no desenvolvimento econômico, social, tecnológico e, principalmente, com o incentivo ao empreendedorismo " (GUEDES; FILÁRTIGA e MEDEIROS, 1999, P. 9).

Salomão (1999) afirma que as incubadoras, quando bem estruturadas, apresentam importantes resultados: adequação à questão urbana; adoção de novas tecnologias; aumento de produtividade com ênfase na qualidade para maior competitividade; minimização dos custos pela ação compartilhada entre empresas, estímulo ao associativismo e ao empreendedorismo; sintonização da empresa com a chamada sociedade do conhecimento e inserção das empresas no processo de globalização da economia.

Para o Ministério de Ciência e Tecnologia (2000), são considerados necessários, para implantação de Incubadoras de Empresas, serviços que viabilizem a formação, capacitação e treinamento de empresário-empreendedores nos principais aspectos gerenciais, tais como gestão empresarial, gestão da inovação tecnológica, comercialização de produtos e serviços no mercado doméstico e externo, contabilidade, marketing, assistência jurídica, captação de recursos, contratos com financiadores, gestão da inovação tecnológica, engenharia de produção e propriedade intelectual.

A FORMAÇÃO PARA O EMPREENDEDORISMO INTERNACIONAL NAS INCUBADORAS TECNOLÓGICAS

Tendo em vista os trabalhos de Oviatt & McDougall (1995), McDougall, Oviatt & Shrader (2003) e de Johnson (2004), elaboramos um quadro de análise para comparar as principais condições disponibilizadas pelas incubadoras às empresas incubadas na criação de empresas. O propósito é avaliar as condições necessárias à criação de uma empresa internacional.

Convém observar que nos restringimos, nesta análise, às atividades das incubadoras que constam dos estudos brasileiros sobre o tema (entre eles, MORAIS, 1997 e 2001; LEMOS e MACULAN, 1998; BERMUDEZ, 2000; BIGNETTI,1999; SOUZA, 2003; BEUREN e RAUPP, 2003 BAÊTA,1999 e 2003 e as pesquisas realizadas em andamento pelos autores). O resultado é apresentado no Quadro 2.

Quadro 2

Fatores de sucesso para o empreendedorismo internacional das empresas emergentes proporcionadas pelas incubadoras tecnológicas.

1. Visão global desde o inicio do projeto	***
2. Equipe de direção com experiência no mercado internacional	**
3. Rede de relação de negócios internacionais	**
4. Escolha de mercados ou tecnologias proeminentes	**
5. Controle sobre algum recurso intangível único	**
6. Estreita ligação entre produtos e serviços	***
7. Acesso a financiamento de risco	*

*** Característica presente
** Característica poucas vezes presente
* Característica ausente

A análise da freqüência das características para a implantação do empreendedorismo internacional nas incubadoras brasileiras, observadas no quadro 2, aponta para um grande desafio. As incubadoras não apresentam orientação para o mercado internacional de acordo com as características analisadas.

Um dos aspectos ausentes nas análises das incubadoras é a experiência internacional dos empreendedores. Não é exigido dos empreendedores, na seleção dos candidatos à incubadora, qualquer requisito nesse sentido. Não se constatou também a existência de estágio no exterior ou qualquer tipo de formação específica com o objetivo de desenvolver o empreendedorismo internacional.

A rede de relacionamento com o negócios internacionais ainda é bastante tímida nas incubadoras brasileiras. Apesar de se constatar que as incubadoras promovem a participação de empreendedores incubados em feiras, exposições e missões internacionais, as relações de parcerias entre as incubadas e outras empresas internacionais raramente acontece.

Apesar da constatação de que o registro de patentes tem sido facilitado pelas incubadoras, nem sempre tal registro é efetivado. Além disso, a maioria das tecnologias implementadas utilizam conhecimento público e inovações de caráter incremental, ou seja, é ainda precário o controle sobre algum recurso intangível único. Deve-se ainda considerar que é recorrente a idéia de que falta capital de risco para os empreendedores brasileiros. Neste sentido, as incubadoras tecnológicas deveriam favorecer a aproximação com capitalistas e investidores de risco a fim de garantir o acesso dos incubados a este tipo de capital.

Para o desenvolvimento das Pequenas e Médias Empresas – PMEs de base tecnológica, é necessário, *a priori*, um ambiente tecnologicamente ativo que favoreça o seu surgimento e crescimento. Entretanto, faz-se necessário também um sistema de financiamento que atue no sentido de estimular o desenvolvimento dessas empresas. Destaca-se a criação de empresas de tecnologia avançada, cuja característica mais importante é o seu compromisso com pesquisa e desenvolvimento. (BAÊTA & VASCONCELOS, 2003)

O principal problema com o qual se defrontam as PMEs é justamente a dificuldade em obter capital, seja na forma de empréstimos, seja na manutenção de capital próprio. Em sua procura por capital, as PMEs podem recorrer a empréstimos bancários, mas estes, quando obtidos, não passam de financiamento de curto prazo. Em geral, os empréstimos disponibilizados variam em função da capacidade que estes demonstram em oferecer garantias reais, abandonando assim, fatores importantes em seu processo de crescimento. A verdadeira necessidade das PMEs é a de capital permanente e, para obtê-lo, o caminho lógico seria o de recorrer ao mercado de capitais, mas este está adequado somente às grandes empresas, capazes de assumir responsabilidades e conseqüências dessa forma de comercialização. Esses fatores são decorrentes da falta de acesso a fontes de capital acionário que permitem dispensar às PMEs um tratamento adequado ao seu reduzido tamanho (BERMÜDEZ, 2000). Encontra-se, nessa análise, uma lacuna pronta a ser ocupada por investidores capazes de entrar com o capital acionário necessário, o chamado capital de risco, uma vez que as PMEs caracteristicamente possuem um risco maior do que o risco comercial normal.

A pouca ênfase no mercado internacional pode ser explicada pelo grande mercado doméstico potencial do Brasil, se considerarmos os índices populacionais e a vastidão territorial. Todavia, outros aspectos constrangedores devem também ser considerados: primeiramente, o fato de que a distribuição desigual da renda limita o número de pessoas com acesso a bens de alta tecnologia, no país; em segundo lugar, o mercado competitivo global já não permite que apenas empresas nacionais dominem os mercados domésticos. Um aspecto positivo a ser considerado como fator relevante de estímulo ao empreendedorismo internacional é o esforço que o governo brasileiro vem fazendo no sentido de estimular a exportação.

6. Algumas considerações

É inegável a relevância das incubadoras de base tecnológica no Brasil, bem como sua contribuição para o desenvolvimento econômico, a geração de emprego e de renda. O ambiente competitivo e as rápidas mudanças estruturais e tecnológicas exigem adequação continua do modo de produção e desafiam as empresas à inovação e à criatividade. Devido a isto, as incubadoras de empresas passaram a constituir um reduto de idéias e oportunidades especialmente para as micro e pequenas empresas de base tecnológica. Assim, incubadoras fornecem aos empreendedores: suporte administrativo, financeiro e de estrutura. Neste sentido, as incubadoras podem ser consideradas como importante iniciativa de apoio à criação e ao desenvolvimento de empresas, assim como à formação gerencial dos empreendedores.

Convém observar que a velocidade das mudanças exige dos empreendedores uma atitude mais agressiva no sentido de buscar o mercado internacional, sobretudo quando falamos de empresas de base tecnológica e intensivas em conhecimento, pois não há razão para focar apenas o mercado doméstico. De fato, não existe mercado doméstico para essa categoria de empresa. Isto porque, com a globalização da economia, produtos e serviços de alta tecnologia transpõem rapidamente as fronteiras nacionais e alcançam, com relativa facilidade, os rincões mais afastados.

Nesse sentido, as incubadoras tecnológicas precisam acertar o passo com a realidade a fim de estimular o empreendedorismo internacional. A partir da análise dos dados levantados pela pesquisa, podemos constatar alguns desafios que ainda deverão ser enfrentados pelas incubadoras :

a) O processo de seleção deve refletir a visão da incubadora e atrair empreendedores com visão global;

b) O processo de incubação deve enfatizar a inovação como forma de diferenciação no mercado;

c) Deve-se manter e ampliar a relação intensa com os centros de pesquisa de modo a favorecer e estimular a inovação continua;

d) Deve-se dar maior ênfase na qualidade do produto e do serviço, exigindo a adoção dos processos de certificação ISO.

e) O monitoramento e acompanhamento de empresas no estágio de incubação, embora essencial, não é suficiente. Há que se prestar o acompanhamento e favorecer a manutenção e ampliação das redes de relacionamento das empresas graduadas;

f) Há que se ppromover a aproximação e o conhecimento com investidores de risco, de modo a favorecer acesso e parceria com esses investidores que, atualmente, investem em empresas brasileiras. Todavia, convém ter a clareza de que se associar a um capitalista de risco requer competência para a parceria e disposição de abrir mão de regalias e exigir comprometimento e lealdade.

O sucesso das incubadoras tecnológicas no Brasil tem sido visto como um meio eficiente de empresariamento da pesquisa científica e inserção das empresas graduadas no mercado interno. Entretanto, como se verificou na pesquisa, há ainda um caminho pela frente a fim de que tais empresas alcancem investimentos de *venture capital* e ocupem lugar no mercado internacional. O desenvolvimento econômico sustentável requer que as empresas se mantenham competitivas e, também, inovadoras, para o que elas deverão atuar na fronteira tecnológica e assumir as demandas do mercado global.

Referências

ANPROTEC, Associação Nacional de Entidades Promotoras de Investimentos de Tecnologias Avançadas. Disponível em http://www.anprotec.org.br.

BAÊTA, Adelaide Maria Coelho. *O desafio da criação: uma análise das incubadoras de empresas de base tecnológica.* Petrópolis: Vozes, 1999.

BAÊTA, AMC; VASCONCELOS, R M. A. *A transferência e compartilhamento do conhecimento numa empresa incubada.*Revista de Administração Pública – RAP, Rio de Janeiro: FGV, 2003,. Pp: 1197-1207.

_____. *Empreendedorismo e Competitividade.* In XXXVIII Assembléia do Conselho Latino-americano de Escolas de Administração, Lima-Peru. Anais da XXXVIII Assembléia do CLADEA/2003.

BERMUDEZ, Luiz Afonso. *Incubadoras de Empresas e Inovação tecnológica: o caso de Brasília.* Revista Parcerias Estratégicas. N.8, maio, 2000, pp.31-44.

BEUREN, Ilse Maria ; RAUPP , Fabiano Maury. *Compartilhamento do Conhecimento em Incubadoras de Empresas: um Estudo Multicasos das Incubadoras de Santa Catarina Associadas à Anprotec.* Anais *XXVII ENANPAD*, 2003.

BEARSE, Peter. *The evaluation of business incubation projects.* Athens (Ohio, US): The National Business Incubation Association, 1993.

BIGNETTI, Luiz Paulo. *Strategic actions and innovation practices in knowledge-based firms.* (1999) Tese (Doutorado em Administração) – École des Hautes Études Commerciales, University of Montreal, Montreal.

BORGES-Jr, C.V., BERNASCONI, M. et FILION L. J. *La création des entreprises de haute technologie (EHT) Examen de al documentation.* Cahier de la recherche de la chaire d´entrepreneurship Maclean Hunter , HEC Montreal , 2003 # 11:39p.

BRUSH, C.G, DUHAIME, I.M., GARTNER, W.B., STEWART, A et al. *Doctoral education in the field of entrepreneurship.* Journal of Management, 2003, 29(3):309-331.

FONSECA e KRUGLIANSKAS apud BEUREN, Ilse Maria ; RAUPP , Fabiano Maury. (2003) *Compartilhamento do Conhecimento em Incubadoras de Empresas: um Estudo Multicasos das Incubadoras de Santa Catarina Associadas à Anprotec*. Anais XXVII ENANPAD,2000, p.3-4.

GUEDES, Mauricio; FILÁRTIGA, Gabriel; MEDEIROS, Lucília, Atas. *As incubadoras de empresas no Brasil - panorama 99*. ANPROTEC.1999.

HANNON, Paul D. *A conceptual development framework for management and leadership learning in the Uk incubator sector*. Education + Training, vol.45 n8/9 2003p. 449-460.

HANSEN ,M. CHESBROUGH,J., NOHRIA, N. &SULL,D. *Networked incubators: ht houses of the new economy* , Havard Business Review, 2000, Sep-Oct,pp.75-83.

LALKAKA, Rustam. *Business Incubator in developing countries: characteristics and performance*. International Journal of Entrepreneurship and Innovation Management, Vol. 3, 2003, nov. 1/2

LEMOS, Marcelo Verly de; MACULAN, Anne-Marie Delaunay. *O papel das incubadoras no apoio às empresas de base tecnológica. In:* XX Simpósio de Gestão da Inovação Tecnológica, 1998, São Paulo. Anais... São Paulo: 1998. p.569-581.

MCDOUGALL, Patrícia P. OVIATT, Benjamim M. SHRADER, Rodney C. *A comparison of international and domestic new ventures*. Journal of International Entrepreneurship. Mar 2003, 1,58-82.

MORAIS, Ednalva F.C. *A incubadora como fator de Inovação tecnológica em pequenos empreendimentos*. Tese de mestrado. Brasília: UNB. ,1997.

_____. *Multiincubação; ampliando o suporte a empreendimentos através da incubação física e virtual*. Brasília: ANPROTEC, 2001.

MORRIS, M. *Entreprenerial intensity:suitainable advantage for individuals, organizations and societies*. London: Quorum, 1998.

OVIATT, B. M. er MACDOUGALL, P.P. *Global start-ups: entrepreneurs on a worldwide stage*.Academy of Management Executive, 1995, v.9, (2): 30-43

PEREIRA, André; FIATES, José Eduardo. *Gestão da inovação em pequenas empresas de base tecnológica*. In XX Simpósio de Gestão da Inovação tecnológica, *Anais* ... São Paulo: novembro, 1998, p. 362-372.

SHUMPETER, Joseph. *Entrepreeneurship as innovation*. In SWEDBERG, R. (ed) *Entrepreneurship: the social science view*. New York, Oxford University Press, 2000, p.51-75

SOUZA, Eda Castro Lucas , e NASCIMENTO Jr, Antonio. *Análise da relação universidade-empresa. O caso da incubadora de empresa de base tecnológica da Universidade de Brasília*. Anais XXVII ENANPAD, 2003.

LUCAS DE SOUSA, Eda C. (org.). *Empreendedorismo: competência para as Pequenas e Médias Empresas*. Brasília : ANPROTEC, 2001.

TORNATZKY ,L.; BATTS, Y.; MCREA,N.; LEWIS,M. and QUITTMAN, L *The art and craft of technology business incubation. Best practices and tools from 50 programs* Southern Technology Council, Research Triangle, NC. 1996.

VON ZEDTWITZ, Maximilian. *Classification and management of incubators: aligning strategic objectives and compeitive score of new business facilitation*. International Journal Entrepreneurship and Innovation Management. 2003, V.l3. n.1/2, p.176-196.

WOLFFENBÜTTEL, Alexandre Pinto; FRACASSO, Edi Madalena; BIGNETTI, Luiz Paulo. *Avaliação do Potencial de Ingresso no Mercado de Empresas Residentes em uma Incubadora de Base Tecnológica*. Anais XXVII ENANPAD, 2003.

Capítulo 9
DO SABER AOS SABERES: COMPARANDO AS NOÇÕES DE QUALIFICAÇÃO E DE COMPETÊNCIA

Adriane Vieira
Talita Ribeiro da Luz

Resumo

O artigo trata da distinção entre o conceito de qualificação, que tem raízes na Sociologia e na Economia, e a noção de competência, que se funda na Educação e na Psicologia. Duas teses se contrapõem: a da ampliação e substituição do conceito de qualificação e a do deslocamento conceitual. O artigo trata ainda das dimensões conceitual, experimental e social da qualificação, mostrando que a noção de competência enfatiza a dimensão experimental e enfraquece as dimensões conceitual e social. Na busca de evidências foi realizada uma pesquisa qualitativa, do tipo exploratório-descritivo, comparando-se dois casos: uma organização do setor automotivo e outra do setor de telecomunicações. Os resultados da pesquisa corroboram a tese do deslocamento e mostram que a dimensão experimental é reforçada na gestão de competências.

1. Introdução

O homem é um ser histórico-social, cuja existência é construída por meio do trabalho, mediante o qual entra em contato com outros homens e com a natureza, desenvolvendo relações sociais e econômicas, motivado não apenas pela necessidade de subsistência, mas também pelo intuito de gerar conhecimentos e realizar-se como indivíduo.

Se se entende o processo de formação humana como geração de conhecimentos, pode-se concluir que trabalho e educação estão intimamente relacionados. Defendida como condição para o exercício da cidadania, a educação exerce a dupla função de socializar os indivíduos, de acordo com valores e padrões culturais de determinada sociedade, e disseminar os conhecimentos. Com o advento da ciência moderna e do Estado Moderno, a escola tornou-se o *locus* da educação, assumindo a função de instrumento de conquista da liberdade, participação e cidadania, garantindo ao mesmo tempo, o processo econômico.

As teorias econômicas aproximaram a educação do projeto capitalista e chamaram o Estado a participar dessa ação, facilitando e até mesmo impondo a toda a população trabalhadora a necessidade de aprender questões básicas como ler, escrever e realizar operações matemáticas, como forma de disciplinar a mão-de-obra (mercadoria) para a produção. Por outro lado, a educação de caráter geral, clássico e científico foi destinada à formação das elites dirigentes.

Com o avanço da industrialização, no entanto, a exigência de um novo tipo de trabalhador foi tomando corpo. Além de disciplina, era preciso conferir-lhe o domínio de um ofício, um novo tipo de saber, menos especializado, mas suficiente para lhe garantir um pouco de mobilidade interna e externa (entre indústrias). Assim, a formação para o trabalho passou a significar formação profissional. As profissões passaram a ser classificadas de acordo com seu nível de complexidade e com o grau de escolaridade necessário a seu exercício (RAMOS, 2001).

Nesse contexto é que surgiu a categoria qualificação, associada inicialmente aos métodos de análise ocupacional, que visavam a identificar as características do posto de trabalho, previamente à definição do perfil do trabalhador e do tipo de qualificação necessária à sua ocupação. Dessa abordagem surgiram os códigos das profissões, base para a construção da hierarquia organizacional e também para a classificação dos indivíduos no plano social. Com o passar do tempo, a categoria qualificação tomou vários sentidos, gerando as teses da qualificação, desqualificação e requalificação.

Nos anos 1980, assistimos ao surgimento do conceito de competência, entendido pelas classes empresariais como o mais adequado para expressar as demandas requeridas pela produção, em contexto de forte desenvolvimento tecnológico e reorganização do trabalho, com algumas características tendenciais, tais como: flexibilização da produção; integração de setores; multifuncionalidade e polivalência dos trabalhadores e valorização dos saberes não ligados ao trabalho prescrito (RAMOS, 2001).

Pretende-se, com este trabalho, recuperar o debate relativo aos conceitos de qualificação e de competência, revelando suas dimensões social, conceitual e experimental e buscando evidenciar se e como tais dimensões são fortalecidas e/ou enfraquecidas na passagem da qualificação para a gestão das competências.

A investigação se apoiou em classificação desenvolvida por Schwartz (1995), citado por Ramos (2001), tendo em vista responder à seguinte indagação: a introdução da gestão por competências exerce influência sobre as dimensões social, conceitual e experimental da qualificação?

2. Referencial teórico

Segundo Manfredi (1999), expressões como qualificação, competência e formação profissional têm sido tratadas como sinônimas, quando, na verdade, são polissêmicas, ou seja, assumem diferentes sentidos, referentes a interesses de determinadas parcelas da sociedade, a cujos projetos políticos remetem.

O conceito de qualificação surgiu a partir de lutas políticas e ideológicas, tendo-se consolidado na Sociologia, vinculado a práticas educativas que ajudam a legitimar o estatuto do trabalho qualificado. Já o conceito de competência, como esclarece Hirata (1994), foi adotado nos anos 90, pelo meio empresarial francês, como forma de contraposição a um tipo de sistema de relações e de classificação profissional fundado na noção de tarefa e de cargo (o taylorista-fordista). Sua origem tem raízes nas ciências cognitivas que se utilizam do referencial psicológico para compreender e interpretar as práticas sociais.

Como não há definições únicas para tais termos, o impasse permanece. Manfredi (1999) aposta na existência de uma ampliação do conceito de qualificação e sua substituição pelo de competência, dada a necessidade de adequação do capital às novas formas de organização.

Ramos (2001), por sua vez, defende a existência de um deslocamento conceitual. Segundo a autora, a noção de competência não atualiza o conceito de qualificação, pois, se assim o fosse, não ocorreria a emersão de um outro signo. Além disso, o significado de competência difere do de qualificação, a qual não é substituída ou superada pela noção de competência, mas negada em algumas de suas dimensões e afirmada em outras, simultaneamente.

Apresentaremos a seguir o conceito e as teses da qualificação e, posteriormente, discutiremos o conceito de competência, destacando as dimensões de qualificação que este último nega ou afirma.

2.1 O CONCEITO DE QUALIFICAÇÃO

Manfredi (1999) agrupa as noções de qualificação em dois referenciais: o da "Economia da Educação" e o da "Produção e Organização do Trabalho".

2.1.1 Economia da educação

Ao abordar a questão da qualificação sob esse prisma, a autora subdivide a discussão em dois planos:

(a) Preparação do capital humano;

Nesse caso, a qualificação se associa à concepção de desenvolvimento socioeconômico, dos anos 50 e 60, durante os quais os governos se empenharam, de forma relevante, no planejamento e na racionalização de investimentos em educação escolar, visando a garantir maior adequação entre as demandas dos sistemas ocupacionais e a oferta de mão-de-obra pelo sistema educacional.

No plano macrossocietário, tal concepção de qualificação gerou uma série de políticas educacionais voltadas á criação de sistemas de formação profissional estreitamente vinculadas às demandas e necessidades técnico-organizativas dos setores mais metódicos do capital.

(b) Qualificação formal;

Ainda no plano da relação entre sistemas nacionais de educação e necessidades econômicas e sociais do sistema ocupacional, gestou-se uma outra concepção de qualificação, designada por Paiva (1997) de qualificação formal, a qual, empregada como um índice de desenvolvimento socioeconômico, abrangia tanto as taxas médias de escolarização da população, como a progressiva extensão do tempo médio de permanência na escola, índices que haviam alcançado patamares elevados nas últimas três décadas.

2.1.2 Produção e organização do trabalho

O conceito de qualificação, visto sob essa perspectiva, tem raízes na Sociologia do Trabalho. Manfredi (1999), no enfoque dado à questão, abrange duas dimensões:

(a) Concepção taylorista/fordista de qualificação;

Tem como matriz o modelo *job/skills*, definido como a posição a ser ocupada pelo indivíduo no processo de trabalho. Neste modelo a qualificação é entendida como um bem conquistado de forma privada, constituído por um conjunto de conhecimentos técnico-científicos, destrezas e habilidades adquiridas ao longo de uma trajetória de vida escolar e de trabalho.

(b) Qualificação social do trabalho e do trabalhador;

A dimensão da qualificação como relação social, por sua vez, surgiu no pós-Segunda Guerra Mundial, associada ao Estado de Bem-Estar Social, em resposta à ausência de regulações sociais nas relações de trabalho, que ajudaram a impulsionar o processo de industrialização. Inspirado no modelo marxista, esse modelo de qualificação tem sido sempre objeto de conflito e negociação, em função dos distintos interesses dos atores envolvidos na relação capital-trabalho. Os trabalhadores barganham para que a qualificação nesses moldes seja reconhecida oficialmente; porém, mesmo que não haja um reconhecimento formal, ela é um fator diferenciador, capaz de tornar o trabalhador mais difícil de ser substituído.

2.2 AS TESES E DIMENSÕES DA QUALIFICAÇÃO

O debate em torno do significado da qualificação assumiu diversas conotações ao longo do tempo, originando três teses, conforme ensina Paiva (1997):

- A primeira tese é a da *qualificação*, formulada principalmente por Friedman (1951), Naville (1955) e Touraine (1953), os quais, apoiando-se no determinismo tecnológico, defendiam claramente a idéia de elevação da qualificação do trabalhador, principalmente em países com altos índices de automação, por não haver necessidade de intervenção direta do operário no processo produtivo, mas apenas vigilância e controle dos equipamentos.

- A segunda tese é a da *desqualificação*, a qual, apoiando-se no determinismo societário, ganhou novo fôlego nos anos 70, principalmente em função dos movimentos sociais em repúdio à sociedade taylorizada/fordicizada, como o "Maio de 68", na França. Um trabalho representativo dessa fase é o de Braverman (1974, que refuta o discurso eminentemente otimista de até então, formulando a tese da desqualificação do trabalhador, por entender que a tecnologia está a serviço do capital.

- A terceira tese surgiu no início dos anos 80, com os trabalhos de Kern e Schumann (1984), os quais concluíram pelo fim das tendências tayloristas e fordistas e difundiram o entendimento de que os sistemas automatizados demandam o surgimento de um processo de *requalificação* de seus operadores.

Schwartz (*apud* Ramos, 2001) trata a questão sob outra perspectiva, abordando a qualificação em três dimensões: conceitual, social e experimental.

Na *dimensão conceitual*, a qualificação, entendida como resultado do registro de conceitos teóricos formalizados e dos processos de formação, é associada ao valor dos diplomas. Nesse caso, o diploma é visto como o instrumento que garante aos trabalhador *status* e remuneração.

Na *dimensão social*, a qualificação é entendida no âmbito das lutas sociais por melhores condições de trabalho, de emprego, de renda e de carreira. Diz respeito a relações sociais estabelecidas em função do conteúdo de determinada atividade e seu reconhecimento social, implicando, conseqüentemente, em valorização das qualificações e dos recursos de avaliação, objetivando verificar se as qualidades do trabalhador estão de acordo com as exigências do posto de trabalho.

Na *dimensão experimental*, associada às evoluções tecnológicas ocorridas mais acentuadamente nos anos 80, embora a qualificação seja entendida como um condicionante da eficiência produtiva, é abandonada pelo conceito de competência. Passa-se a valorizar mais os conteúdos dos trabalhos que vão além do que está prescrito e as qualidades dos indivíduos ligadas aos atributos pessoais, potencialidade e valores, em detrimento dos saberes formais, ou seja, priorizam-se a prática do saber e do saber-fazer. Conclui-se, assim, que a qualificação está ligada à pessoa, mais do que às relações sociais e ao conhecimento tácito necessário para vigiar autômatos. Isso não quer dizer que as dimensões social e conceitual da qualificação sejam prescindíveis. O que ocorre, segundo Ramos (2001), é um enfraquecimento de ambas, enquanto a dimensão experimental é fortalecida. Há, pois, um deslocamento de direção. Essa visão será desenvolvida a seguir, após a apresentação do conceito de competência.

2.3 O CONCEITO DE COMPETÊNCIA

A definição de competência não é consensual. O termo é plurissignificativo, uma vez que é utilizado em diferentes contextos e com várias ênfases em seus componentes essenciais. Barato (1998) menciona duas linhas conceituais principais: a Escola Francesa, que enfatiza a vinculação entre trabalho e educação, considerando as competências como resultado da educação sistemática, e a Escola Britânica, que define competências ao tomar como referência o mercado de trabalho e enfatizando fatores ou aspectos ligados a descritores de desempenho requeridos pelas organizações produtivas.

Barato (1998) observa que a Escola Francesa valoriza o modo como as instituições de ensino enriquecem o repertório de habilidades dos alunos, enquanto o sistema britânico privilegia os comportamentos observáveis, uma vez que este tem raízes comportamentalistas. Apesar de tais diferenças, ambas definem competência como a "capacidade pessoal de articular saberes com fazeres característicos de situações concretas de trabalho" (Barato, 1998, p. 13). Competência é, portanto, uma capacidade do indivíduo e não se confunde com desempenho, o qual é utilizado para avaliar a competência. Segundo o autor, competências são "saberes que compreendem um conhecimento capaz de produzir determinados desempenhos, assim como de assimilar e produzir informações pertinentes" (Barato, 1998, p.16).

Conforme Joras (1995), é amplamente difundido na França o conceito de competência como um conjunto de saberes mobilizados em situação de trabalho, cujos componentes são os saberes, o saber-fazer, e o saber-ser.

Assim, o conceito de competência envolve: os saberes ou conhecimentos formais, que podem ser traduzidos em fatos e regras; o saber-fazer, que pertence à esfera dos procedimentos empíricos, como as receitas e os truques do ofício que se desenvolvem na prática quotidiana de uma profissão ou ocupação; o saber-ser, compreendido como saber social ou do senso comum, que mobiliza estratégias e raciocínios complexos, interpretações e visões de mundo. Como bem observa Stroobants (1997), os dois primeiros saberes acima referidos quase sempre caminham juntos, sendo então complementados pelo terceiro termo. Outros autores também mencionam os mesmos componentes das competências, como Evers, Rush e Berdrow (1998), bem como Le Boterf (1995), para quem a essência da competência é o saber agir, que se distingue do saber-fazer. Segundo esse autor, a ação é diferente do comportamento, pelo fato de ter uma significação para o sujeito. O saber-agir pode significar, algumas vezes, não agir. Zarifian (1996) lembra que, na França, o problema da competência surgiu ligado diretamente à crise do modelo da prescrição, quando as empresas tentaram sair das dificuldades econômicas, adotando estratégias de elevação da qualidade de seus produtos, diversificação e introdução de inovações. Como resultado de tais estratégias, ocorre expressivo aumento da complexidade do trabalho, gerando questionamentos quanto à validade das normas rotineiras. Os empregados passaram a lidar com dilemas de gestão, precisando tomar decisões complexas, em tempo real, o que os obrigava a encontrar novas e difíceis soluções, cada vez que as exigências quanto ao nível de desempenho aumentavam.

Desse conjunto de fatores surgiu o tema competência que, segundo Zarifian (1996), deve ser entendido, em primeiro lugar, como a responsabilidade pessoal que o empregado assume diante das situações produtivas. É uma atitude social de engajamento, de comprometimento e envolvimento, porque mobiliza sua inteligência e subjetividade. Implica paralelamente em assumir os riscos de fracassos. Em segundo lugar, a competência deve ser entendida como o exercício sistemático da reflexibilidade sobre o trabalho, isto é, o julgamento crítico das ações, o questionamento sistemático dos modos de trabalhar e dos conhecimentos que a pessoa utiliza. A competência, por sua natureza intrínseca, não pode ser imposta, mas deve vir da própria pessoa. Posteriormente, Zarifian (1999) complementa essa definição, acrescentando que o trabalhador, além da capacidade de enfrentar situações novas com iniciativa e responsabilidade, é guiado pela inteligência prática e coordena suas ações com as de outros atores, mobilizando as próprias capacidades. O autor ressalta, portanto, a abrangência de uma situação produtiva em termos de interação social e de percepção para interpretação dos comportamentos e compreensão dos motivos humanos.

Outras definições têm surgido, enfatizando o resultado observável da competência, isto é, o desempenho. Nessa linha de pensamento inclui-se a definição de Fleury e Fleury (2000), segundo a qual competência é um saber agir responsável e reconhecido, que implica em mobilização, integração e transferência de conhecimentos, recursos e habilidades que agreguem valor econômico à organização e valor social ao indivíduo; inclui-se igualmente a definição de Dutra (2002), incorporando a noção de entrega, ou seja, a ação responsável e reconhecida que o indivíduo quer entregar à organização.

2.4 A noção de competência em face das dimensões da qualificação

Retomando a tese desenvolvida por Schwartz (1995), citado por Ramos (2001), com base nas dimensões conceitual, social e experimental da qualificação, reconhece-se que, no contexto de reestruturação produtiva, a dimensão experimental tornou-se mais valorizada, porque diz respeito ao conteúdo real do trabalho, em oposição aos aspectos ligados à prescrição. Também as qualidades manifestadas pelos indivíduos, ao colocarem em prática seus saberes e saber-fazer, seus atributos pessoais, potencialidades, desejos e valores, assumem maior importância. Portanto, a dimensão experimental, ligada ao conteúdo do trabalho e considerada condição de eficiência produtiva, prepondera sobre as demais. Segundo Ramos (2001), os saberes tácitos, apreendidos por meio da experiência subjetiva, são difíceis de ser transmitidos a outros, mas essenciais, por resistirem à automatização e por serem necessários à supervisão dos autômatos. São considerados indispensáveis requisitos tais como: responsabilidade, abstração e independência, capacidade de comunicação, de liderança e de trabalho em equipe, associados à personalidade e aos atributos do trabalhador — o saber-ser. Ganha relevo, assim, a subjetividade do trabalhador.

Além disso, verifica-se que o conceito de qualificação, na vigência do taylorismo-fordismo, ficou empobrecido e restrito às dimensões conceitual (formação, diplomas, códigos das profissões), e social, mas, no contexto da flexibilização produtiva, emergiu o conceito de competência, já que ambas as citadas dimensões da qualificação são questionadas, pois o sistema de classificação de carreira e de salários, baseado em diplomas e em códigos de ocupações e profissões, revela-se inadequado diante da crise do emprego, da gestão dos eventos e da polivalência exigida dos trabalhadores. Os códigos de classificação das carreiras e dos salários se descolam dos diplomas, e a regulação do mercado de trabalho é promovida por negociação privada, uma vez que a competência é um bem privado e individual. Agora, os próprios trabalhadores geram as condições de emprego, de promoção e de carreira, fundamentadas na lógica da competência. Dessa forma, as duas dimensões da qualificação se enfraquecem, e o conceito de qualificação é deslocado pelo conceito de competência, que se funda em bases instáveis e em procedimentos individualizados.

Nos países de economia central, até os anos 80, o papel do Estado consistia em orientar e organizar a formação dos trabalhadores; porém, após esse período, assiste-se ao despojamento dessas funções, enquanto se modificam as formas de regulação entre oferta e demanda, no mercado de trabalho. As negociações passam a se processar por ramos profissionais ou por empresas, e não mais sob a égide do Estado.

A partir da noção de competência, assume importância o saber-fazer que surge da experiência concreta, individual ou coletiva dos trabalhadores, valoriza-se a subjetividade do trabalhador, pois a atenção se volta para a atitude, o comportamento e os saberes tácitos. Como a subjetividade está associada à flexibilidade e à adaptabilidade permanentes, os atributos de autonomia, responsabilidade, comunicação, polivalência, enfim, os saberes tácitos dos trabalhadores passam a ganhar relevo, porque o controle dos processos de trabalho depende deles. É neste sentido que o conceito de Zarifian (1999) se mostra adequado, pois faz menção à dimensão cognitiva da realização do trabalho e também ao aspecto compreensivo, isto é, à interação social que deve ocorrer para que o trabalhador interprete os comportamentos humanos e as razões que os motivam.

Portanto, há semelhança entre a competência e a dimensão experimental da qualificação, porque ambas se fundamentam no saber-ser e no saber-fazer individual. Ramos (2001) lembra, com muita propriedade, que o conceito de qualificação responde à mudança de enfoque do objeto (trabalho, atividade) para o sujeito e envolve o movimento de transformações sociais no processo de produção e reprodução da existência, pelo fato de ser uma construção social histórica e concreta. E conclui que a qualificação não se reduz à noção de competência, porque esta negligencia a dimensão social das relações de trabalho.

Uma das contribuições críticas ao modelo de competências encontradas na literatura foi realizada por Deluiz (1995), ao apontar caminhos pelos quais se pode examinar possibilidades quanto ao engajamento dos indivíduos nas relações sociais e de trabalho, por meio do desenvolvimento da competência política. Nesse sentido, segundo a autora, a responsabilidade recai sobre o processo de formação do trabalhador, que não deve apenas privilegiar as competências profissionais, como o preparo técnico-instrumental, mas deve levá-lo também a ter uma "compreensão crítica da vida e das relações sociais, da evolução técnico-científica; e a compreensão da história, da dinâmica, do conteúdo e das implicações sociais do trabalho humano" (Deluiz, 1995, p.179)

O que se propõe fazer daqui para diante é verificar, nos casos estudados a seguir, se, no contexto de reestruturação produtiva e de introdução da gestão das competências, as dimensões experimental, conceitual e social foram fortalecidas ou enfraquecidas e como o foram.

3. Metodologia

Para ilustrar a relação entre qualificação e competência, foram utilizados dados coletados através de fontes primárias (entrevistas semi-estruturadas) em duas empresas, uma do setor automotivo, a Fiat Automóveis S. A., e outra do setor de telecomunicações, a Telemar-Minas.

A Fiat Automóveis S.A. foi escolhida por ser uma empresa de grande importância para a economia mineira e por estar em constante processo de mudança e inovação na forma de organizar e produzir seus veículos. Uma das últimas novidades foi a introdução da nova linha de fabricação do motor Fire, em março de 2000, adotando um processo integrado de produção cuja usinagem é completamente automatizada e a montagem, semi-automatizada. Outra inovação foi a introdução da gestão por competências, em fevereiro de 1999, mediante uma ferramenta de gestão e desenvolvimento dos profissionais, conhecida como Projeto Profissional.

As entrevistas realizadas na Fiat, entre 1999 e 2000, contaram com a colaboração de vinte e sete funcionários das áreas de produção do motor Fire e de Gestão de Pessoas, além de integrantes da empresa de manutenção, Comau, e do *Instituto Sviluppo Organizativo* – ISVOR, o qual auxilia os processos de formação e desenvolvimento dos profissionais do Grupo Fiat, estes compostos por três diretores, quatro gerentes, cinco líderes, três técnicos administrativos, dois técnicos de produção e dez trabalhadores em nível operacional.

A Telemar-Minas, por sua vez, foi escolhida pela importância do setor de telecomunicações, considerado um dos mais dinâmicos da economia, tanto em termos de inovações, quanto de expansão de mercados. A antiga Telemig, hoje integrante do grupo Telemar, foi privatizada em 1998, tornando-se desde então objeto de um programa de reestruturação que redefiniu a missão da empresa e estabeleceu como estratégias corporativas a adoção de nova identidade, a unificação das empresas do grupo Telemar e a antecipação das metas da Anatel. A cultura organizacional foi radicalmente modificada: o foco, que até então era direcionado para a tecnologia, voltou-se para o mercado e os clientes. Foram ainda introduzidas mudanças significativas nos processos de trabalho, na gestão dde pessoal e na administração de conflitos.

Na Telemar, foram entrevistados cinqüenta gestores de um total de 250, também entre 1999 e 2000, em todos os níveis administrativos e em todas as áreas funcionais: um diretor regional, quatro diretores, treze gerentes de Departamento, dezenove coordenadores e treze supervisores.

O trabalho desenvolveu-se mediante a adoção de método qualitativo de investigação, utilizando-se o estudo comparativo de casos como estratégia de pesquisa. Quanto aos fins, a pesquisa é do tipo exploratório-descritiva.

Registradas as entrevistas, procedeu-se à leitura cuidadosa do material, com a finalidade de estabelecer temas pertinentes às noções de competência e qualificação. Foram determinadas as dimensões conceitual, social e experimental, cada uma das quais foi dividida em subtemas. O tema dimensão conceitual foi subdividido em: conhecimentos gerais e específicos, treinamento e formação profissional, diplomas e certificados. O tema dimensão social foi enfocado com base nos aspectos: classificação ocupacional/profissional, carreira, salário, empregabilidade e sindicato. O tema dimensão experimental, por sua vez, incorporou os subtemas saber-fazer (procedimentos empíricos, esquemas, habilidades, modelos mentais, algoritmos, representações) e saber-ser (aptidão, inteligência, capacidades, vontade, responsabilidade, atitudes, visão de mundo, valores).

4. Descrição e análise dos dados

Inicialmente será enfocada a dimensão experimental da qualificação que, conforme os dados coletados, revelou-se gestão das competências, em consonância com o modelo adotado por Ramos (2001), inspirado em Schwartz (1995).

4.1 Dimensão experimental

O reforço da dimensão experimental fica evidente quando se examina o processo seletivo adotado pela Fiat na contratação de funcionários para atuarem na nova linha de motores Fire. Os critérios adotados para o nível operacional foram: segundo grau completo, experiência, noções de informática, habilidades comportamentais e atitudes como confiabilidade e caráter; capacidade de organização; flexibilidade; capacidade de análise e solução de problemas; vontade de estudar e crescer profissionalmente; análise crítica; envolvimento, participação, comprometimento com o grupo e com a empresa; capacidade de comunicação e de trabalho em grupo.

Para os cargos de chefia, foram acrescidas outras exigências, tais como domínio da língua inglesa, conhecimento mais aprofundado de informática e curso de nível superior. Porém, dentre todos esses requisitos, a experiência na função mostrou-se um fator decisivo.

> O que mais importa é a experiência. Se ele não tem segundo grau, mas tem muitos anos de prática, ele pode ser treinado e pode adaptar-se às novas exigências (Líder de gestão).

As novas exigências dizem respeito ao senso de melhoria constante, um princípio da filosofia de gestão japonesa *just-in-time*, introduzida na empresa no início dos anos 90, que remete a controle constante dos desperdícios e a uma moderna forma de gerenciamento de estoques. O saber-fazer não é condição prescindível em processos produtivos automatizados. Muito pelo contrário, nesses casos, os conhecimentos tácitos tornam-se essenciais para a supervisão dos novos equipamentos.

> [...] o trabalho braçal, a máquina faz para a gente. Lá (antigo setor), estava-se mais ligado a produzir; aqui (produção automatizada do Fire), a gente está mais ligado às causas das falhas. A medição e correção se dão durante todo o processo. A gente tem que atuar preventivamente, ou seja, nas causas. Lá atuava-se nos defeitos, ou seja, corretivamente (Operador de máquina).

Esse depoimento permite que se entenda melhor o papel do "novo" trabalhador. Sua função é conduzir o processo; sua intervenção é mais cognitiva e menos manual e, por isso mesmo, sente-se mais qualificado para o trabalho do que seu colega que desempenha função equivalente na linha tradicional.

> Hoje saímos do conceito de mão-de-obra para cabeça-de-obra. Além de fazer, o colaborador tem que pensar, propor melhorias, propor redução de custo. Agora ele tem mais tempo para isso, enquanto a máquina está fazendo o trabalho para ele (Líder de time).

Logicamente, esse conhecimento de nada vale, se o trabalhador não estiver disposto a partilhá-lo com seus colegas. Nesse sentido, o desenvolvimento dos requisitos ligados à personalidade e aos atributos do trabalhador, como responsabilidade, capacidade de comunicação, de trabalho em equipe, ou seja, o saber-ser, se tornam fundamentais.

Como a empresa espera incutir no grupo o espírito do trabalho em equipe, selecionou para os cargos de liderança justamente pessoas mais jovens e mais escolarizadas, que já adotavam em suas antigas unidades de trabalho um estilo de chefia menos impositivo e mais participativo. Mas o fato de que, no *Fire,* passaram a lidar com subordinados mais escolarizados acabou fazendo com que mudassem ainda mais seu estilo de gerenciar.

> Antigamente, tinha o conceito de mandar; hoje as pessoas não aceitam mais isso, principalmente no Fire, onde o pessoal tem um conhecimento elevado. Eles têm mais horas de curso técnico do que eu tive. Muitas vezes eu me assusto um pouco com o nível de conhecimento dele (Líder).

Na Telemar, foram privilegiadas as habilidades de negociação, de trabalho em equipes e de comunicação; o comprometimento com o projeto da empresa; a capacidade de liderança e de adaptação; a flexibilidade; a capacidade de aprender e de empreender; a proatividade, e a criatividade. A empresa, ao mudar sua cultura de organização estatal, que oferecia a seus usuários produtos e serviços para os quais não havia alternativa disponível, passou a negociar com clientes e fornecedores, num ambiente de concorrência acirrada.

> [...] capacidade de negociação é importantíssima, quando for trabalhar em time, exatamente nessa linha aí, quer dizer, capacidade de negociar, de sentar, de discutir, de ouvir, de acatar e de trabalhar 'negocialmente'[...] (Diretor).

A capacidade de negociar pressupõe a visão do mercado e da concorrência, o conhecimento do negócio da empresa, a identificação das oportunidades e das ameaças.

> Eu acho que a grande competência é a visão do todo, primeira grande competência. Primeiro você tem que ter visão do todo; segundo, trabalhar em equipe (Coordenador).

Visando a atingir seus objetivos estratégicos, o grupo Telemar passou a privilegiar a competência e o comprometimento, no entendimento de que o maior capital da empresa são as pessoas. Sob este aspecto, as habilidades de liderança, de comunicação e relacionamento tornam-se imprescindíveis.

> [...] a habilidade de relacionamento interpessoal eu acho fundamental, porque a gente consegue resultado através das pessoas. Então, é fundamental que a gente tenha essa habilidade de comunicação e a sensibilidade de perceber o potencial das pessoas (Gerente).

> [...] Como é que eu diria, de ter apego à empresa [...] comprometimento. Eu acho que é muito mais do que compromisso, é o comprometimento mesmo com a empresa" (Gerente).

No mercado de telecomunicações, a mudança tecnológica ocorre em ritmo vertiginoso, o que acirra ainda mais a competição entre as empresas, exigindo dos gestores grande capacidade plástica: habilidades de adaptação, flexibilidade, proatividade, capacidade de aprender continuamente.

> Dinamismo, autoconfiança, iniciativa... porque hoje a gente está num momento muito complexo. [...] Flexibilidade é um ponto importante também, e essa parte de julgamento.... (Supervisor).

4.2 Dimensão conceitual

Neste tópico, pretende-se mostrar a maneira pela qual, no contexto de flexibilização produtiva e de emergência do conceito de competência, ficou enfraquecida a dimensão conceitual da qualificação, representada pela formação, pelos diplomas e códigos de profissões.

O processo seletivo do Fire revelou a importância de terem os trabalhadores um grau de escolaridade mais elevado, uma vez que uma pessoa com segundo grau tem possibilidade de aprender mais rápido do que outra que tenha somente o primeiro grau completo. O que a empresa privilegia, portanto, não é somente a escolaridade, mas, principalmente, a capacidade de aprendizagem. Na Fiat, pôde-se comprovar junto à área de desenvolvimento de pessoal, que o plano de preparação dos trabalhadores do Fire se desenvolveu durante seis meses de treinamento em sala de aula, perfazendo um total aproximado de 1.000 horas de formação e mais três meses em treinamento *on-the-job*. Os conteúdos englobaram conhecimentos de desenho, hidráulica, pneumática, lubrificação e manutenção de primeiro nível, processos de usinagem, qualidade, eletromecânica, eletrônica, Programação Lógica Computadoriza – PLC – e Controle Numérico Computadorizado – CNC –, Siemens 840D e *Total Productive Maintenance* – TPM.

Apesar da ênfase dada pela empresa à formação teórica, observou-se que o discurso dos empregados entrevistados revela uma maior valorização da prática do que da teoria, além de certa expectativa de retorno do investimento feito durante o treinamento.

Não é o fato de estar sendo treinado que vai deixar a pessoa mais qualificada. Se ela não puder colocar em prática o conhecimento, não adianta. A gente tem que ter a chance de desenvolver (Operador de máquina).

O maior embasamento técnico possibilitado pela empresa aos funcionários, além de garantir-lhes condições de executar o trabalho com mais precisão e qualidade, propicia-lhes maior satisfação na realização das tarefas, o que, por sua vez, contribui para que os trabalhadores "vistam a camisa da empresa".

Na Telemar-Minas, requer-se formação de nível superior, qualquer que seja ela, como base para o exercício da gestão nos padrões exigidos.

Você pode ter qualquer formação, mas faz uma pós-graduação em recursos humanos. Já que a gente está nessa área, faz também gestão estratégica de negócios em nível de pós-graduação[...] (Coordenador).

O grupo empresarial usa diversas estratégias para a disseminação do conhecimento, tais como: seleção de estagiários para trabalhar junto aos profissionais da empresa; transferência de pessoas para outras regiões, com o propósito de difundir conhecimentos e habilidades e de implantar práticas e sistemas; consultoria de universidades e de empresas especializadas; *benchmarking;* contratação de profissionais de outras empresas; programas de informação, *feedback* e observação direta dos clientes; uso da intranet, além de outros programas utilizados anteriormente pela Telemig.

Objetivando implantar uma cultura de aprendizagem, criou-se, em 1999, a Universidade Telemar-Unite, com a missão de "desenvolver um sistema de aprendizagem profissional, o qual dará sustentação à elaboração das competências necessárias para a concretização dos objetivos estratégicos da Telemar e da internalização dos seus Valores" (TELEMAR, 1999).

A Universidade Telemar pretende ser a consciência crítica da organização e, nesse sentido, "não leva apenas informação aos Colaboradores, mas ensina-os a pensar e a entender o negócio da Telemar" (TELEMAR, 1999). Ao buscar criar uma cultura Telemar, incutem-se crenças e valores nos empregados, que são motivados a usar sua subjetividade na busca dos melhores resultados para a empresa.

4.3 Dimensão social

O enfraquecimento da importância dos diplomas em relação aos saberes tácitos tem impacto direto nas negociações ou na barganha por melhores condições de trabalho, inclusive em termos de salários. Como afirma Deluiz (1995 p. 198),

"a introdução de novas tecnologias desacompanhadas de modificações no padrão das relações de trabalho, pode levar à expansão do controle técnico em detrimento da autonomia dos trabalhadores na condução do processo de trabalho, cabendo à gerência o monopólio pelas decisões sobre os métodos e técnicas empregados no processo produtivo".

Essa circunstância, somada ao aumento de oferta de mão-de-obra qualificada e à retração dos postos de trabalho traz claras vantagens para a organização.

No passado, os acadêmicos saíam da faculdade com a ilusão de que o mercado os estava esperando de braços abertos. Não queriam trabalhar em turnos e coisas desse tipo; hoje eles já se sujeitam (Diretor).

Essa questão de natureza macrossocial possibilita às empresas incentivar e cobrar dos funcionários a continuidade de seus estudos, uma vez que o salário não está mais atrelado aos diplomas, mas, sim, às competências.

Até os anos 80, prevaleceu na Fiat de Betim a noção de que se tratava de uma enorme fábrica, constituída por grandes setores de produção, manutenção e controle de qualidade, hierarquizada e centralizada para a produção massificada. Havia uma clara separação entre produção e manutenção: a primeira, com uma massa de trabalhadores desqualificados, e a segunda, com trabalhadores altamente qualificados, gerando, de acordo com os depoimentos coletados, uma série de discriminações e preconceitos entre os funcionários. Os engenheiros e técnicos formados pelo SENAI e CEFET, por exemplo, constituíam um tipo de mão-de-obra escassa e, por isso mesmo, disputada no mercado, o que lhes garantia os melhores salários e também *status* mais elevado na fábrica.

No início da década de 90, começaram a ocorrer algumas mudanças na organização das linhas de produção, em função da necessidade de diminuir a distância existente entre seus trabalhadores e os que atuavam em órgãos de manutenção e apoio. A solução encontrada foi recriar o conceito de pequenas empresas, mediante a introdução de células de manufatura ou Unidades Tecnológicas Elementares – UTE, as quais absorveram essa concepção, em conformidade com a filosofia de produção enxuta. O passo seguinte foi a introdução da gestão do conhecimento e das competências, de forma a se obter uma gestão moderna, nos moldes descritos por Linhart (2000, p. 27): " (...) desmobiliza o coletivo, ao tratar os trabalhadores como indivíduos, cujas relações com a hierarquia e com os colegas devem ser estabelecidas em função das necessidades da organização".

Essa individualização ocorre por meio de "uma gestão específica para cada trabalhador", como afirmou um dos líderes de gestão entrevistados, reportando-se ao fato de que os superiores realizam entrevistas individuais com os funcionários para a definição dos objetivos e a avaliação do desempenho, a qual determinará aumentos individuais de salários e processos pessoais de formação, estabelecidos de comum acordo. Dessa maneira, é mais fácil introjetar os valores da cultura gerencial; além disso, conta-se com pessoal atento, disponível, flexível, capaz de interpretar, tomar iniciativas, enfim, adaptar-se às mudanças.

A mobilidade interna é outra meta perseguida pela empresa, pois possibilita a multifuncionalidade profissional. Se o trabalhador não se movimentar, é sinal de que está fora do processo. Nesse sistema, cabe, então, ao trabalhador desenvolver constantemente suas qualidades pessoais, aperfeiçoando permanentemente suas relações de trabalho. Tal aperfeiçoamento constitui-se em mais um artifício empresarial, na busca da individualização.

Depois de treinados, os funcionários recebem um certificado e um passaporte interno, o que significa que estão aptos a galgar outros postos de trabalho.

Mesmo que o aumento do conhecimento não esteja diretamente vinculado a reajuste de salários, no âmbito da empresa, externamente, pelo menos, o profissional pode garantir sua empregabilidade.

> Trabalhei na Fiat dois anos, saí e fui fazer um curso de eletrônica durante um ano e meio. Quando voltei, meu salário continuou praticamente o mesmo. Acho que isso foi importante para eu permanecer no mercado de trabalho, mas não me deu o diferencial esperado. O mercado está meio saturado (Técnico).

O enfraquecimento da dimensão social da qualificação tem a ver com a neutralização dos movimentos sindicais; contudo, esse fato nunca chegou a ser um problema para a Fiat. Sabe-se que a unidade de Betim, por exemplo, sempre foi considerada paternalista e patrimonialista em sua gestão, ou seja, abre espaço para o engajamento nas atividades produtivas, bem como para a vinculação a qualquer outra instituição, como o sindicato. As estratégias participativas e motivacionais na empresa têm garantido os ganhos de produtividade, muito mais do que a introdução de inovações na base técnica, as quais sempre foram implementadas de maneira seletiva e cautelosa, de forma a trazer ganhos de produtividade, mas numa estrutura de custos que não comprometa a competitividade da empresa no mercado.

Segundo Volpato (1998), na Itália, o grande processo de transformação produtiva vivenciado pela Fiat, após 1965, teve como objetivo minimizar o impacto do movimento sindical sobre a administração da companhia e garantir que o gerenciamento da empresa tivesse controle total sobre os padrões de organização do trabalho. Por esse motivo, a fase de reconstrução, no período pós-Segunda Guerra Mundial foi marcada por uma estratégia de forte oposição às funções sindicais. A reorganização produtiva da Fiat italiana, nos anos 80, aconteceu após uma derrota sindical (marcha dos 40 mil em 1980) conduzida por Vittorio Ghidella, denominada "fábrica altamente automatizada" (*fabbrica ad alta automazione*) – FAA.

Diferentemente da empresa italiana, as inovações de base técnica na Fiat brasileira não têm sido introduzidas, propriamente, com o objetivo de desarticular o movimento sindical, o qual nunca chegou a se configurar numa verdadeira ameaça para a empresa. É preciso lembrar que foi justamente a ausência de uma cultura sindical forte que influenciou a decisão da empresa de instalar-se em Betim/MG.

A construção da fábrica da Fiat Automóveis em Betim iniciou-se em 1973 e, a partir daquela data, a empresa começou a empregar trabalhadores do município. Em 31 de dezembro de 1976, o Sindicato dos Metalúrgicos de Betim foi fundado e, de acordo com Garcia (1985), sua primeira diretoria eleita teve uma atuação marcadamente corrupta, tendo até mesmo sofrido uma intervenção por parte do Ministério do Trabalho, em razão de desvio de verba.

Em 1978, eclodiu a primeira greve, reflexo do movimento operário do ABC Paulista, em plena fase de ascensão. Em 1979 e 1984, aconteceram novas greves, dessa vez com resultados menos positivos em termos de conquistas trabalhistas, tornando muito tensas as relações entre o sindicato e a empresa. Contudo, no início dos anos 80, quando a Fiat introduziu o Projeto de Qualidade Participativa e, posteriormente, implementou a fábrica racionalizada, começou-se a sentir a necessidade de maior integração dos trabalhadores com seus objetivos.

A implantação da fábrica racionalizada foi precedida de uma ampla campanha anti-sindical e de uma readequação do quadro funcional. Contrataram-se trabalhadores mais jovens, mais escolarizados, e o que é importante, desligados dos movimentos de classe. Assim, gradualmente, as práticas fortemente autoritárias de controle foram sendo substituídas por métodos mais sutis, participativos e menos repressivos de cooptação.

A partir dos depoimentos obtidos na FIAT, verificou-se que a mudança do perfil gerencial, assim como a introdução de inovações tecnológicas, implicaram em aumento da competência dos funcionários, uma vez que, no conjunto, trouxeram repercussões na produtividade final e na competitividade da empresa.

Na Telemar, foram colhidas entrevistas somente dos gestores. Evidenciou-se, contudo, o enfraquecimento da dimensão social da qualificação. Em relação à política salarial, a empresa adotou a remuneração variável, em função do desempenho. Foi criado, na empresa, um programa denominado Placar, pelo qual se fixavam as metas individuais e se atribuíam pesos, de forma a estabelecer parâmetros de remuneração variável.

> [...] hoje, cada vez mais, o que é reforçado é o papel individual de cada um. Hoje, a forma de aferição de desempenho é tudo. Ela é diferente, é mais objetiva... são metas, metas por diretoria, por gerência, por coordenação, por supervisão (Diretor).

Enfatizam-se, portanto, as competências e o desempenho individual e grupal, o que facilita a gestão individualizada da força de trabalho. A avaliação do desempenho é uma exigência explícita do grupo empresarial e constitui o segundo pilar da gestão de competências, denominada "Gestão à Vista" na Telemar.

Avaliação de desempenho... Eles avisam no contrato [...] que há
esses desdobramentos de metas... (Diretor).

O sindicato da categoria, vinculado à CUT – Central Única dos
Trabalhadores, o Sindicato dos Trabalhadores em Empresas de Telecomunicações – SINTTEL, vinha tendo uma atuação bastante
combativa no período compreendido entre 1979 e 1990, estabelecendo relação direta com os empregados, organizando greves, movimentos reivindicatórios e editando um jornal destinado a difundir a
visão dos funcionários sobre os assuntos da companhia. Após a abertura política, a empresa passou a preparar-se para a privatização, e
as relações com o sindicato tornaram-se menos tolerantes e mais
conflituosas. Paulatinamente, o sindicato se enfraqueceu, em parte
por causa do declínio do emprego formal. Em 1998, a empresa, pre-
parando-se para a privatização, promoveu uma profunda
reestruturação administrativa, acompanhada pela redução do quadro
de pessoal e pela implantação de um programa de desligamento vo-
luntário.

[...] eu, que tive experiência como diretor de recursos humanos
da empresa, senti nesse período de pré-privatização um
enfraquecimento muito grande, por exemplo, do sindicalismo.
[...] Senti que eles tiveram capacidade mínima de mobilização,
num período que seria rico para eles, um período que estava
mexendo com a vida dos empregados (Diretor).

No discurso da empresa, passou-se a atribuir às competências
um papel cada vez mais crítico, para determinar o grau de
empregabilidade das pessoas e de competitividade da organização.
As relações de trabalho passaram a ser marcadas pelo caráter de
não-permanência, em oposição às garantias de emprego, benefícios
e bons salários, anteriormente oferecidos. Além disso, acenou-se com
o compartilhamento de responsabilidades entre empregadores e empregados e, em contrapartida da oferta de oportunidades de
autodesenvolvimento pela empresa, os profissionais deveriam cuidar
da própria carreira e comprometer-se com os resultados:

[...] um discurso que a gente vem fazendo desde antes da privatização é a questão da empregabilidade; a sociedade não garante mais empregos... as pessoas têm uma responsabilidade pessoal com sua empregabilidade. Então você tem que ter a responsabilidade de saber que tem que estar fazendo o seu (curso) de extensão à noite, melhorando suas habilidades profissionais [...] (Diretor).

5. Conclusões

A busca incessante da melhoria do desempenho tem levado as empresas a modernizarem sua gestão e a apostarem na elevação das competências de seus funcionários, como forma de aumentar sua produtividade e aprimorar a qualidade de seus serviços. Cada vez mais elas têm dependido da participação e do envolvimento de seus funcionários, que são constantemente desafiados a pensar em alternativas para ampliar a produção e os serviços, projetando formas de superar as expectativas da clientela. Por esse motivo, a dimensão experimental das competências assume tão grande importância. Ao mesmo tempo em que é preciso exercer um controle maior sobre a qualidade das ações efetuadas, pois erros ou iniciativas desnecessárias podem significar elevação dos custos, é desejável o aumento da qualificação dos trabalhadores, de forma desvinculada dos salários, para evitar a elevação dos custos das operações, inviabilizando a produção e a prestação de serviços. Esse contexto justifica o enfraquecimento das dimensões conceitual e social.

As evidências empíricas encontradas possibilitam a conclusão de que, nos dois casos estudados, a *dimensão conceitual* da qualificação é usada para reforçar a "cultura de aprendizagem", uma vez que qualquer tipo de formação apresentada pelo trabalhador atende aos propósitos das empresas pesquisadas, sendo necessária a formação em nível superior apenas para os gestores. Evidenciou-se que os diplomas e certificados perdem seu prestígio se não forem complementados pela experiência que, em geral, é mais importante do que a formação acadêmica. A perda de prestígio dos diplomas acarreta como conseqüência o exercício de carreiras sem um direcionamento definido das profissões e ocupações, sendo inúmeros os casos em que as pessoas ocupam posições que nada têm a ver com a formação recebida. Debilita-se, assim, o comprometimento do trabalhador com os valores profissionais e desaparece a solidariedade à categoria, favorecendo o estabelecimento de relações de trabalho individualizadas.

A *dimensão social*, por sua vez, é enfraquecida pela retração do mercado de trabalho e pela perda de poder dos sindicatos, o que remete a um tipo de negociação salarial de caráter individualizante, emergindo daí o discurso da empregabilidade. Essa individualização ocorre por meio de uma gestão específica para cada trabalhador, a qual determinará aumentos individuais de salários e processos pessoais de formação, estabelecidos de comum acordo. Nesse contexto, o empregado torna-se responsável por sua permanência na organização e no próprio mercado de trabalho, razão pela qual precisa manter-se sempre atualizado e competente. As empresas, por sua vez, não oferecem mais garantias de permanência e passam a dividir com os empregados o ônus do desenvolvimento de suas competências.

A *dimensão experimental*, ao contrário, reforça-se com a gestão das competências, pela ênfase atribuída aos saberes (saber-fazer e saber-ser), procedimentos empíricos, habilidades, modelos mentais, capacidades, aptidões, inteligência, vontade, responsabilidades, atitudes, visão de mundo e valores. A subjetividade dos empregados, fruto de seus valores e crenças, comprometimento e sua solidariedade, bem como de sua capacidade de interagir com os demais atores da organização, de refletir sobre o trabalho, de compreender e interpretar as situações, é mobilizada para produzir os resultados organizacionais desejados, de forma a manter a empresa competitiva. Essa lógica encerra o caráter ideológico do discurso das competências e revela que a noção de qualificação vem sofrendo um deslocamento conceitual, que concorre para o fortalecimento (ou consolidação) do conceito de competência.

Em síntese, a questão central debatida neste trabalho, diz respeito às decorrências da introdução do modelo de competências, qual seja, o fato de que sua emergência, ao mesmo tempo em que promove a ação compartilhada também parece ser objeto de restrição da atuação coletiva dos trabalhadores. Nesse sentido, o modelo de competências transfere ao trabalhador a responsabilidade pela melhoria de seu desempenho individual, impondo-lhe a obrigação de desenvolver processos autônomos de educação continuada, de modo a manter-se inserido no mundo das organizações.

Um dos caminhos para o engajamento dos indivíduos nas relações sociais e de trabalho, e revalorização da dimensão social da competência, seria o apontado por Deluiz (1995), qual seja, o desenvolvimento da competência política, por meio de um processo de formação que proponha ao mesmo tempo a expansão das potencialidades humanas e sua emancipação individual e coletiva.

Referências

BARATO, J. N. *Competências essenciais e avaliação do ensino universitário*. Brasília: Universidade de Brasília, 1998.

BRAVERMAN, H. *Trabalho e capital monopolista*. 3 ed. Rio de Janeiro: Zahar, 1974.

DELUIZ, N. *Formação do trabalhador*: produtividade & cidadania. Rio de Janeiro, Shape, 1995.

DUTRA, J. S. *Gestão de pessoas com base em competências. In*: _____. (org.) *Gestão por competências*. São Paulo: Gente, 2001.

EVERS, F. T.; RUSH, J. C.; BERDROW, I. *The bases of competence: skills for lifelong learning and employability*. San Francisco: Jossey-Bass, 1998.

FLEURY, A.; FLEURY, M. T. L. *Estratégias empresariais e formação de competências*: um quebra-cabeça caleidoscópico da indústria brasileira. São Paulo: Atlas, 2000.

FRIEDMAN, G. *Où va le travail humain?* Paris: Gallimard, 1951.

GARCIA, F. C. *Reflexões sobre a greve dos metalúrgicos da Fiat em 1984 ou como dar um passo a frente e dois passos atrás. In:* ENCON-

TRO NACIONAL DOS PROGRAMAS DE PÓS-GRADUAÇÃO EM AD-MINISTRAÇÃO, 8., 1985, Fortaleza. *Anais...*Fortaleza: Associação Nacional dos Programas de Pós-Graduação em Administração, 1985

HIRATA, H. *Da polarização das qualificações ao modelo de competência.* In: FERRETTI, C. J. et al. (org.). Novas tecnologias, trabalho e educação. Petrópolis/RJ: Vozes, 1994.

KERN, H., SCHUMANN, M. *La fin de la division du travail?* Paris: Maison des Sciences de l'Homme, 1984.

JORAS, M. *Le bilan de compétences.* Paris: Presses Universitaires de France, 1995.

LE BOTERF, G. *De la compétence: essai sur un attracteur étrange.* Paris: Les Éditions d'Organisation, 1995.

LINHART, D. *O indivíduo no centro da modernização das empresas: um reconhecimento esperado mas perigoso. Trabalho & Educação.* Belo Horizonte, n. 7, p. 24-36, jul./dez, 2000.

MANFREDI, S. M. *As metamorfoses da qualificação: três décadas de um conceito.* In: ENCONTRO ANUAL DE PÓS-GRADUAÇÃO E PESQUISA EM CIÊNCIAS SOCIAIS, 13., 1999, Caxambu/SP. *Anais...* Caxambu/SP: Associação Nacional de Pós-graduação e Pesquisa em Ciências Sociais, 1999.

NAVILLE, P. *Essai sur la qualification du travail.* Paris: Librairie Marcel Rivière et cie, 1955.

PAIVA, V. et al. *Qualificação e inserção alternativa no mundo do trabalho; a sociologia do trabalho para além da indústria.* Novos Estudos, s.l., n.48, p.121-142, jul.1997.

RAMOS, M. N. *A pedagogia das competências: autonomia ou adaptação.* São Paulo: Cortez, 2001.

SCHWARTZ, Y. *De la "qualification" à la "compétence".* Rev. Education Permanent, n.123, p.124-138, 1995.

STROOBANTS, M. *A visibilidade das competências. In*: ROPÉ, F. ; TANGUY, L.(Orgs.). *Saberes e competências: o uso de tais noções na escola e na empresa.* Campinas: Papirus, 1997.

TOURAINE, A. *A organização profissional da empresa*. In: FRIEDMAN, G., NAVILLE, P. Tratado de sociologia do trabalho. São Paulo: Cultrix, 1953, v.1.

TELEMAR. UNITE. s.l, 1999. (Documento de circulação interna).

VOLPATO, G. *Reorganizando o conflito: a experiência da Fiat Italiana*. In: OLIVEIRA, F. e COMIN, A. A. (org.). *Os cavaleiros do antiapocalipse: trabalho e política na indústria automobilística*. São Paulo: Editora Entrelinhas/CEBRAP, 1998.

ZARIFIAN, P. *A Gestão da e pela Competência*. In: Seminário Internacional Educação Profissional, Trabalho e Competências. Rio de Janeiro, 1996. (Trabalhos apresentados...).

_____. *Objectif Compétence*. Paris: Liaisons, 1999.

Capítulo 10
GESTÃO DO CONHECIMENTO E DAS COMPETÊNCIAS GERENCIAIS: UM ESTUDO DE CASO NA INDÚSTRIA AUTOMOBILÍSTICA

Adriane Vieira
Fernando Coutinho Garcia

Resumo

O presente artigo trata das mudanças no sistema de gestão de pessoas, em organizações guiadas pela gestão do conhecimento e competências. Seu objetivo é descrever e analisar as novas formas e conteúdos dos processos de seleção e formação dos trabalhadores, colocadas em curso em uma organização do setor automotivo que investe no desenvolvimento das habilidades e conhecimentos dos trabalhadores, a fim de mantê-los articulados com as mais recentes inovações microeletrônicas. Foram realizadas 26 entrevistas nas áreas de fabricação de motores, manutenção, regulagem de ferramentas e desenvolvimento organizacional. Os resultados mostram a gestão do conhecimento e das competências articuladas, as formas estratégicas de selecionar os trabalhadores mais flexíveis, prever sua capacidade de adaptação e desenvolver a formação de mão-de-obra fora do padrão-massa. Assim, investe-se naqueles que verdadeiramente interessam ao processo, a fim de reduzir custos operacionais, ao mesmo tempo em que são desenvolvidos sistemas motivacionais capazes de gerar envolvimento, integração e comprometimento.

1. Introdução

Entre 1992 e 1994, a produção nacional de automóveis superou o recorde histórico de 1980. As medidas adotadas para reativar a demanda foram complementadas com o Regime Automotivo, sendo

266 TEMAS DE PSICOLOGIA E ADMINISTRAÇÃO

a expansão e a renovação do setor estruturadas mediante restrições às importações e promoção de investimentos. Beneficiando-se da nova política, as quatro grandes montadoras que já operavam no Brasil – Fiat, Ford, GM e VW – apressaram-se em investir e fortalecer suas posições no mercado, e as que ainda não possuíam instalações locais tiveram de avaliar a conveniência de vir a produzir no país.

A empresa investigada, doravante denominada Gama, quando comparada aos demais grupos automobilísticos no Brasil é a que apresenta maior diversificação de atividades. Sua estrutura produtiva é relativamente pouco internacionalizada, mas essa estratégia está mudando. O crescimento da produção e das vendas, no período 1996/ 1997, tornou-a uma das empresas mais importantes no conjunto da corporação (*GAZETA MERCANTIL*/UNICAMP, 1998).

Em termos de inovações de base técnica, a Gama tem empreendido esforços no sentido de conciliar o aumento da produtividade com a estrutura dos custos. A produção de um de seus modelos trouxe para o parque produtivo tecnologia de último nível, com 38 robôs instalados em pontos cruciais da linha de montagem, começando pelas prensas, até funilaria e soldagem inicial de peças estampadas.

Recentemente, a Gama deu mais um passo importante em direção à modernização tecnológica, com o lançamento do motor Mega (nome fictício), que passou a abastecer as linhas de produção dos carros produzidos no Brasil e no exterior. Trata-se de uma geração mais avançada de motores, cujos recursos físico-mecânicos representam maior poder de revenda do que o motor de mecânica tradicional. A Gama investiu 480 milhões de dólares em instalações, máquinas e equipamentos de última geração. Isso garantiu um processo de fabricação mais flexível, contando com usinagem totalmente automatizada e montagem semi-automatizada.

No que se refere à gestão, em fevereiro de 1999 a Gama deu início a um processo de avaliação e aperfeiçoamento das competências, promovendo na seqüência uma mudança estrutural da área de recursos humanos, com a finalidade de simplificar sua atuação e aproximá-la dos seus clientes internos, por meio do estabelecimento de parcerias com as demais áreas. Além disso, promoveu mudanças nos perfis dos gerentes, fazendo-os atuar como formadores e difusores de saberes, com o intuito de tornar a gestão do conhecimento a base de sustentação do novo modelo de gerencial.

A escolha da Gama como caso a ser estudado se deveu ao fato de ser uma empresa que tem uma importante participação no mercado consumidor, no segmento em que atua, sendo alvo de constantes investigações nos meios acadêmicos e citada, muitas vezes, como referência de práticas organizacionais e gerenciais. Optou-se, ainda, por focar a fábrica de motores Mega, por ser esta altamente automatizada, permitindo, assim, analisar a articulação entre inovações tecnológicas de base microeletrônica e formas de gerenciamento.

O principal objetivo desse artigo é, portanto, descrever e analisar as formas e conteúdos dos processos de seleção e formação dos trabalhadores, colocadas em curso em uma organização que investe no desenvolvimento das competências e conhecimentos dos trabalhadores, a fim de mantê-los articulados com as mais recentes inovações microeletrônicas, uma vez que esse conjunto traz repercussões sobre a produtividade final e a competitividade da empresa.

Na seqüência será introduzida a fundamentação teórica que sustentou a análise dos dados e a metodologia da pesquisa. Dando prosseguimento, serão descritas as estratégias competitivas que têm sido utilizadas pelas empresas automotivas no Brasil, principalmente a partir de 1990, focando os procedimentos da Gama. Por fim, realizar-se-á a descrição e a análise dos resultados da pesquisa.

2. Fundamentação Teórica

O mundo do trabalho passa por profundas transformações, tanto em termos qualitativos quanto quantitativos, que por sua vez acabam por provocar reestruturações nos campos político e social. Essas mudanças são impulsionadas, em grande parte, pela globalização da economia e aumento da interdependência entre mercados, mas, também, pela rapidez com que novas tecnologias de informação são introduzidas e renovadas, alterando rapidamente o padrão das trocas de informação e o acesso a novos territórios.

No âmbito das empresas, assiste-se a uma produção baseada em trabalhadores polivalentes e flexíveis, sendo que grande parcela deles está deixando de fazer parte do núcleo estável da empresa-mãe, para ser contratada pelas fornecedoras. Outros fenômenos conhecidos são o aumento do número de pessoas em idade de trabalhar no segmento da economia informal, e o conseqüente enfraquecimento dos sindicatos, marcado pela redução expressiva de greves em todo o mundo.

2.1. Especialização Flexível

Nos anos 1980 aconteceram algumas experiências concretas que buscaram desenvolver novos procedimentos organizativos e de gestão, como da região da Emilia Romana, da planta da Volvo em Kalmar na Suécia e a mais marcante de todas, a experiência da Toyota no Japão, que se tornou o foco das atenções devido ao notável desempenho econômico daquele país.

Diante da difusão das novas práticas, o conjunto de trabalhos produzidos pela sociologia e suas vertentes tentaram, de alguma forma, dar respostas às mudanças em curso. A questão que se coloca-va era saber se elas representavam uma ruptura com o fordismo e sugeriam a existência de novos rumos, ou se esse movimento significa-cava apenas uma readequação e ajuste do sistema. É nesse entroncamento que se confrontam as noções de especialização flexível e de neofordismo (SOUZA *et al.*, 1999).

O paradigma da especialização flexível teve em Piore e Sabel (1984) a mais importante defesa. Para eles a crise do sistema fordista foi deflagrada pela mudança na demanda e no consumo, que passou a instituir novos padrões de exigência e tornou o fordismo obsoleto; a resposta veio justamente da recuperação de elementos ou formas produtivas que sucumbiram diante do sistema fordista, sem se extinguir. A derrota, por sua vez, se deveu à intervenção de ordem política, sustentada pela visão do evolucionismo tecnológico.

Entre as principais características do sistema flexível pode-se destacar a fabricação de produtos versáteis e de qualidade, nãorígidos, pouco ou nada padronizados; máquinas e ferramentas flexíveis e homens flexíveis; aproximação da concepção, execução e controle; incorporação da competência humana no trabalho; trabalho coletivo, organizado em grupos ou ilhas; redução da hierarquia gerencial e desverticalização organizacional; descentralização baseada na cooperação e relação estreita entre comprador e fornecedor (*just-in-time*).

2.2. DA ADMINISTRAÇÃO DE RECURSOS HUMANOS À GESTÃO DE PESSOAS

As mudanças nas condições objetivas de trabalho refletiram-se na emergência de novas políticas de pessoal, exigindo da área de recursos humanos novas competências, a fim de assumir um papel estratégico na gestão das organizações. É assim que a polêmica concepção de homem como recurso, aos poucos, passa a ceder lugar às novas experiências e propostas na gestão de pessoas (DUTRA, 2002).

Posicionando-se muito distantemente dos níveis operacionais, os profissionais da administração de recursos humanos – ARH – raramente conseguiam dar respostas rápidas e precisas às necessidades daqueles que faziam uso do seu serviço (JORDAN *et al.*, 1997). O novo ambiente empresarial, caracterizado por profundas mudanças e pela necessidade de respostas cada vez mais ágeis, trouxe mudanças no perfil de gestores e de colaboradores que as empresas esperavam encontrar. Elas deram início a um processo de reestruturação da área, enxugaram seus quadros e introduziram a atividade de consultoria interna. A idéia era tornar os gestores menos dependentes da ARH, fazendo com que eles próprios assumissem a responsabilidade pela gestão do seu pessoal, ao mesmo tempo em que se desenvolvia o perfil multifuncional do profissional de ARH, responsável pelos diversos sub-sistemas e atuando mais próximo dos setores operacionais, que se tornaram clientes internos.

Durante os anos 1990, as experiências prosseguiram trazendo novos focos de atenção. Com o predomínio das altas tecnologias de produção e informação e a necessidade do Brasil competir por mercados internacionais, o tema educação e formação profissional ganhou destaque entre os empresários, que reconheceram a necessidade dos empregados de saber ler, interpretar a realidade, expressar-se adequadamente, lidar com conceitos científicos e matemáticos abstratos, trabalhar em grupos, entender e usufruir as tecnologias. Os setores de treinamentos das áreas de recursos humanos, sob pressão, tentaram encontrar formas de preparar os funcionários para a nova economia, ou seja, para um ambiente de trabalho em contínua mudança, que exige aprendizagem constante, geração de novos conhecimentos e estabelecimento de comunicações globais.

O novo estilo passou a depender da criação de uma cultura empresarial de competência e resultado, o que supõe mudanças nos sistemas, nas políticas e nas práticas da gestão de pessoas, mas, também, e principalmente, na maneira de se pensar a organização e o indivíduo.

Uma nova concepção de gestão de pessoas foi formulada e novos métodos foram introduzidos, colocando em jogo assuntos como cultura e comprometimento organizacional, relacionados à subjetividade e ao sentido do trabalho, tornando mais difícil a resistência e a ação coletiva dos trabalhadores (DEJOURS, 2001).

Para atingir esses objetivos os gerentes optaram por dispositivos de formação, comunicação e práticas participativas que tratam de disseminar valores destinados a obter a adesão dos trabalhadores em uma base pessoal. Por esse motivo, passaram a ser utilizados instrumentos individualizantes na gestão de pessoal, como entrevistas individuais regulares entre empregados e superiores imediatos, durante as quais se deve definir os objetivos e, depois de um certo período, avaliar as performances, a fim de determinar em comum acordo o reajuste de salário correspondente, bem como o processo de formação profissional. Como resultado, tem-se uma empresa constituída apenas por indivíduos, sendo que os movimentos coletivos permitidos são somente aqueles criados pelas próprias chefias.

Essas evoluções repousam sobre um discurso de valorização da pessoa e insistem na importância, para as empresas, das capacidades de iniciativa, de decisão e de intervenção. O ator principal, o assalariado, é que deve negociar permanentemente seu destino na organização, buscar a mobilidade e a polivalência, aderindo aos programas de capacitação.

Nesse contexto, a educação corporativa cumpre dois objetivos, em primeiro lugar desenvolver conhecimentos especialmente vinculados aos negócios da empresa, em função da rápida obsolescência dos mesmos, em segundo lugar desenvolver uma cultura de aprendizagem, ou seja, a consciência de que as pessoas devem investir continuamente em suas capacitações.

2.3. A APRENDIZAGEM NA GESTÃO DO CONHECIMENTO

De acordo com Spender (2001), é difícil conceituar conhecimento por ser este um termo fluido e de difícil definição. Parte da bibliografia sobre a gestão do conhecimento o trata como um objeto a ser criado, comprado, possuído ou vendido; uma outra parte foca o processo da criação de conhecimento.

Segundo Nonaka e Takeuchi (1997), que são referências no campo das relações entre gestão do conhecimento e aprendizagem, o conhecimento diz respeito a crenças e compromissos, sendo função de uma atitude, perspectiva ou intenção específica. O que diferencia o conhecimento da simples informação é que ele está relacionado à ação e ao contexto relacional específico.

Guiados pela epistemologia oriental, os autores entendem que a natureza do conhecimento não é a verdade, mas a crença justificada, ou seja, o conhecimento é um processo dinâmico de justificação da crença pessoal com relação à verdade, ao invés de algo absoluto, estático e não-humano, conforme assumido pela epistemologia tradicional do ocidente.

Dessa perspectiva, Nonaka e Takeuchi (1997) destacam a importância de gerar crenças, compromissos, situações e interações apropriadas, para que as informações sejam convertidas em conhecimento e possam circular pelas organizações, influenciando positivamente julgamentos, comportamentos e atitudes.

Para Leonard-Barton (1998), gerir o conhecimento em uma organização implica compreender as aptidões estratégicas ou as aptidões tecnológicas estratégicas, no caso de organizações que têm por base a tecnologia.

Aptidões estratégicas são estabelecidas gradualmente ao longo do tempo nas organizações, constituindo-se em vantagens competitivas difíceis de serem imitadas. Cabe aos gerentes criá-las e mantê-las, gerenciando as atividades geradoras de conhecimento e identificando suas dimensões.

Atividades geradoras de conhecimento são aquelas que adicionam valor e permitem a busca de soluções criativas por parte dos empregados, o aperfeiçoamento constante dos processos de produção, a integração de novas técnicas e metodologias, a experimentações e a importação de know-how.

As dimensões das aptidões estratégicas, por sua vez, são representadas pelas qualificações pessoais e conhecimentos incorporados nos equipamentos e sistemas físicos. Concorrem, ainda, como reservas de saber, os modernos sistemas de gestão, capazes de selecionar os empregados tanto por seus potenciais e experiências, quanto por suas atitudes positivas em relação ao aprendizado.

Da perspectiva da aprendizagem, a gestão do conhecimento coloca em xeque o tradicional paradigma, que consiste na transferência de conhecimento de um instrutor para um aprendiz, no espaço da sala de aula. Na nova concepção, o aprendizado é parte da natureza humana e ocorre até mesmo nos eventos sociais. Os locais de trabalho oportunizam aprendizagem a todo instante, através do envolvimento entre os funcionários. O "outro" serve como exemplo e ajuda a solucionar problemas, mesmo nos espaços informais, quando se discute as políticas da empresa (JORDAN et al., 1997).

Nesse caso, foca-se, além do conhecimento transferido, todo o suporte organizacional para que as necessidades de aprendizagem sejam satisfeitas. O que o grupo precisa aprender é definido pelos requisitos do trabalho e pelo grupo que faz o trabalho diariamente, cabendo à gestão de pessoas criar o "clima propício" e disponibilizar os recursos necessários para que a aprendizagem aconteça.

Do ponto de vista das organizações, o conhecimento gerado tem de ser útil, isto é, aplicado à prática cotidiana dos indivíduos; além disso, ele tem de estar retido na organização, compartilhado e armazenado para posteriores aplicações. Ele é considerado patrimônio e como tal deve ser transformado em dinheiro. Ele também deve ser medido, ou seja, a organização tem de saber quanto de conhecimento tem armazenado para definir seu valor patrimonial e de mercado. Em resumo, a gestão do conhecimento é uma disciplina administrativa que entende o capital intelectual como um ativo gerencial.

2.4. Gestão de competências

A gestão do conhecimento, por sua vez, cumpre a finalidade de criar um ambiente de aprendizagem contínuo para que a gestão das competências seja uma realidade. Isso não significa que para gerir competência é preciso gerir conhecimento, mas a gestão do conhecimento cria o ambiente psicológico propício para tal.

O tema competência foi abordado nos estudos feitos por David McClelland (FLEURY; FLEURY, 2000) no início da década de 1970, quando participava de processo de seleção de pessoal para o Departamento de Estado americano. Em 1973, no artigo *Testing for competence rather than intelligence*, ele afirmava que os testes tradicionais de conhecimento e inteligência utilizados em seleção, além de não serem capazes de predizer o sucesso do candidato no trabalho e na vida, favoreciam preconceitos contra minorias, mulheres e pessoas de nível socioeconômico inferior. A partir dessa constatação, McClelland dedicou-se a encontrar métodos de avaliação que permitissem identificar variáveis de competência capazes de predizer êxito no trabalho e na vida.

Na França, o debate sobre competências teve início na mesma época, vinculado à crise da noção de postos de trabalho. Zarifian (1999), um dos expoentes da temática, justifica a emergência da gestão das competências a partir da preocupação em obter a cooperação do trabalhador na antecipação e resolução dos problemas, da necessidade de trabalhar em grupo e partilhar conhecimentos sobre o processo produtivo e da introdução do conceito de cliente no interior da própria fábrica, tornando cada indivíduo (ou setor) fornecedor e/ou cliente de outrem.

Não há unanimidade quanto à definição de competência, isto quer dizer que o termo é utilizado com diversos sentidos e em dife-

rentes contextos. Barato, citado por Luz (2001), menciona duas linhas principais: a escola francesa, que enfatiza a vinculação entre
trabalho e educação, considerando as competências como resultado
da educação sistemática; e a escola britânica, que define competências tomando como referência o mercado de trabalho e enfatizando
fatores ou aspectos ligados à descrição de desempenhos requeridos
pelas organizações produtivas. O autor não se refere à linha americana, que ele parece identificar com o modelo britânico.

Uma definição utilizada amplamente na França estabelece
que a competência é um conjunto de saberes mobilizados em situação de trabalho. Seus componentes são os saberes ou conhecimentos específicos; os saberes colocados em prática, o saber-
fazer, as aptidões; a inteligência pessoal e profissional, as capacidades; a vontade de colocar em prática e de desenvolver as competências (CONGRÈS FORCE, 1994, apud LUZ, 2001). A competência envolve um sistema, uma organização estruturada, uma
combinação de elementos. Para Gilbert e Parlier, citado por Le
Boterf (1995, p. 22), as competências são "conjuntos de conhecimentos, de capacidade de ação e de comportamentos estruturados
em função de um fim e em um tipo de situação dada". A competência pressupõe a capacidade de transferência, de aprendizagem e de adaptação. Não é imitar, mas poder adaptar a conduta
às situações novas e imprevistas; é poder improvisar onde os
outros não fazem mais do que repetir.

Desde os anos 1990 modelos de gestão de competências têm
sido introduzidos no Brasil, mas nem sempre trazendo resultados
positivos. Normalmente as organizações demoram a conseguir estabelecer uma administração mais profissional e capaz de investir na
utilização do potencial humano, ao invés de focar exageradamente a
redução de custos. Como conseqüência, as pessoas continuam
subaproveitadas e submetidas a injustiças salariais.

É preciso atentar para a totalidade humana. Uma perspectiva
reducionista da gestão de pessoas na gestão das competências corre
o risco de dar prioridade ao atendimento dos interesses e necessidades empresariais, podendo, pois, se tornar instrumentalizante e
tecnicista.

É com essa preocupação que analisou-se as práticas de seleção e capacitação profissional da Gama, a fim de identificar como elas estão articuladas com a gestão do conhecimento e das competências.

3. Metodologia

Nesse trabalho, a metodologia empregada como instrumento de coleta e tratamento dos dados privilegiou a abordagem qualitativa, entendida por Triviños (1987) como aquela capaz de analisar os aspectos implícitos no desenvolvimento das práticas de uma organização e a interação entre seus integrantes.

A seleção do procedimento metodológico recaiu sobre o estudo de caso, entendido por Triviños (1987) como a categoria de pesquisa cujo objeto de estudo é uma unidade analisada em profundidade, para que as circunstâncias específicas e as múltiplas dimensões que se apresentam nesta situação possam permitir a compreensão do todo.

Os dados foram coletados principalmente através de entrevistas individuais semi-estruturadas. As mesmas foram realizadas com a colaboração de 26 funcionários, abaixo relacionados, selecionados por meio da técnica de amostragem intencional:

- área de Desenvolvimento Organizacional: analista organizacional, gestor de conhecimento, gerente de recrutamento e seleção, gerente de treinamento e analista de treinamento;
- universidade corporativa: gerente e consultor;
- diretores: de Relações Industriais, de Assuntos Corporativos e da Unidade Mecânica;
- empresa de manutenção: gerente e supervisor técnico;
- produção do Motor Mega: cinco líderes de gestão e nove condutores de processo (operadores e preparadores de máquinas).

Além de fontes primárias, utilizou-se também fontes secundárias para realizar a coleta de dados, como: consulta a documentos internos e externos da empresa e consulta a jornais, revistas, periódicos e livros.

Para analisar os dados optou-se pela técnica de análise de conteúdo, a partir do estabelecimento de categorias. Ela se baseia na decodificação de um texto em diversos elementos, os quais são classificados e formam agrupamentos analógicos. Segundo Richardson (1985), entre as possibilidades de categorização, a mais utilizada, mais rápida e eficaz é a análise por temas, que se traduz por isolar temas de um texto e extrair as partes utilizáveis para permitir sua comparação com outros textos escolhidos da mesma maneira.

Primeiramente, as entrevistas foram transcritas na íntegra, em seguida foi realizada a leitura das mesmas, o que permitiu destacar trechos das transcrições, que foram retirados para compor as seguintes unidades temáticas: inovações organizacionais, modelo de gestão do conhecimento, implantação da gestão do conhecimento, avaliação das competências, seleção e formação profissional.

4. As estratégicas modernizantes das fabricantes de automóveis no Brasil

Após a Segunda Guerra Mundial, os veículos automotores e as autopeças foram os produtos mais requisitados nas importações brasileiras, superando, inclusive, os tradicionais como o petróleo e o trigo, satisfazendo a demanda interna reprimida. No entanto, a preocupação com a balança de pagamentos levou o país a reduzir a importação de veículos e desenvolver uma indústria nacional. Em 1953, após a proibição de importação dos veículos montados, a Volkswagen e a Mercedes, juntamente com a Willys-Overland, instalaram montadoras que vieram somar-se às instalações da Ford e da GM, presentes no país desde 1919 e 1925, respectivamente (SHAPIRO, 1997).

Em 1970, o Brasil já era o décimo produtor mundial, e depois de três anos já ocupava o nono lugar, mantendo essa posição até 1977. Ao longo dos anos 1980, a produção experimentou grande instabilidade. A retração da produção resultou em níveis de capacidade ociosa muito elevados (equivalentes a 27% da capacidade entre 1981 e 1984), o que levou as filiais brasileiras a implementarem esforços muito seletivos de modernização.

O ano de 1997 também foi muito positivo para as montadoras instaladas no Brasil. A produção aumentou 15%, atingindo 1.679.644 unidades, e as vendas internas continuaram em ascensão (10,8%). O ritmo de aumento das exportações (44,2%) foi maior que o das importações (22,5%). O emprego aumentou, recuperando o nível de 1993. Porém, uma severa crise teve início no ano seguinte e perdurou até o início de 1999, reduzindo o número de unidades vendidas (BEDÊ, 1997).

Os anos de 2000 a 2002 prometiam crescimento no setor, mas na prática foi dificultado pelas crises na economia brasileira e mais fortemente pelo racionamento de energia em 2001. Contudo, o maior desafio para as empresas instaladas no Brasil tem sido o de superar o atraso tecnológico, diminuir custo e aumentar a produtividade e a qualidade dos produtos. A modernização do setor, no final do século, está exemplificada em fábricas de última geração, como a do Classe A, de Juiz de Fora, em Minas Gerais, ou a do Golf, no Paraná, e também na Fiat de Betim, que se lançaram em um processo de informatização e automação microeletrônica.

Em termos de organização da produção, algumas empresas tentam implementar o ideal da produção enxuta, mas desde que não implique em elevados investimentos, objetivando maior flexibilidade e integração das fábricas a fim de garantir maior produtividade e qualidade. As principais inovações nesse caso são o *just-in-time* interno e externo, o *kanban*, as células de produção, a minifábrica, as células ou docas de montagem e os condomínios industriais.

Na gestão da produção busca-se a motivação dos trabalhadores, seu treinamento e desenvolvimento de competências, o corte de níveis hierárquicos e a redução do número de chefes, com um pequeno aumento da autonomia dos trabalhadores quanto à condução do processo produtivo.

Todas essas inovações fazem mudar a forma como as atividades são desenvolvidas, repercutindo sobre o nível de emprego, as condições de trabalho e os salários.

5. Um modelo de gestão na era do conhecimento: o caso da Gama

5.1. AS INOVAÇÕES ORGANIZACIONAIS

No final da década de 1980 e início dos anos 1990, a Gama deu início ao projeto de implantação da fábrica integrada, com a introdução da qualidade total e das células de manufatura, responsáveis pelo gerenciamento do subsistema tecnológico.

O que se objetivava com essa nova concepção de fábrica era agilizar processos e decisões, por meio da diminuição de níveis hierárquicos e de uma mão-de-obra mais preparada para assumir responsabilidades e desafios. As mudanças ocorridas estavam embasadas nos princípios tecno-organizacionais da produção enxuta: flexibilidade de produção, *just-in-time* e integração de processo.

Em fevereiro de 1999, a empresa deu início a um processo de avaliação e aperfeiçoamento das competências, e no início do ano 2000 a Diretoria de Pessoal e Organização – DPO – promoveu uma mudança estrutural e organizacional. Anteriormente ela estava dividida em áreas específicas e cada uma respondia separadamente por suas atividades, fossem elas de recrutamento e seleção, de relações industriais, de benefícios, de segurança no trabalho, de assistência social e de desenvolvimento profissional. Na nova estrutura tais atividades foram reunidas por meio de Plataformas de Gestão, um sistema que integra processos e empresas para promover o aumento das competências da rede, por meio de treinamentos individuais ou por família profissional.

Ao realizar essas mudanças a empresa movimenta-se em direção à tendência apontada na literatura, de substituir a antiga área de recursos humanos pela moderna e estratégica gestão de pessoas, que se posiciona mais proximamente dos níveis operacionais, a fim de entender melhor suas demandas e dar respostas mais ágeis e apropriadas. Ao mesmo tempo ela garantiu o suporte necessário para um processo de avaliação e aperfeiçoamento das competências.

Observa-se que, para maximizar a gestão de competências a empresa identificou a necessidade de adequar a estrutura funcional da área de Desenvolvimento de Pessoal. Foi preciso, pois, provocar mudanças nas práticas de gestão de pessoas e, principalmente, no papel das lideranças, criando o ambiente propício para a aprendizagem e para a gestão do conhecimento.

5.2. UM MODELO DE GESTÃO DO CONHECIMENTO

A gestão do conhecimento é entendida pela empresa como um método para a adequação das competências dos profissionais, e para operacionalizá-la conta com figuras profissionais conhecidas como gestores do conhecimento, que têm a função estratégica de dar suporte às lideranças no desenvolvimento das competências dos funcionários. Faz parte de suas funções participar das reuniões das unidades operativas para discutir aspectos relacionados ao processo produtivo e, a partir de então, poder concluir pela necessidade de desenvolver determinadas competências dos profissionais envolvidos. Uma outra atribuição do gestor do conhecimento é identificar a necessidade de desenvolvimento de especialistas, isto é, funcionários da empresa que atuam como instrutores internos.

No caso da Gama, inicialmente as atenções concentraram-se no desenvolvimento das competências dos líderes, inspetores de qualidade e tecnólogos. Isso porque são em número menor e era preciso testar o modelo projetado, qual seja, avaliar as competências, identificar as deficientes e dar início à preparação de um percurso formativo para cada profissional.

A compreensão que a empresa tem da gestão do conhecimento se assemelha à primeira perspectiva apresentada por Spender (2001), onde o conhecimento é entendido como sendo um objeto a ser criado, comprado, possuído ou vendido. A orientação que os gerentes recebem é a de examinar o conhecimento da mesma forma que consideram os modelos contábeis, administrativos e comerciais que adotam para os ativos tangíveis da organização.

Como lembra Oliveira Júnior (2001, p. 201), "as empresas possuem conhecimentos disseminados e compartilhados por todos, entretanto, existem também diversos estoques ou conjuntos de conhecimentos pertencentes a indivíduos, pequenos grupos ou áreas funcionais". E esse conhecimento deve ser codificado e simplificado para torná-lo acessível à organização como um todo. Nesse sentido, um curioso procedimento chamado Livro de Bordo foi identificado na empresa. Todo problema encontrado e também a solução devem ser registrados nele de maneira detalhada. Com esse procedimento vai ficando cada vez mais fácil lidar com o equipamento, pois os imprevistos são eliminados.

Todo conhecimento se inicia no indivíduo e é transformado em conhecimento organizacional, portanto, o principal desafio é fazer com que o conhecimento pessoal esteja disponível para outros.

5.3. A avaliação de competências

O ponto de partida da gestão das competências é a avaliação da criticidade dos processos, ou seja, aquilo que dificulta a garantia da qualidade; em seguida, deve-se identificar as figuras profissionais envolvidas e só depois classificar as competências essenciais, ou seja, o conjunto de conhecimentos, as capacidades e as qualidades que cada trabalhador exerce e manifesta ao executar o próprio trabalho, a fim de alcançar os objetivos da empresa.

O modelo de gestão de competências adotado pela Gama compreende a identificação de dez capacidades/qualidades e três categorias de conhecimento (infra-estrutura da empresa e desenvolvimento de negócios, recursos humanos e recursos econômicos) comuns a todo o Grupo; a esses se soma um conjunto de conhecimentos específicos do setor e da área profissional na qual os funcionários atuam.

A posse de cada competência é avaliada de zero (ausência) a nove (domínio), pelo responsável direto, pelo responsável funcional, pelo responsável pela plataforma, pelo cliente interno e pelo especialista, ou seja, pelas pessoas consideradas referência profissional para aquela atividade específica. Os resultados são enviados para os Comitês de Gestão e Desenvolvimento que têm a tarefa de garantir a coerência interna dos julgamentos. Consegue-se, assim, a avaliação dos recursos profissionais, complementar à avaliação dos resultados de trabalho, essa última ligada à criação de valor e utilizada para definir anualmente a quota de retribuição variável de cada trabalhador. Portanto, a avaliação das competências funciona como indicador do valor profissional das pessoas e se torna um critério importante para determinar o nível de retribuição.

O ponto mais importante é a identificação da diferença entre as competências requeridas e medidas (*gap*); então o líder da equipe explica o objetivo do aperfeiçoamento e acorda com o trabalhador um plano para preencher a tal diferença. Em síntese, a gestão de competências traz a aprendizagem para o cerne dos negócios das empresas e pode ser traduzida pelo entendimento de que a gestão do conhecimento e das competências estão fortemente atreladas à estratégia competitiva da empresa.

5.4. A SELEÇÃO

As inovações de base técnica trazidas pela fabricação do motor Mega, somadas à gestão do conhecimento e das competências, trouxeram novidades na forma de conduzir o processo de seleção e formação dos trabalhadores. Os mesmos foram escolhidos, principalmente, por suas capacidades de assimilar, gerar e transmitir conhecimento, isso porque boa parte do que o trabalhador sabe sobre o processo de produção, em organizações guiadas pela gestão do conhecimento, deve fluir horizontalmente entre os pares (LEONARD-BARTON, 1998).

O processo seletivo teve início no segundo semestre de 1998, por meio de recrutamento interno na fábrica. Os líderes de gestão foram escolhidos pela direção da empresa e incumbidos de formarem suas equipes. Selecionaram líderes de célula de manufatura e condutores de processo, com os quais já haviam trabalhado, ou recorreram a indicações de outras lideranças da fábrica. Os líderes de célula também puderam fazer algumas indicações para o preenchimento dos cargos de condutores de processo e acompanharam o processo seletivo, constituído de entrevistas e testes, participando, algumas vezes, da escolha final.

O exame dos critérios adotados na seleção dos integrantes do quadro de pessoal do motor Mega revela a valorização das qualidades dos indivíduos ligadas mais aos atributos pessoais, potencialidade e valores. São elas: confiabilidade; envolvimento e comprometimento com o grupo de trabalho e com a empresa; capacidade de análise e solução de problema; capacidade de comunicação e de trabalho em grupo; desejo e disposição de estudar e crescer profissionalmente.

Além das habilidades comportamentais ou relacionais, o processo seletivo tratou de valorizar também a experiência profissional e, nesse sentido, a empresa foi buscar trabalhadores que atuavam em outros setores, o que é uma outra forma de se ter maior garantia de que serão responsáveis no manejo dos equipamentos delicados e comprometidos com a organização. Além disso, a experiência favorece a compreensão da teoria ensinada nos programas de formação, otimizando o processo de aprendizagem e reduzindo custos.

Significa dizer que o saber-fazer não é dispensado em processos produtivos automatizados, muito pelo contrário, nesses casos os conhecimentos tácitos tornam-se essenciais para a supervisão dos novos equipamentos.

O que se privilegia, então, não é somente a escolaridade, mas, principalmente, o potencial e o desejo de aprender, que não é determinado unicamente pelos anos de estudo. O que se espera é que o profissional se deixe treinar, em sala de aula e *on-the-job*, estude e pratique o que aprendeu. Está implícita também a capacidade de dividir seus conhecimentos com outrem, ensinando, em vez de guardar o conhecimento para si próprio. Por isso, desenvolver o espírito de equipe é importante.

Com essas ações a empresa reforça a dimensão experimental da qualificação, conforme apresentado por Schwartz, citado por Ramos (2001), quando ele trata da passagem da qualificação para as competências; o que revela uma articulação entre as práticas de seleção e a implantação da gestão do conhecimento e das competências na Gama.

Segundo o autor são três as dimensões da qualificação: conceitual, social e experimental. A dimensão conceitual entende a qualificação como função do registro de conceitos teóricos formalizados e dos processos de formação, associando-a ao valor dos diplomas. A dimensão social coloca a qualificação no âmbito das lutas sociais por melhores condições de trabalho, de emprego, de renda e de carreira. A dimensão experimental está associada às evoluções tecnológicas ocorridas mais acentuadamente nos anos 1980. Nessa fase passa-se a valorizar aqueles conteúdos dos trabalhos que vão além do que está prescrito, e as qualidades dos indivíduos ligadas mais aos atributos pessoais, potencialidade e valores. Isso porque, segundo Ramos (2001), os saberes tácitos, apreendidos por meio da experiência subjetiva e difíceis de serem transmitidos a outros, tornam-se essenciais por resistirem à automatização e por serem necessários para supervisionar os autômatos. Requisitos como responsabilidade, abstração e independência, capacidades de comunicação, de liderança e de trabalhar em equipe, associados à personalidade e aos atributos do trabalhador – o saber-ser –, são considerados indispensáveis. Ganha relevo, assim, a subjetividade do trabalhador. Portanto, a dimensão experimental, ligada ao conteúdo do trabalho e considerada condição de eficiência produtiva, prepondera sobre as demais dimensões.

Por outro lado, as dimensões conceitual, que associa a qualificação ao valor dos diplomas, e a social que está ligada às lutas sociais por melhores condições de trabalho, de emprego, de renda e de carreira, são questionadas. O sistema de classificação, de carreira e de salários, baseado em diplomas e em códigos de ocupações e profissões, revela-se inadequado diante da crise do emprego. Os códigos de classificação das carreiras e dos salários se descolam dos diplomas e a regulação do mercado de trabalho é promovida por negociação privada, uma vez que a competência é um bem privado. Agora os próprios trabalhadores geram as condições de emprego, de promoção e de carreira, que se fundamentam na lógica da competência.

As práticas de seleção de pessoas articuladas à gestão do conhecimento e das competências permitem, assim, mediar as relações sociais na organização e suprir o que Townley (2001) chama de vazio de informações resultante da indeterminação dos contratos de trabalho, articulando a expectativa da organização e a performance dos indivíduos.

Por meio da gestão das competências é possível, portanto, medir tanto as dimensões físicas quanto as subjetivas, bem como tornar os comportamentos previsíveis e calculáveis. As pessoas são classificadas e distribuídas no espaço organizacional por meio do desenvolvimento de bases para comparações, que são as classificações numéricas quanto ao nível de conhecimento e as quantidades e tipos de competências. Ou seja, as pessoas são colocadas umas em relação às outras, estabelecendo-se relações de igualdade e diferença, de inclusão e de exclusão (TOWNLEY, 2001).

5.5. A FORMAÇÃO DOS PROFISSIONAIS

No caso do motor Mega, a etapa de formação recebeu uma atenção especial, uma vez que se colocava em funcionamento um conjunto considerável de máquinas e equipamentos de tecnologia avançada. A empresa, inclusive, enviou um grupo de funcionários, formado por líderes, condutores de processo e técnicos de manutenção para a Europa, por aproximadamente seis meses. O objetivo era obter o conhecimento técnico sobre as máquinas e sobre a logística, a fim de identificar os possíveis problemas e evitá-los no retorno às suas bases. Os demais funcionários foram treinados no Brasil.

A preparação iniciou-se com o curso de matemática básica, em seguida vieram os de desenho, hidráulica, pneumática, manutenção de primeiro nível, processos de usinagem, metodologias de qualidade, eletromecânica, eletrônica, perfazendo um total aproximado de 1.000 horas/aula.

Segundo Leonard-Barton (1998), além de um corpo de profissionais melhor preparado tecnicamente, uma outra vantagem obtida com investimentos em educação continuada e acumulação de conhecimentos é o aumento da satisfação dos funcionários, que passam a desenvolver as atividades com maior segurança, além disso, o trabalho passa ser inteligível, ou seja, adquire sentido, criando as bases de uma efetiva gestão do conhecimento.

O treinamento e desenvolvimento de habilidades sociais e interpessoais auxiliam na constituição da imagem que os indivíduos formam deles mesmos, produzindo as identidades apropriadas. Portanto, após a localização espacial, que favorece a visualização do indivíduo, a gestão de pessoas, através da atividade de treinamento, passa a enfocar o corpo, o tempo e a articular as atividades, detalhando o desempenho desejado com precisão.

Outra mudança no modelo de gestão de pessoas apontada pelos trabalhadores diz respeito ao desenvolvimento da consciência da necessidade de agirem como um time, somando conhecimentos e habilidades.

O conceito de time já existia na Gama, mas parece que foi no motor Mega que ele se concretizou e, na visão dos entrevistados, isto se deveu principalmente ao treinamento recebido. Para eles, o apoio que dão e recebem uns dos outros durante a execução das tarefas aumenta a coesão e reforça os laços de amizade. Dessa forma, o grupo exerce ao mesmo tempo a função de proteção dos interesses dos trabalhadores e de defesa dos interesses da empresa, por meio da individualização e da internalização do controle.

No entanto, ao mesmo tempo em que a empresa se empenhava em dar uma melhor formação técnica ao trabalhador e prepará-lo para assumir riscos, ser mais flexível e pró-ativo, nem sempre era possível colocar em prática o conteúdo aprendido. Isso aconteceu com os condutores, que apesar de terem sido preparados para desenvolverem atividades de programação, continuavam apenas a exercer tarefas de monitoramento das máquinas. Havia, inclusive, o receio por parte dos líderes de que muito do conhecimento adquirido sobre essa atividade caísse no esquecimento.

Essa limitação da atuação pode ser parcialmente explicada pelo medo da perda do controle gerencial, uma vez que um trabalhador melhor preparado pode sentir-se apto a fazer uso de seu conhecimento tomando iniciativas.

No que se refere ao relacionamento com os líderes, os trabalhadores afirmaram que houve uma mudança significativa no perfil das chefias nos últimos cinco anos, minimizando o autoritarismo presente até então, mas não a sua eliminação. Um dos entrevistados chegou a fazer alusão à presença de uma "cultura da máfia, onde prevalece a noção de que ou você está dentro ou está fora". Foi citado à título de exemplo, a presença de um profissional cuja função é investigar o clima organizacional, podendo denunciar os próprios líderes para seus superiores.

Esse aspecto da gestão é preocupante, uma vez que implica na ausência de valores importantes para a criação de um clima propício para a aprendizagem (NONAKA e TAKEUCHI, 1997). A direção reconhece que ainda há muito o que mudar, e para facilitar o processo tem priorizado a contratação de pessoas mais jovens, "pois assimilam melhor o estilo mais democrático e mostram-se mais flexíveis e humildes no relacionamento humano" (depoimento).

6. Considerações finais

Nos anos 1980 e 1990, com a introdução das inovações de base microeletrônica, o uso de novas tecnologias de informação e a necessidade de empresas competirem em mercados internacionais, o tema educação e formação profissional ganhou destaque. Nesse contexto, as áreas de recursos humanos foram convidadas a agirem estrategicamente e encontrarem formas de preparar as empresas para a nova economia, pois um ambiente de trabalho em contínua mudança exige aprendizagem constante, geração de novos conhecimentos, além de uma cultura empresarial de competência e resultado. Tudo isso pressupõe mudanças nas políticas e nas práticas da gestão de pessoas, principalmente na seleção e formação dos trabalhadores.

Segundo Nonaka e Takeuchi (1997), o conhecimento é um processo dinâmico de justificação da crença pessoal com relação à verdade. Dessa perspectiva, destacam a importância de se gerar crenças, compromissos, situações e interações apropriadas nas organizações para que as informações sejam convertidas em conhecimento e possam circular livremente.

Gerir o conhecimento em uma organização, pois, implica criar um ambiente de aprendizagem contínuo, e quando isso acontece estabelece-se as condições para que sejam desenvolvidas as competências profissionais.

Zarifian (1999) justifica a emergência da gestão das competências a partir da preocupação em obter a cooperação do trabalhador na antecipação e resolução dos problemas, da necessidade de trabalhar em grupo e partilhar conhecimentos sobre o processo produtivo, e da introdução do conceito de cliente no interior da própria fábrica. A competência pressupõe, assim, a capacidade de transferência, de aprendizagem e de adaptação.

Nem sempre a introdução de modelos de competência trazem resultados positivos para toda a organização. Às vezes, as empresas focam excessivamente a redução de custo ou, então, deixam de promover mudanças nos seus sistemas de valores e crenças, permitindo que os interesses e necessidades empresariais estejam acima dos interesses coletivos, tornando a gestão dos conhecimentos e das competências apenas mais um instrumento de controle gerencial.

Como a geração de novos conhecimentos e o gerenciamento das competências pressupõem mudanças nas políticas e nas práticas da gestão de pessoas, buscamos identificar, através de um estudo de caso realizado na Gama, quais as mudanças nos conteúdos dos processos de seleção e formação dos trabalhadores foram colocadas em curso, a partir da introdução da gestão do conhecimento e das competências.

No caso estudado, verificou-se que foi necessário alterar a estrutura funcional da gestão de RH com a finalidade de garantir o suporte necessário para a gestão do conhecimento e das competências. Por meio da integração das atividades, a área de RH pode posicionar-se mais proximamente dos níveis operacionais e, assim, atender melhor suas demandas, além de dar respostas mais ágeis e apropriadas.

A mudança no perfil das lideranças também foi fundamental. Elas assumiram um papel de destaque, ou seja, o de formadores de pessoal, o que tornou-as referência em conhecimento e também difusoras dos mesmos. Por meio delas, os funcionários puderam ser conscientizados da necessidade de estarem aperfeiçoando continuamente seus perfis profissionais, o que acabou por criar um ambiente de aprendizagem propício para o desenvolvimento das competências.

Como no contexto da gestão do conhecimento os funcionários precisam ser inovadores, os mesmos devem ser criteriosamente selecionados, tanto por seus potenciais, quanto por suas atitudes próativas em relação ao aprendizado, e também por suas experiências e iniciativas na solução de problemas. Foi o que aconteceu no setor de fabricação do motor Mega; a seleção privilegiou as habilidades comportamentais ou relacionais, como confiabilidade, envolvimento e comprometimento com o grupo. Além disso, observou-se a experiência profissional e o grau de escolaridade. Dessa forma, a empresa pode otimizar o processo de aprendizagem, uma vez que a experiência e o interesse favorecem a compreensão da teoria ensinada nos programas de formação e também a experimentação.

O processo de formação dos profissionais do Mega também recebeu atenção especial, pois, como observa Leonard-Barton (1998), só é possível projetar e aperfeiçoar equipamentos que tragam vantagens competitivas se a força de trabalho for altamente qualificada. Além disso, só vale a pena, em termos de custos, enviar empregados para outras partes do mundo para se aperfeiçoarem, e investir em uma educação continuada se eles estiverem aptos a aplicar o que aprenderam aos problemas de produção.

É nesse ponto específico, o da experimentação e aplicação dos conhecimentos adquiridos à prática e solução de problemas, que identificamos um ponto de fragilidade da Gama em relação ao seu modelo de gestão de conhecimento. Os depoimentos revelados no item "a formação dos profissionais" do presente artigo, mostram que a empresa ainda mantém uma hierarquia rígida e centralizadora, o que acaba por inibir as comunicações e o fluxo do conhecimento.

Para que a empresa realmente possa criar e manter aptidões tecnológicas estratégicas e caminhar em direção ao gerenciamento do conhecimento, como propõe Leonard-Barton (1998), é preciso que a Gama aprimore seu sistema.

Os gerentes precisam saber gerenciar as atividades geradoras de conhecimento e combinar as diversas individualidades das pessoas a um conjunto de atividades, e deixá-las experenciar novas metodologias, pois é por meio dessa combinação que ocorre a inovação. E, para que isso ocorra, é crucial a criação e fortalecimento de valores que facilitem a aprendizagem, como: respeito pelo indivíduo, tolerância ao erro e abertura a idéias alheias (LEONARD-BARTON, 1998). Ou seja, a repressão, o excessivo controle e a centralização de decisões não podem estar presentes.

Como alerta Zarifian (1996), no contexto da gestão do conhecimento, a autonomia do trabalhador não poder ser entendida apenas como a adoção de um procedimento mais adequado, mas sim como a liberdade de tomar uma iniciativa.

Referências

BEDÊ, M. A. A política automotiva nos anos 90. *In*: ARBIX, G.; ZILBOVICIUS, M. (Org.). *De JK a FHC: a reinvenção dos carros*. São Paulo: Scritta, 1997, pp. 357-387.

DEJOURS, C. *A banalização da injustiça social*. 4. ed. Rio de Janeiro: Editora da FVG, 2001, 154p.

DUTRA, J. de S. Gestão de pessoas com base em competências. *In*: DUTRA, J. de S. *et al.* (Org.). *Gestão por competências*. São Paulo: Editora Gente, pp. 25-43.

FLEURY, M. T. L.; FLEURY, A. Em busca da competência. *In*: ENCONTRO DE ESTUDOS ORGANIZACIONAIS, 1, 2000, Curitiba. *Anais...* Curitiba: ENEO, 2000. 1 CD.

GAZETA MERCANTIL/UNICAMP. Panorama Setorial: a indústria automobilística. São Paulo, jul.1998.

JORDAN, B. *et al.* Do treinamento à aprendizagem na nova economia. *In*: CASALI, A. *et al.* (Org.). *Educação e empregabilidade: novos caminhos da aprendizagem*. São Paulo: EDUC, 1997, pp. 241-267.

LE BOTERF, G. *De la compétence: essai sur un attracteur étrange*. Paris: Les Éditions d'Organisation, 1995, 175p.

LEONARD-BARTON, D. *Nascentes do saber: criando e sustentando as fontes de inovação.* Rio de Janeiro: FGV, 1998, 367p.

LUZ, T. R. da. *Telemar-Minas: competências que marcam a diferença.* 2001. 230f. Tese (Doutorado em Administração) – Faculdade de Administração e Ciências Econômicas, Universidade Federal de Minas Gerais, Belo Horizonte.

NONAKA, I. The knowledge of the firm, combinative capabilities, and the replication of technology. *Organization Science*, v. 3, n. 3, 1992, pp. 383-397.

NONAKA, I. e TAKEUCHI, H. *Criação de conhecimento na empresa: como as empresas japonesas geram a dinâmica da inovação.* Rio de Janeiro: Campus, 1997 358p.

OLIVEIRA JÚNIOR, M. de M. Competitividade baseada no conhecimento. *In:* CAVALCANTI, M. (Org.). *Gestão estratégica de negócios: evolução, cenários, diagnóstico e ação.* São Paulo: Pioneira Thomson Learning, 2001, pp. 121-152.

PIORE, M.; SABEL C. *The second industrial divide.* New York: Basic Books, 1984, 223p.

RAMOS, M. N. *A pedagogia das competências: autonomia ou adaptação.* São Paulo: Cortez, 2001, 320p.

RICHARDSON, R. J. *Pesquisa social: métodos e técnicas.* 3. ed. São Paulo: Atlas, 1999, 334p.

SHAPIRO, H. A primeira imigração das montadoras. *In:* ARBIX, G.; ZILBOVICIUS, M. (Org.). *De JK a FHC: a reinvenção dos carros.* São Paulo: Scritta, 1997, pp. 23-87.

SPENDER, J. C. Gerenciando sistemas de conhecimento. *In:* FLEURY, M. T.; OLIVEIRA JR.; M. de M. (Org.). *Gestão estratégica do conhecimento: integrando aprendizagem, conhecimento e competências.* São Paulo: Atlas, 2001, pp. 27-49.

SOUZA, D. B.; SANTANA, M. A.; DELUIZ, N. de. *Trabalho e educação: centrais sindicais e reestruturação produtiva no Brasil.* Rio de Janeiro: Quartet, 1999, 341p.

TOWNLEY, B. Conhecimento e poder nas organizações. *In*: DAVEL, E.; VERGARA, S. C. (Org.). *Gestão com pessoas e subjetividade*. São Paulo: Atlas, 2001, pp. 117-143.

ZARIFIAN, P. *Objectif compétence*. Paris: Liaisons, 1999, 175p.

Capítulo 11
A RELAÇÃO ENTRE TRANSTORNO MENTAL E TRABALHO – UM DIAGNÓSTICO NO SETOR SIDERÚRGICO

Maria Elizabeth Antunes Lima[1]
Manoel Deusdedit Júnior[2]

Resumo

A partir dos resultados de um diagnóstico realizado entre trabalhadores afastados de uma empresa do setor siderúrgico, o artigo aborda uma polêmica presente no campo da Saúde Mental no Trabalho em torno da existência de um nexo causal entre certas formas de organização do trabalho e o desenvolvimento de distúrbios mentais específicos. Os autores concluem que as teses favoráveis à existência desse nexo podem estar corretas e que esse grupo de trabalhadores parece ter desenvolvido sintomas reveladores das condições de trabalho às quais foi exposto, no decorrer dos últimos anos.

1. Introdução

Uma questão crucial para o avanço das discussões no campo da Saúde Mental e Trabalho (SM&T), ainda não foi devidamente esclarecida: existe ou não uma relação de causalidade direta entre

---

1. Doutora em Psicossociologia do Trabalho, Professora Adjunta no Departamento de Psicologia da UFMG.
2. Mestre em Ergonomia, Professor Assistente no Departamento de Psicologia da PUC/Minas.

certos tipos de transtornos mentais e certas formas de organização do trabalho? Na realidade, as tentativas de resposta a tal questão deram origem a uma polêmica cujo desfecho ainda parece distante. De um lado, encontram-se aqueles que percebem em alguns contextos de trabalho um potencial patogênico, sendo, portanto, passíveis de gerar transtornos mentais nos indivíduos que a eles forem expostos. (cf. SIVADON, P., 1993, LE GUILLANT, L, 1985) De outro, estão os que consideram os transtornos mentais, em geral – inclusive aqueles que eclodem nos contextos laborais –, como decorrentes, em última instância, das estruturas de personalidade forjadas antes da entrada do indivíduo no sistema produtivo. O teórico mais importante desse segundo grupo é C. Dejours, uma vez que foi ele quem desencadeou a polêmica na sua primeira obra sobre o tema, publicada na França, em 1980.[3]

Neste artigo, pretendemos trazer elementos que possam contribuir para a elucidação desse problema, embora não tenhamos dúvidas sobre a distância que ainda nos encontramos de sua resolução. Para subsidiar nossas reflexões, recorreremos aos resultados de um diagnóstico realizado recentemente pela nossa equipe, junto a um grupo de trabalhadores afastados de uma empresa do setor siderúrgico, situada no interior de Minas Gerais. A demanda partiu do Departamento de Saúde do sindicato da categoria e foi motivada pela constatação de um aumento assustador de afastamentos entre os trabalhadores dessa empresa, principalmente, durante os 3 anos anteriores. Ao iniciarmos nossos trabalhos, em 2002, fomos informados de que cerca de 270 trabalhadores, correspondendo a 10% dos efetivos da empresa, já se encontravam afastados, a maioria em decorrência de distúrbios mentais.[4] Estes consistiam, principalmente, de quadros depressivos, acompanhados de suas seqüelas mais comuns: alcoolismo e suicídio (tentativas, em sua maioria, mas, em alguns

---

3. Essa obra, intitulada na França, *Travail - usure mentale*, foi publicada no Brasil, em 1987, com o título *"A loucura do trabalho - estudo de psicopatologia do trabalho"* (Ed. Oboré).

4. O número exato de casos, assim como os reais motivos dos afastamentos não nos foram fornecidos pelo INSS, apesar de nossas insistentes solicitações.

casos, suicídios consumados). Os resultados do nosso diagnóstico revelaram um quadro preocupante de deterioração acelerada da saúde dos empregados de uma única empresa, sugerindo forte nexo com as condições de trabalho por ela oferecidas, sobretudo, após sua privatização.

2. O método adotado

O diagnóstico baseou-se, inicialmente, em um questionário, respondido por 70 trabalhadores afastados, ou seja, por cerca de 30% do total.[5] Através desse instrumento, tentamos explorar aspectos referentes à vida profissional (contexto geral da empresa e de suas políticas, características principais das atividades exercidas, envolvendo condições e organização do trabalho), mas também da vida pessoal (lazer, atividades culturais e religiosas). A partir da análise de suas respostas, identificamos os problemas mais graves enfrentados pelo grupo os quais, por sua vez, deram origem aos núcleos temáticos, que foram discutidos em reuniões. Estas foram realizadas com aqueles trabalhadores que se dispuseram a continuar fazendo parte do diagnóstico. Na segunda etapa, analisamos cerca de vinte casos de trabalhadores apresentando distúrbios mentais graves, com a finalidade de compreender melhor a gênese de seus transtornos. Esses estudos de caso foram baseados em depoimentos dos próprios trabalhadores, de seus parentes mais próximos e, eventualmente, de seus médicos. Obtivemos, por meio deles, informações preciosas a respeito das relações entre transtorno mental e trabalho, pois é somente no nível individual que se pode compreender mais concretamente como se dá a passagem entre as experiências de vida, trabalho e adoecimento.

Para efetivar o diagnóstico, contamos também com diversos documentos, sendo alguns fornecidos pelo próprio sindicato e outros

---

5. Como não tivemos acesso à empresa, parte desse questionário foi elaborada a partir de descrições realizadas por outros pesquisadores, a respeito do seu processo de trabalho, de sua história e de suas políticas.

obtidos através de pesquisas em bibliotecas. Assim, tivemos acesso a três monografias e a uma dissertação de mestrado sobre a empresa, além de um Inquérito Civil realizado por dois professores da UFMG e um banco de dados fornecido pelo sindicato, a respeito dos afastamentos registrados, desde a década de 1970. Entrevistamos também dois médicos: um que era contratado pelo próprio sindicato e outro que já havia trabalhado na empresa.

Os primeiros resultados foram discutidos com os trabalhadores e familiares em assembléia realizada no sindicato. Na ocasião, eles tiveram a oportunidade de criticá-los, validando aquilo que estava de acordo com suas próprias observações, sugerindo modificações nos aspectos que consideravam equivocados, além de acrescentarem novas informações. O relatório final foi também apresentado e discutido com membros do sindicato, com os próprios trabalhadores e seus familiares, reunidos em assembléia.

3. A empresa

Conforme assinalamos, a empresa investigada pertence ao setor siderúrgico e está situada na região do Vale do Aço, em Minas Gerais. Anteriormente estatal, ela passou por um processo de privatização no ano de 1992, seguindo o Programa Nacional de Desestatização promovido pelo governo Collor, com a Lei nº 8.031, de 12.04.90, "quando a privatização tornou-se parte integrante das reformas econômicas iniciadas pelo governo. Naquela época, foram concentrados esforços na venda de estatais produtivas, pertencentes a setores estratégicos, o que permitiu a inclusão de empresas siderúrgicas, petroquímicas e de fertilizantes no PND".[6]

O que motivou a privatização da empresa em questão foram as dificuldades que enfrentava na ocasião, envolvendo problemas gerenciais, financeiros, excesso de pessoal, constantes mudanças nos cargos de diretoria e do primeiro escalão, sendo o mais

---

6. Disponível em www.bndes.gov.br/conhecimento/publicacoes/catalogo/Priv_Gov.pdf

significativo deles o acúmulo de perdas de 600 milhões de dólares, dívidas de 220 milhões, sendo que 180 milhões do total venceriam no curto prazo

Com a privatização, seu objetivo principal passou a ser a recuperação das perdas, através da busca incessante de resultados e de competitividade no mercado internacional. Para isto, reorganizou completamente seus processos internos, conseguindo reduzir seu nível de endividamento. De todas as mudanças adotadas, a principal foi a redução de custos, incluindo uma diminuição dos efetivos que, na ocasião, perfaziam um total de 7374 empregados. A empresa criou também um Programa de Incentivo ao Desligamento, a partir do qual 1875 empregados foram levados a se desligarem "voluntariamente".[7] Vários setores foram extintos e os que permaneceram tiveram seu quadro significativamente reduzido. Esta medida foi justificada pelo gasto com a folha de pagamento, equivalente a cerca de 30% do faturamento bruto da empresa, sendo que no setor siderúrgico nacional essa porcentagem era em média 18%.

A nova estratégia adotada, baseada unicamente numa visão de aumento dos lucros, gerou também uma mudança drástica no tratamento dispensado aos empregados, através de uma política que enfatizava o papel dos chefes e dos supervisores, no sentido de levá-los a obter o máximo rendimento dos subordinados, levando-os a trabalhar mais e a questionar menos.

Em 1993, a empresa deu início a uma reestruturação administrativa, incluindo a simplificação dos processos mediante a redução de cargos gerenciais e a terceirização de atividades secundárias. Adotou uma política comercial agressiva com diversificação de produtos - visando à otimização produtiva –, ampliou sua capacidade instalada, melhorou a estrutura de custos, aumentou o faturamento e a produtividade. Na continuidade dessa política, foram implantados sistemas de qualidade, como o gerenciamento da rotina e os CCQ –

---

7. O uso das aspas tem a finalidade de ressaltar o caráter normalmente autoritário que os programas de demissão voluntária têm assumido aqui no Brasil, sendo que na empresa em questão, não foi diferente.

Círculos de Controle de Qualidade.[8] Estes deram origem ao projeto "Ver e Agir" que consistia no esforço conjunto de evitar o agravamento dos problemas detectados no quotidiano da empresa. Sua finalidade era a de estimular a busca de soluções imediatas para as dificuldades identificadas pelo operador em seu próprio trabalho ou no de colegas, impedindo que se agravassem no futuro. Em decorrência desses programas, ela conseguiu o certificado ISO 9002.

No entanto, apesar de todas essas medidas, a empresa passou por momentos de grandes dificuldades, sendo que, em 1995, com a recessão econômica, ocorreu a retração da demanda interna, levando-a a compensar os prejuízos, através do aumento das exportações. Para isto, investiu em mudanças tecnológicas, instalou laboratórios de pesquisa e reformou o Alto Forno 2. Mas, apesar de todo o esforço, não conseguiu superar a crise, que se estendeu até 1997, sendo que este foi um ano altamente crítico, já que, conforme assinala Vieira (2002, p. 21), "depois de um extenso período de investimentos, uma série de aquisições questionáveis e uma redução do quadro efetivo (principalmente técnico) que poderia ter prejudicado a operacionalização da planta (...) [a empresa] chegou ao final do exercício de 1997 em situação de quase insolvência".

Tudo isso impôs a procura de um novo sócio que pudesse injetar recursos e, assim, reduzir e melhorar seu perfil de endividamento. Foi então que entrou em cena a segunda fabricante mundial de aços planos, sem dúvida, a parceira mais adequada. A negociação com a mesma envolveu um programa de produção de aços inoxidáveis a ser cumprido até o ano 2000, sendo que as duas empresas concordavam em considerar possibilidades de uma expansão ulterior, chegando a 45000 ton/ano. O acordo foi firmado em Julho de 1998, sendo que um novo acordo em setembro do mesmo ano, com vigência até Dezembro de 2005, delegava à parceira a gestão operacional da empresa, condição imposta para o fechamento do negócio. (Vieira, Ibid.)

---

8. Embora os CCQ já existissem antes de sua privatização, seu foco e forma de funcionamento mudaram, passando a visar mais o cliente e a estabelecer relações de parceria, para garantir mais ainda a qualidade do produto.

Com essa parceria, novas mudanças foram implementadas, sendo uma delas o projeto P2000. Este consistia em várias reuniões com os trabalhadores, durante as quais deveriam fazer sugestões de mudanças em suas áreas. Tais sugestões deveriam ser mais voltadas para os equipamentos, o que o diferenciava dos grupos de CCQ, que não visavam tanto às máquinas. O foco estratégico passou a ser, sobretudo, o *core Business* (aços inoxidáveis, siliciosos e carbonos especiais). Além disso, houve mais desligamentos "voluntários", sendo que, desta vez, 555 empregados aderiram ao plano e para os restantes, foram desenvolvidos programas de treinamento, de previdência privada e habitacional (RAMALHO, 2001).

A transferência da gestão operacional e estratégica para a nova parceira teve, algumas conseqüências:

1. mudança na orientação política da empresa: ênfase na produção de aços planos especiais (inoxidáveis e silicosos), dando mais importância ao mercado externo, já que o mercado interno absorvia apenas 180000 ton/ano e a parceira tinha planos de aumentar ainda mais a produção;

2. acréscimo de 90,5% na venda de inoxidáveis para o mercado externo, entre 1998 e 1999, revelando que a empresa pretendia ser predominantemente exportadora;

3. aumento da produtividade (ton/homem/ano), entre 1998/2000, mesmo mantendo praticamente o mesmo efetivo. Os indicadores de produtividade referentes à etapa de laminação foram os que tiveram melhora mais sensível no período apurado. De acordo com Vieira (op. cit.), fontes da própria empresa atribuem a evolução desses indicadores a uma série de fatores, dentre os quais se destacam: a) alteração do fluxo de produção, racionalizando-o através da eliminação de etapas, otimização de rotas e especialização de equipamentos; b) mudanças no gerenciamento; c) racionalização de produtos, com a redução do número de tipos de aços cadastrados de 49, em 1998, para 20, em 2000; d) estabelecimento do contrato de assistência técnica com a parceira, a partir de 1998, abrangendo todo o fluxo de produção; e) evolução do treinamento tecnológico, com concentração no processo de produção.

Dessa forma, a empresa conseguiu aumentar significativamente sua produtividade, sendo que uma avaliação de sua produção global, no período pós-privatização, permite perceber que ela permaneceu, nos anos de 1993 e 1994 acima das 760.000 ton/ano. Este número sofreu uma queda, em 1995, para cerca de 602.600 ton/ano, passando, em seguida, por um período de crescimento ininterrupto, até chegar à produção recorde em 2001, quando, ainda em setembro, já superava a marca das 875.000 ton/ano. Embora esses números, isoladamente, já sejam expressivos, eles adquirem maior importância se observarmos que o aumento da produção foi acompanhado por uma drástica redução do número de efetivos, conforme já assinalado anteriormente. Dessa forma, verificamos que, a partir de 1996, a produtividade, ou seja, o número de toneladas/homem por ano, seguiu uma escala ascendente, sendo que o período de maior produtividade, os anos de 2000 e 2001, foi também aquele em que ocorreu um acréscimo acentuado na produção global, com reduções significativas do número de efetivos (sendo 2000, o ano com o menor número de efetivos registrado em todo o período analisado).

Atualmente, a empresa encontra-se remodelada, atualizada tecnologicamente e com capacidade para gerar caixa suficiente para a gradual amortização da dívida. Entretanto, como a dívida se encontra vinculada aos pesados investimentos do passado, ocorrem ainda pagamentos de juros onerosos.

4. Os problemas de saúde e sua relação com o trabalho

Todos os avanços acima assinalados não foram obtidos sem um custo elevado para a saúde dos trabalhadores. No banco de dados sobre afastamentos, fornecido pelo sindicato, há registros que datam do ano de 1970 até setembro de 2002. Dessa forma, foi possível avaliar a progressão dos afastamentos da empresa ao longo desse período, constatando-se que o ano de 2001 foi recordista, respondendo por 131 casos, o que corresponde a 22,9 % do total de 571 afastados. Em seguida, temos o ano de 2002, com 76 casos registrados apenas nos 8 primeiros meses do ano.[9] O gráfico seguinte ilustra essa evolução dos afastamentos:

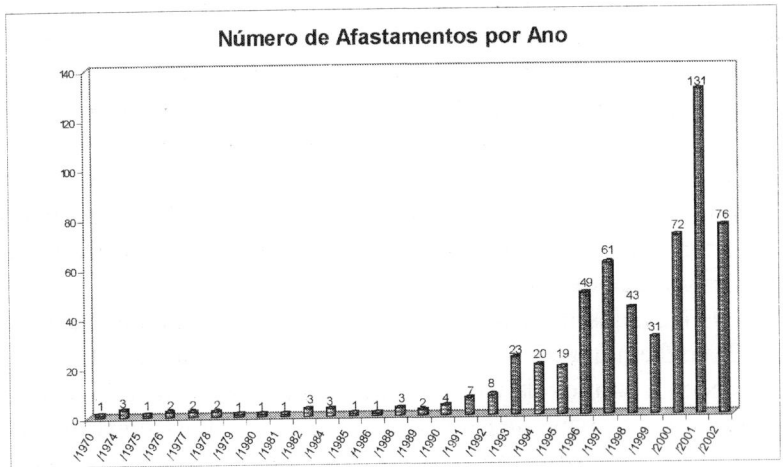

Número de Afastamentos por Ano

Fonte: Banco de Dados Sobre Afastamentos (Sindicato)

Uma análise mais minuciosa dos dois últimos anos revela que, entre os meses de janeiro e agosto de 2001, houve um total de 96 afastamentos. Considerando o mesmo período do ano de 2002, ocorreram 76 casos. Estes dados são significativos, sobretudo, se forem comparados com o número de afastados dos anos anteriores: a soma do número de casos dos anos de 1970 a 1992 é de 46, ou seja, em torno de 2 por ano, em média. Assim, se considerarmos apenas os últimos três anos, veremos que são responsáveis por quase metade de todos os casos registrados, somando 48,86%.

Considerando que, em 1992, foram 8 casos, já em 1993, observa-se um salto, uma vez que foram registrados 23. Em 1996, foram 49 casos e, em 1997, houve um total de 61. Isso significa

---

9. Foram considerados apenas os 8 primeiros meses de 2002 porque o banco de dados se encerrava no mês de agosto.

que, a partir do início da década de 1990, mais precisamente a partir de 1993, o número de afastados da empresa entra numa escala ascendente, culminando com os elevados índices de 2001 e 2002. Esses dados sugerem, desde já, um forte paralelismo entre as mudanças ocorridas na empresa e os problemas de saúde dos trabalhadores que resultaram nos afastamentos. Ou seja, os primeiros números preocupantes de afastamentos, registrados em 1992, coincidem com o ano de privatização da empresa e o primeiro salto significativo, ocorrido em 1993, pode estar relacionado com o já citado Programa de Incentivo ao Desligamento (quando 1875 trabalhadores foram desligados), além da adoção das medidas já citadas, visando tornar a empresa mais lucrativa.

Os elevados números de afastamentos, ocorridos em 1996 e 1997, também devem ser ressaltados. Este é o período crítico que antecedeu a entrada da empresa parceira em cena, quando os efetivos sofreram mais uma redução, chegando a 4087 empregados. Vale lembrar também que, nesse período, já se consolida a tendência ao aumento da produtividade, que será ainda mais acentuada com a parceria estabelecida em 1998, culminando com o pico produtivo, já assinalado, em 2001, sendo este ano recordista também em número de afastamentos. Não podemos nos esquecer que foi nesse último período que a empresa adotou a jornada de trabalho de 12 horas e elevou a proporção de terceirizados para 39,7%, sendo que essa porcentagem era de 21%, em 1992.

Com a terceirização, a empresa eliminou uma série de gastos com o pessoal, mas ao comparar as condições a que estão submetidos os efetivos e os terceirizados nota-se algumas diferenças importantes: em primeiro lugar, o salário do terceirizado chega a ser até um terço menor que o do efetivo e muitas empreiteiras não oferecem assistência médica; além disso, o trabalhador terceirizado sofre cobrança não só dos seus chefes, como também do colega efetivo; finalmente, o terceirizado tem poucas garantias de emprego, por isso, às vezes, se sujeita a condições extremamente penosas para não perder sua única fonte de renda. Vimos, por exemplo, que muitos trabalhadores foram obrigados a lidar com o constrangimento de serem demitidos pela empresa e, em seguida, serem recontratados sob novas regras, isto é, via terceirização. Esse fato, somado aos sucessivos desligamentos de trabalhadores, teve, como principais conseqüências, o medo do desemprego e a sobrecarga de trabalho, com o acúmulo de funções entre aqueles que permaneceram na empresa. Estes preservaram seus empregos, mas o preço pago por isto foi o aumento dos acidentes e de várias formas de adoecimento (inclusive mental), além da insegurança e da precarização de suas condições de trabalho. Podemos citar ainda a submissão a intensa pressão e a exigências absurdas de produtividade, acrescidas das ameaças de demissão e da imposição de responsabilidade excessiva. Nas respostas ao questionário, já foi possível vislumbrar a gravidade desse problema, uma vez que 30% responderam que se sentiam ameaçados de demissão, 36% afirmaram sofrer pressão da chefia sentindo-se, ao mesmo tempo, ameaçados de demissão; 37% avaliaram suas responsabilidades como excessivas e disseram que sofriam também pressão da chefia e temiam o desemprego. Foi comum em seus relatos a classificação de política posta em prática pela empresa como uma *"política do medo"*. Segundo eles, a direção descobriu que o trabalhador que está sob pressão produz mais, sendo que, alguns admitiram que há uma certa verdade nisso. Foi possível notar que ameaças e atitudes desrespeitosas são práticas recorrentes na empresa, tanto por parte dos chefes, quanto de alguns colegas mais antigos ou que se julgam mais capazes. Em ambos os casos, esse tipo de atitude é usada como uma ferramenta de controle e disciplina dos trabalhadores em benefício da produtividade.

Assim, o estilo autoritário da chefia, a discórdia e a competição geradas por esse estilo, criam uma situação de extremo desconforto e desmotivação entre os trabalhadores, contribuindo também para aumentar a insegurança e alimentar o fantasma do desemprego. Esses fatores exerceram um importante papel no desgaste constatado entre os empregados dessa empresa, o que fica claramente retratado nos altos índices de afastamentos.

Uma outra exigência colocada aos trabalhadores é a realização de horas-extras excessivas e, em conseqüência, redução do tempo dedicado ao descanso e ao lazer. Alguns resultados obtidos através do questionário ilustram bem esses problemas: a grande maioria (60%) constatou esse aumento importante da produção, nos últimos anos; muitos afirmaram fazer horas-extras com freqüência, sentindo-se obrigados a fazê-las, além de terem de realizar suas tarefas apressadamente e sob pressão da chefia. Um grande número afirmou que era obrigado a fazer várias coisas ao mesmo tempo, em um ritmo intenso e sem errar, sendo que o trabalho exigia uma atenção constante. Finalmente, verificamos que 47% avaliaram seu ritmo de como ruim ou péssimo; 49% disseram que o tempo para realização das tarefas era insuficiente; 51% seguiam o ritmo da máquina e 54% faziam várias coisas ao mesmo tempo.

É claro que, ao tratar dos ganhos de produtividade, não devemos ignorar os avanços tecnológicos incorporados pela empresa. Entretanto, tais medidas não trouxeram uma redução da carga de trabalho, implicando, ao contrário, em mais exploração, ao exigir dos trabalhadores jornadas prolongadas de trabalho, além do cumprimento de funções diversas, em nome da polivalência. O aumento do número de afastamentos, ocorrendo paralelamente ao crescimento da produtividade, sugere que tal crescimento não se deu apenas por incremento tecnológico, mas, sobretudo, pela super exploração do trabalho vivo. De qualquer forma, ficou evidente que as novas tecnologias adotadas pela empresa não trouxeram maior conforto para os operadores. Ao contrário, percebemos que, à medida em que os investimentos nessa área aumentavam, crescia o número de afastamentos, revelando um processo de desgaste cada vez mais acelerado.

O gráfico seguinte permite comparar o comportamento das variáveis relativas ao número de trabalhadores, produção global e número de afastados, desde o período da privatização, ilustrando como o número de afastamentos aumenta, ao mesmo tempo em que diminui o número de empregados e aumenta a produção:

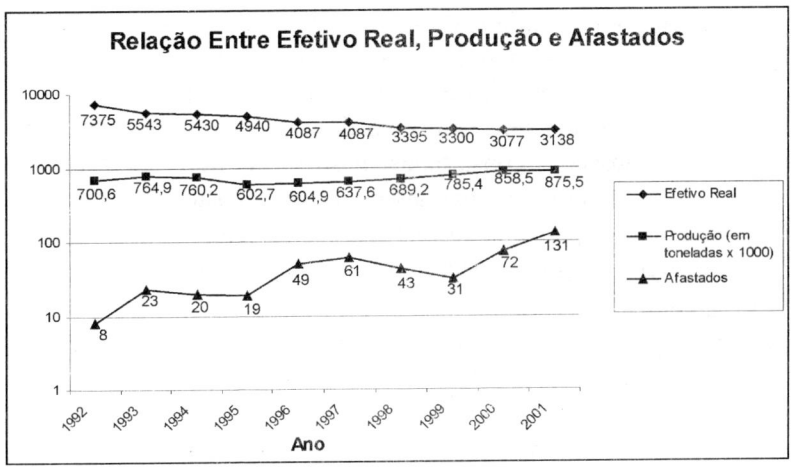

Fonte: Relatório Sobre as Condições de Trabalho e Saúde (Equipe de Pesquisas em SM&T – Departamento de Psicologia – UFMG)

Já foi dito que toda essa estratégia de exploração culminou em uma jornada de trabalho que alcançou o patamar absurdo de 12 horas. Este último dado foi fundamental e parece ter contribuído de forma decisiva para o agravamento dos problemas de saúde dos trabalhadores, uma vez que o prolongamento da jornada aumentou significativamente sua carga de trabalho e, conseqüentemente, seu esforço e seu desgaste. Seus efeitos estão visíveis nas respostas ao questionário, quando 61% disseram estar cansados, sendo que 56% já se sentiam assim ao acordar. Ou seja, para a maioria, o sono não era restaurador o que ficou patente na alta porcentagem (54%) dos que disseram ter dificuldade para dormir, acordar com facilidade ou ter sono agitado. Além disso, 61%, afirmaram sentir-se nervosos, sendo que 59% chegaram a admitir que estavam com a paciência esgotada. Os sinais de uma síndrome da fadiga nervosa podem ser claramente identificados nos seguintes resultados: 54% sentiam-se nervosos e cansados, inclusive ao acordar; 50% apresentaram todos esses sintomas, acrescidos da sensação de paciência esgotada. Algumas queixas orgânicas somavam-se a esses problemas, dando a eles uma dimensão

mais ampla: 46% sentiam dores de cabeça freqüentes, 39% dores no estômago e 46% dores e opressão no peito.

Os efeitos do trabalho em turnos fixos e de revezamento na
saúde do trabalhador têm sido alvo de muitas pesquisas, pois são
visíveis as alterações constatadas. Essa forma de organização do
horário de trabalho viola uma das regras mais básicas do funcionamento fisiológico humano, ao deslocar os períodos de sono e de vigília. Seus efeitos negativos são inúmeros, mas dentre eles destacam-
se os seguintes:

a) Desorganização do ciclo biológico do trabalhador, com alternância
   freqüente de seus horários de sono, vigília, alimentação,
   metabolismo gástrico, etc.;

b) Redução da capacidade de recuperação do desgaste físico e
   mental, devido à alternância do horário do sono, principalmente,
   em função da jornada de trabalho noturna;

c) Elevação dos riscos de acidente, devido ao sono e ao cansaço;

d) Dificuldades na organização da vida pessoal, com graves prejuízos
   no que se refere ao convívio familiar e outras atividades sociais,
   educacionais ou de reciclagem profissional.

Observa-se, assim, uma inversão social na vida desses trabalhadores, pois sabemos que a maioria das pessoas tem suas funções
orientadas para atividades diurnas, dedicando a noite especialmente
para o descanso. Quando o horário de trabalho é invertido, a vida
social continua no horário padrão, isto é, a sociedade e a família
permanecem no seu ritmo de atividades tradicionalmente diurnas.
Dessa forma, o trabalhador passa a se submeter a sincronizadores
conflitantes: os horários variados de trabalho e os estímulos – social
e familiar, predominantemente diurnos. Vivendo na contramão da
sociedade, ele se desgasta e, não raras vezes, se afasta do convívio
social ou adoece. O que se conclui, portanto, é que o trabalho em
turnos, uma vez já penoso pelos danos físicos, psicológicos e sociais
que acarreta, tornou-se, no caso em questão, fonte de sofrimento
ainda maior quando a jornada foi ampliada.

Ao que tudo indica, o processo de desgaste que já estava a caminho, desde a privatização da empresa, acelerou-se ainda mais com
a adoção da jornada de 12 horas. Isto explica por que essa medida

foi apontada por diversos trabalhadores como "a gota d'água", levando ao agravamento dos seus problemas de saúde e, conseqüentemente, a seu posterior afastamento da empresa. Conforme dissemos, entre as perturbações mais freqüentes dos trabalhadores em turnos, estão aquelas referentes ao sono e à vigília. Em conseqüência disso, foi comum ouvir relatos de distúrbios de sono, gerando déficits importantes que repercutiam nos momentos de vigília. Dormir pouco ou dormir mal traduz-se, geralmente, em dificuldades na realização das tarefas cotidianas, principalmente aquelas que exigem uma atenção intensa, o que pode favorecer a ocorrência de acidentes. Vale ressaltar, contudo, que na empresa em questão não se tratava apenas de perda do sono, mas sim de uma associação perversa entre perda de sono, pressões da chefia, exigências abusivas de produção e ameaças constantes de demissão. Tudo isso acarretou alterações psicológicas (como, por exemplo, o nervosismo e a irritabilidade) que, muitas vezes, dominavam o trabalhador, repercutindo, inclusive, na sua vida pessoal. Mas revelou-se, sobretudo, no alto índice de acidentes, um aspecto sobre o qual devemos no deter, ainda que rapidamente. [10]

No caso da empresa analisada, Sampaio (2000) estudou o perfil de acidentabilidade entre os trabalhadores efetivos e terceirizados, apontando também para algumas mudanças introduzidas ou intensificadas com a sua privatização. Ela concluiu que a empresa conseguiu aumentar de forma importante sua produtividade, mas, em contrapartida, aumentou o risco de acidentes, sobretudo, entre os trabalhadores das empreiteiras. Conforme já dissemos, a partir da privatização, ocorreu uma redução drástica dos empregados efetivos, ao mesmo tempo, em que foi mantida (ou mesmo aumentada) a produção total de aço. Dissemos também que, apesar do maior investimento em inovações técnicas e organizacionais, o que se percebe é um aumento da carga de trabalho e, portanto, um incremento razoável da produtividade/homem. Os resultados obtidos por essa pesquisadora coincidem com os nossos, revelando, além disso, que

---

10. O problema dos acidentes e de sua relação com as políticas de segurança adotadas por essa empresa, foi tratado com mais profundidade em LIMA, M.E.A (2003).

os anos de 1994, 1995, 1996 e 1997 foram particularmente sérios do ponto de vista da quantidade de acidentes. Ela conclui, em total consonância com nossos resultados que esse foi também o período em que "a produtividade ton./homem/ano duplicou, enquanto o objetivo de reduzir a força de trabalho era tenaz e concretamente alcançado." (*Ibid*. p. 42).

No que concerne aos acidentes fatais, Sampaio (Ibid.) observou, entre 1987 e 1997, uma tendência ao seu aumento, mesmo considerando que, em 1993, 1995 e 1996, esse índice tenha sido zero. Ou seja, em 1987 (5 anos antes da privatização) ocorreu um acidente fatal e, em 1988, ocorreram 3, sendo que até 1992 esse índice oscilou entre 1 e 2. No entanto, após um período de relativa calma (entre 1993 e 1996), quando não houve qualquer acidente fatal, observou-se um aumento drástico em 1997, com 7 mortes de trabalhadores na empresa.

Assim, não podemos negar também o papel desses eventos nos altos índices de afastamento dos trabalhadores repercutindo, tanto entre os próprios acidentados, quanto entre os que testemunharam os acidentes. Os resultados do questionário são também bastante elucidativos a este respeito: 53% percebiam risco de acidente no seu ambiente de trabalho, sendo que 34% já tinham sofrido algum acidente; 50% já tinham presenciado algum colega se acidentando; 37% disseram que os acidentes aumentaram na empresa; 31% avaliaram a política de segurança adotada pela empresa como regular ou ruim e 50% confessaram que tinham medo de se acidentar.

Tal situação causou os mais diversos impactos entre os trabalhadores, sendo que alguns atribuíram, por exemplo, o aumento dos casos de depressão à insegurança do seu ambiente de trabalho. Nosso diagnóstico revelou um sentimento onipresente de ameaça, sendo que o nervosismo acarretado pela exposição constante a situações de risco, parece ter contribuído bastante para o alto índice de adoecimento. A presença significativa de quadros de Estado de Estresse Pós-Traumático entre aqueles que se acidentaram ou que presenciaram acidentes foi um aspecto bastante revelador dessa relação. A respeito desse distúrbio, cabe ressaltar que já foi reconhecido oficialmente e encontra-se bem descrito no *Manual de Doenças*

Relacionadas ao Trabalho, publicado em 2001 pelo Ministério da Saúde. Segundo esse manual, o Estado de Estresse Pós-Traumático caracteriza-se por "uma resposta tardia e/ou protraída a um evento ou situação estressante (de curta ou longa duração) de natureza excepcionalmente ameaçadora ou catastrófica e que, reconhecidamente, causaria extrema angústia em qualquer pessoa." (p. 181) Entre os exemplos de situações que ilustram essa fonte excepcional de angústia, o manual cita os acidentes graves, acrescentando que, frente a tais situações, "o paciente experimentou, testemunhou ou foi confrontado com um evento ou eventos que implicaram morte ou ameaça de morte, lesão grave ou ameaça da integridade física a si ou a outros." () E esclarece, em seguida, que "fatores predisponentes, tais como traços de personalidade ou história prévia de doença neurótica, podem baixar o limiar para o desenvolvimento da síndrome ou agravar seu curso, mas não são necessários nem suficientes para explicar sua ocorrência." (p. 182). Mais adiante, temos que "em trabalhadores que sofreram situações descritas no conceito da doença, em circunstâncias de trabalho, o diagnóstico de transtorno de estresse pós-traumático, excluídas outras causas não ocupacionais, pode ser enquadrado no Grupo I da Classificação de Schilling, em que o trabalho desempenha o papel de causa necessária" (. p 182)

Portanto, a forte presença desse distúrbio entre os trabalhadores afastados parece estar relacionada com o alto índice de acidentes observado na empresa, no decorrer dos últimos anos. Em muitos casos, o próprio trabalhador tinha sido a vítima e em outros, ele desenvolveu o problema após presenciar colegas se acidentando.

Entre os sintomas desse quadro clínico, descritos pelo manual, encontram-se vários constatados por nossa equipe entre esses trabalhadores:

"episódios de repetidas revivescências do trauma, que se impõem à consciência clara ou em sonhos (pesadelos), (...) sensação persistente de entorpecimento ou embotamento emocional, diminuição do envolvimento ou da reação ao mundo que o cerca, rejeição a atividades e situações que lembram o episódio traumático. (...) Podem ainda apresentar-se sintomas ansiosos e depressivos, bem como ideação suicida. O abuso do álcool e outras drogas pode ser um fator complicador. Podem ocorrer episódios dramáticos e agudos de medo, pânico ou agressividade, desencadeados por estímulos que despertam uma recordação e/ou revivescência súbita do trauma ou da reação original a ele." (p. 182)

5. Conclusão

A competição entre as empresas tornou-se cada vez mais acirrada, no decorrer das últimas décadas, obrigando-as a adotar medidas drásticas, visando assegurar seu espaço em um mercado cada vez mais mundializado. Termos e expressões, como flexibilidade, produção enxuta, redução de custos, reestruturação produtiva passaram a ser de uso corriqueiro no cenário contemporâneo. No entanto, embora pareça inédito, tal fenômeno remonta ao surgimento do próprio capitalismo. Conforme ressaltam Lima, M.E.A & Lima. F.P.A. (1997), desde seus primórdios, "o capitalismo caracterizou-se por uma tendência irresistível a se constituir como mercado mundial", pois, esse modo de produção "(...) distingue-se precisamente pelo processo de acumulação crescente que, entre outras coisas, necessita de espaço para se expandir, subsumindo à sua própria lógica de funcionamento os outros modos de produção, regiões e povos."(op. cit. p. 2) Dessa forma, o que se convencionou chamar de globalização, "faz parte do processo 'natural' de desenvolvimento capitalista que apenas intensifica, com características particulares neste momento histórico, a sua tendência secular de constituição do mercado mundial, devendo ser adequadamente situado em continuidade com tendências expansivas do capital em busca de sua autovalorização." (*Ibidem*)

Mas, apesar de remontar aos primórdios do capitalismo, a globalização não deixou de assumir características próprias no decorrer das últimas décadas. Assim, em torno dos anos 1980 a economia mundial "(...) concentrou uma série de transformações consideradas pela maior parte dos teóricos contemporâneos, como uma nova etapa do modo de produção capitalista" (*Ibidem*). Hazan (2002), por exemplo, considera que a crise econômica mundial que se deu, sobretudo, a partir dos anos 1970, passou a exigir a expansão do mercado como uma de suas soluções, com a "imprescindível quebra das barreiras nacionais, especialmente dos países periféricos" (p. 172). Assim, "as mudanças estruturais, tecnológicas e econômicas que marcaram essa nova fase, determinaram o surgimento do que se costuma chamar 'a nova ordem internacional'" (GOULART & GUIMARÃES, 2002, p. 18)

No entanto, vale ressaltar, juntamente com Antunes (2000) que, "embora a crise estrutural do capital tivesse determinações mais profundas, a resposta capitalista a essa crise procurou enfrentá-la tãosomente na sua superfície, na sua dimensão fenomênica, isto é, reestruturá-la sem transformar os pilares essenciais do modo de produção capitalista". Ou seja, o que se buscava, antes de mais nada, era recriar formas de acumulação que pudessem "repor os patamares (...) existentes no período anterior, especialmente no pós-45 (...)". Com isso, "gestou-se a transição do padrão taylorista e fordista anterior para as novas formas de acumulação flexibilizada" (p. 36).

Neste contexto, retomando Hazan (2002),

> O modelo da 'empresa enxuta' se impõe. O ideal deixa de ser o de dominar diretamente toda a cadeia produtiva. Eliminam-se os estoques, as esperas, não mais se produz em massa, mas, sim, por encomenda; reduzem-se progressiva e rapidamente os custos (...); reorganizam-se em redes de empresas (terceiras), jogando para estas tudo o que lhes parece descartável, até mesmo a mão-de-obra (p. 173).

Sob a ameaça de serem alijados do processo, muitos países periféricos aderiram a essa lógica, esforçando-se para adaptar-se às novas exigências do mercado internacional. No Brasil, "a partir do governo Collor e sua 'abertura dos portos', especialmente após a elaboração de um documento pelos seus assessores econômicos, em 1990" (M.E. 1994), assistimos a todo um esforço de adequação das empresas nacionais, no sentido de produzir com alta qualidade e baixos custos. Na ocasião, um estudo comparativo entre as empresas nacionais e as suas concorrentes internacionais revelou que a empresa média brasileira tinha um desempenho de apenas 50% do mais baixo nível de classificação mundial que vai de A a C. Seus custos eram em média 114% mais elevados que os de seus concorrentes. Em termos de qualidade e satisfação do cliente, seus resultados mostravam que uma empresa 'Classe Mundial' fabricava menos de 200 peças defeituosas por milhão. No caso brasileiro, este número ultrapassava 26000 peças. Além disso, no Brasil, ocorriam 24 reclamações a cada 1000 pedidos, enquanto o padrão mundial era de 10 reclamações. Tal situação demandava medidas urgentes, criando um ambiente favorável à disseminação de políticas importadas dos países economicamente hegemônicos.

Foi dentro desse cenário que ocorreu, entre nós, uma "onda de desestatização", através da qual o governo tentava livrar-se das empresas não lucrativas, repassando-as para o setor privado. No primeiro momento, compreendido entre 1990 e 1994, "o governo federal desestatizou 33 empresas, sendo 18 controladas e 15 participações minoritárias da Petroquisa e Petrofértil". (Relatório do BNDES 2002)[11]. Ainda segundo o mesmo relatório, com esse processo "o governo obteve uma receita de US$ 8,6 bilhões que, acrescida de US$ 3,3 bilhões de dívidas que foram transferidas ao setor privado, alcançou o resultado de US$ 11,9 bilhões". O setor siderúrgico foi o que mais contribuiu para isso, representando US$ 5.562 milhões da receita de venda e US$ 2.625 milhões de dívida transferida, o que correspondia, em sua soma, (US$ 8.187 milhões), a 64% do total de receita e dívida transferida.

As vantagens econômicas obtidas pelo governo, ao adotar tal política, parecem evidentes. No entanto, nossa avaliação pode ser totalmente diversa se nos interrogarmos sobre o custo das privatizações para a saúde dos assalariados, sobretudo, daqueles que atuam na base do processo produtivo. No caso aqui tratado, não é

11. Disponível em http://www.bndes.gov.br/conhecimento/publicacoes/catalogo/Priv_Gov.pdf

difícil perceber que, ao tentar obter um retorno rápido dos investimentos feitos com a privatização, através de medidas drásticas, visando a redução de custos e o aumento da produtividade, a empresa acabou afetando negativamente a saúde, tanto física quanto mental dos seus empregados.

Em termos sintéticos, podemos dizer que o seu grande feito foi o de conseguir elevar sua produtividade a patamares jamais alcançados, ao mesmo tempo, em que reduzia seus efetivos aos menores níveis já registrados na sua história, isto é, menos da metade do número de empregados em relação ao ano de sua privatização. Para alcançar seu intento, ela seguiu o trajeto da maioria das estatais que passaram pelo processo de privatização, sofrendo uma total reprogramação interna, com o objetivo de aumentar sua competitividade. Entre outras coisas, investiu em pesquisa e desenvolvimento, aumentou sua capacidade produtiva, direcionou-se para o mercado externo, modernizou-se tecnologicamente e diminuiu custos. Mas ao implementar todas essas mudanças, ela gerou graves prejuízos, tanto pessoais quanto sociais, contribuindo para o aumento do desemprego na região e da precarização do trabalho, sobretudo, no caso dos terceirizados. Como era a principal fonte de renda da cidade, sendo a única grande empregadora local, ao optar pela demissão em massa, fez crescer assustadoramente o número de desempregados e fez cair significativamente o nível de vida de muitas famílias, afetando, de forma importante, a economia de todo o município. Um documento elaborado pelo sindicato da categoria mostra que o problema agravou-se ainda mais com a entrada da nova parceira, em 1998, pois "enquanto em 1997, abriam-se em média 6 postos de trabalho por mês, na cidade, no ano de 1998, houve em média uma destruição de 89 postos de trabalho por mês." E acrescenta ainda que este dado torna-se particularmente grave se considerarmos que o número de habitantes do município é inferior a 70 mil. E mais importante do que isto: a ausência dos mesmos resultados nas duas cidades vizinhas, "sugere que a destruição de postos de trabalho tenha sido mais devido aos acontecimentos internos do que em decorrência de políticas e choques macroeconômicos."

Mas o que nosso diagnóstico colocou em evidência foi, acima de tudo, um paralelismo estreito entre o adoecimento mental apresenta-do pelos trabalhadores afastados e as mudanças introduzidas na empresa, após sua privatização. De fato, a situação com a qual nos deparamos confirmava os piores temores dos responsáveis pela de-manda: entre os afastados, verificamos que, em diversos casos, os sintomas iniciais consistiam de dores lombares (presentes em 56% das respostas ao questionário), nos braços, colunas, etc, que evoluí-am para a depressão. No entanto, havia também muitos casos em que o quadro depressivo era o problema inicial, podendo culminar no alcoolismo e nas tentativas de auto-extermínio.[12]

No que concerne ao alcoolismo, observamos que, muitos traba-lhadores afastados associaram diretamente esse problema à pressão que sofriam na empresa, ao trabalho em turnos e à fadiga provocada pelo grande número de horas-extras. O álcool os ajudaria a suportar melhor as pressões do dia-a-dia, permitido-lhes relaxar e dormir, prin-cipalmente, quando eram obrigados a repor o sono noturno e a re-pousar durante o dia, contrariando seu "relógio biológico".[13]

Quanto ao suicídio, analisamos vários casos sugestivos de uma relação entre os problemas vividos no trabalho, o quadro de depres-são e as idéias ou mesmo as tentativas de auto-extermínio. Em al-guns deles, as pressões sofridas no trabalho, em outros, com o medo do desemprego e, em outros ainda, o elemento desencadeador era o fato de o trabalhador ter sofrido ou presenciado um acidente grave. Neste último grupo, estão aqueles cujo humor depressivo, na maioria das vezes, fazia parte do quadro de Estado de Estresse Pós-Traumá-tico, já exposto anteriormente.

No manual elaborado pelo Ministério da Saúde, em 2001, en-

---

12. No questionário, por exemplo, 51% admitiram que estavam se sentindo tristes e desinteressados de tudo, o que é surpreendente, pois sabemos que esse tipo de confissão não é comum em questionários e menos ainda quando se trata de uma população exclusivamente masculina.

13. Sobre o alcoolismo e suas relações com a atividade laboral, o *Manual de Doenças Relacionadas ao Trabalho*, anteriormente citado, admite que o trabalho é um dos fatores psicossociais de risco para o alcoolismo crônico, uma vez que o uso continuado de bebidas alcoólicas pode ser uma forma de viabilizar o exercício das atividades profissionais, devido aos seus efeitos farmacológicos: calmante, euforizante, estimulante, relaxante, indutor do sono, anestésico, antisséptico. (*Ibid*. p. 175)

contramos uma boa síntese dos elementos presentes nos contextos laborais que podem afetar negativamente a saúde mental dos assalariados, sendo que, vários deles foram identificados por nós no presente diagnóstico. Segundo seus autores:

a contribuição do trabalho para as alterações da saúde mental das pessoas dá-se a partir de ampla gama de aspectos: desde fatores pontuais, como a exposição a determinado agente tóxico, até a complexa articulação de fatores relativos à organização do trabalho, como a divisão e parcelamento das tarefas, as políticas de gerenciamento ... e a estrutura hierárquica organizacional. ... A falta de trabalho, ou mesmo a ameaça da perda do emprego geram sofrimento psíquico, pois ameaçam a subsistência e a vida material do trabalhador e de sua família. ...Ambientes que impossibilitam a comunicação espontânea, a manifestação de insatisfações, as sugestões dos trabalhadores em relação à organização ou ao trabalho desempenhado, provocarão tensão e, por conseguinte, sofrimento e distúrbios mentais. ... Jornadas de trabalho longas, com poucas pausas destinadas ao descanso e/ou refeições de curta duração, em lugares desconfortáveis, turnos de trabalho noturnos, turnos alternados ou turnos iniciando muito cedo pela manhã; ritmos intensos ou monótonos; submissão do trabalhador ao ritmo das máquinas, sob as quais não tem controle; pressão de supervisores ou chefias por mais velocidade e produtividade causam, com freqüência, quadros ansiosos, fadiga crônica e distúrbios do sono" (*Ibid*. p.162).

Nosso diagnóstico explicitou muitos desses elementos na empresa em questão, sendo sua somatória uma fonte importante de sofrimento psíquico e, possivelmente, de adoecimento mental. Durante as entrevistas e reuniões, os próprios trabalhadores estabeleceram essa relação, ao identificarem os abusos cometidos pelas chefias e as distorções nas políticas da empresa como fatores que contribuíram decisivamente para o seu adoecimento. Tais problemas foram atribuídos, principalmente, ao processo de privatização, pois muitos admitiram que a empresa era um bom lugar para se trabalhar até ser privatizada.[14] Finalmente, tendo em vista os resultados acima reportados, retomaremos a polêmica sobre a existência ou não de um nexo causal entre transtornos mentais e trabalho. Ao desencadear tal polêmica, C. Dejours utilizou basicamente dois argumentos: o primeiro, já exposto na introdução deste artigo, referia-se à origem essencialmente psicogênica das doenças mentais, entendidas como sendo o resultado de experiências anteriores à entrada do indivíduo na produção. O segundo, dirigia-se mais claramente àqueles que, a exemplo de Sivadon e Le Guillant, defendem a tese sobre a existência de transtornos mentais advindos do trabalho. Dejours recusa a aceitar as evidências apresentadas pelos adeptos dessa tese, ao afirmar que, "mesmo os defensores mais incansáveis da nosologia psiquiátrica não conseguiram trazer demonstrações convincentes da existência de uma patologia mental ocasionada pelo trabalho." E finaliza dizendo que "(...) apenas algumas interpretações simplistas atribuem à sociedade a paternidade de todas as doenças mentais" (op. cit. 122).

No entanto, logo após expor esses argumentos tão abertamente contrários à existência de transtornos mentais advindos do trabalho, Dejours admitiu a existência de um quadro nosológico, cuja gênese estaria nos contextos laborais: a Síndrome Subjetiva Pós-Traumática.[15] Segundo ele, essa síndrome é "(...) a única entidade clínica reconhecidamente de origem bem delimitada à organização do trabalho" (Ibid. p. 125). E acrescenta que, embora pouco reconhecida,

---

14. Não pretendemos alimentar com isso uma visão idealizada da empresa no que concerne ao período anterior à sua privatização, uma vez que os problemas da época em que era estatal, tais como o autoritarismo presente nas relações de trabalho, os desmandos, os erros graves nas decisões sobre os rumos a serem dados à empresa, etc, são bastante conhecidos. Trata-se apenas de explicitar o contraste que os trabalhadores mais antigos fazem entre os dois grandes momentos vividos por eles na empresa. Ou seja, os problemas enfrentados após a privatização foram de tal forma difíceis que conseguiram atenuar as lembranças das dificuldades anteriores.

15. Embora Dejours adote uma nomenclatura diferente, trata-se do mesmo quadro descrito anteriormente neste artigo e que, no Brasil, é usualmente denominado Estado de Estresse Pos-Traumático.

na prática, ela atinge "(...) anualmente, milhares de trabalhadores." (*Ibidem*) Ele só não explica como é possível continuar afirmando a inexistência de transtornos mentais originados do trabalho e, ao mesmo tempo, admitir a existência de uma síndrome psíquica cuja origem está claramente na organização do trabalho. Ao reconhecer que essa síndrome tem uma origem ocupacional, Dejours acabou revelando uma falha na sua teoria de base e, portanto, a necessidade de revê-la à luz dessa evidência. No nosso entender, a partir do momento em que admitiu essa exceção, a sua tese sobre a inexistência de patologias mentais decorrentes do trabalho tornou-se cientificamente insustentável e necessitaria ser revista.

As evidências trazidas neste artigo, concordam com os achados de Le Guillant, sendo, portanto, favoráveis à existência de uma relação entre transtornos mentais e trabalho. No entanto, estamos cientes de que não conseguimos explicitar, concretamente, como se deu a passagem entre as experiências de vida e de trabalho e o desenvolvimento dos transtornos apresentados pelos trabalhadores. Tal dificuldade foi diversas vezes admitida pelo próprio Le Guillant (Ibid. 1985), embora ele tenha sempre reafirmado sua convicção de que algumas atividades profissionais constituem fatores patogênicos, "absolutamente incontestáveis". Ao avaliar o alto índice de adoecimento em certos grupos profissionais, por exemplo, ele afirmou que "as predisposições, seja qual for sua natureza, não podem explicar, de modo algum, a freqüência anormal dos distúrbios mentais em determinadas profissões." (LE GUILLANT, 1954) Portanto, ao contrário de Dejours que acredita na origem exclusivamente psíquica dos transtornos mentais, Le Guillant, sempre se esforçou em compreender como se dá a articulação entre as instâncias sociais, orgânicas e psíquicas. Dessa forma, ele escapou à visão dicotômica, a respeito das origens psíquicas ou orgânicas da doença mental, tentando compreender como essas instâncias se articulam e o modo pelo qual se integram ao social – incluindo aí os contextos laborais – de modo a favorecer o adoecimento. Mas ele tentou, acima de tudo, ultrapassar "(...) a simples afirmação, freqüentemente tão sumária e tão insatisfatória - de causas sociais ou psicológicas" (1985 op. cit.p.

423) na explicação do adoecimento, evitando, assim, cair em falsos dilemas e aproximando-se ainda mais do desvendamento de um fenômeno indubitavelmente complexo.

Referências

ANTUNES, R. *Os sentidos do trabalho: ensaio sobre a afirmação e a negação do trabalho* (3ª. ed.). São Paulo: Boitempo Editorial, 2000.

BRASIL. *Manual de Doenças Relacionadas ao Trabalho.* Ministério da Saúde. Brasília, 2001.

DEJOURS. C. *A loucura do trabalho - estudo de psicopatologia do trabalho.* SP. Ed. Oborá. 1987

GOULART, I. & GUIMARÃES, R.F. - *Psicologia organizacional e do trabalho; teoria, pesquisa e temas correlatos.* Ed. Casa do Psicólogo, SP. 2002

HAZAN, E. M. F. *Terceirização: a subordinação das empresas terceiras às tomadoras de serviços. In*: CARVALHO NETO, A. & SALIM, C. A. *Novos desafios em saúde e segurança no trabalho* (2ª. ed). Belo Horizonte: PUC Minas, Instituto de Relações do Trabalho e Fundacentro, 2001.

LE GUILLANT, L - *Quelle psychiatrie pour notre temps?* Toulouse. Ed. Èrès, 1985.

LIMA, M. E.A - *Os impactos dos programas de Qualidade Total sobre a qualidade de vida no trabalho.* Revista de Administração da USP, SP, v. 29. n.4, p. 64-72, 1994.

LIMA, M.E.A. & LIMA, F.P.A - *Globalização e o mundo do trabalho* - Texto elaborado para o Sindicato dos Engenheiros de Minas Gerais, em 1997

LIMA, M.E.A - *Dimensões psicossociais dos acidentes de trabalho - um estudo no setor siderúrgico in Saúde e Segurança no Trabalho - novos olhares e saberes.* Ed. Fundacentro, SP, 2003

RAMALHO, L. C. - *Privatização e reestruturação na siderurgia brasileira: panorama geral e estudo de caso Acesita.* Monografia apresentada ao Curso de Graduação em Economia da Faculdade de Ciências Econômicas da Universidade Federal de Minas Gerais como requisito parcial para obtenção do Grau de Bacharel em Economia. Belo Horizonte, UFMG. 1999.

SAMPAIO, M. R. *O processo de qualificação real e o perfil de acidentabilidade entre trabalhadores efetivos e terceirizados: o caso dos pedreiros refrataristas de uma indústria de aço.* Dissertação apresentada ao Mestrado do Departamento de Engenharia de Produção da UFMG, 2000

SIVADON, P - *Psychiatrie et socialités.* Toulouse. Ed. Érès, 1983

VIEIRA, F. B - *Motivações e efeitos da entrada do capital estrangeiro na siderurgia brasileira – estudo de caso da Acesita S.A* – Monografia apresentada ao Curso de Graduação em Ciências Econômicas da UFMG como requisito parcial para obtenção do Grau de Bacharel em Economia. Belo Horizonte. 2002

Capítulo 12
TRABALHO E CRIMINALIDADE

Vanessa Andrade de Barros
João Batista Moreira Pinto

É fácil dizer que bandido tem é que morrer, e sair por aí oprimindo toda uma população, divulgando que os habitantes das favelas e dos conjuntos e bairros populares têm propensão para o crime. Propensão para o crime tem é o Estado que permite a carência, a miséria, a subnutrição e a doença – em suma, que cria a favela e as condições subhumanas de vida.

(Nilo Batista)

Vai trabalhar, vagabundo, Vai trabalhar, criatura...

(Chico Buarque)

Resumo

Este artigo trata das possibilidades e limites do trabalho como fator de integração social, discutindo sua utilização tanto como recurso na ressocialização de presos quanto como metodologia adaptativa e de controle social. O objetivo é compreender o lugar e o papel do trabalho na vida de sujeitos estigmatizados e marginalizados e entender uma possível relação com a criminalidade. As analises são decorrentes de uma pesquisa empírica realizada em 2004 e 2005 junto a mulheres encarceradas e jovens moradores de favelas em Belo Horizonte. Metodologicamente trabalhou-se com recolhimento de histórias de vida, entrevistas em profundidade e grupos focais.

1. Introdução

Grande parte das análises sobre a violência no mundo contemporâneo procura assimilar criminalidade e pobreza, tanto diretamente quanto por vias indiretas, como por exemplo, ao rotular espaços onde vivem pessoas de baixa renda (ou sem renda) de locais perigosos. De tais análises derivam outras situações igualmente preconceituosas, como a identificação de desempregados a vagabundos, negros a suspeitos, escondendo sob os rótulos de bandido e traficante a parte pobre da sociedade, especialmente os jovens que vivem nas favelas e periferias.

É preciso notar, sem ingenuidade, que o aumento da violência urbana a partir da década de oitenta, assumiu grandes proporções, sobretudo com a expansão do narcotráfico e as favelas, especialmente, passaram a ser representadas como o *locus* preferencial do crime. O grande problema é que sua existência pública passou a ser reduzida ao crime: homicídios, guerras de quadrilhas, tiroteios. ara a cena pública, surgiram personagens e situações fortemente denotadoras de medo: meninos armados, a polarização de quadrilhas disputando acirradamente pontos do varejo de drogas, ramificações internacionais crescentes, sempre capazes de realimentar o comercio local de drogas ou de armas. Em lugar do malandro boêmio tem-se o chefe despótico, senhor da vida e da morte seja de seus subordinados, seja da população próxima." (SALES, 2003:61).

Aqui é bom lembrar B (1998), quando ela diz que "o medo não é só uma conseqüência deplorável da radicalização da ordem econômica, o medo é um projeto estético, que entra pelos olhos

Como bem observa V (2000:238), referindo-se às favelas: "Para ter reconhecimento social, para você existir, você tem que estar ligado à violência, seja como sujeito, seja como vítima".

Se o foco preferencial ou mesmo exclusivo sobre as favelas é esse relacionado à violência, o medo que alimenta na população em geral se multiplica, criando, por sua vez, todo um aparato de proteção patrimonial (alarmes, cercas, vigilância privada, etc...) que ao mesmo tempo alimenta a indústria de segurança, recrudesce o individualismo, justifica a repressão policial cada vez mais arbitraria e impede a percepção dos direitos declarados mas não efetivados. Um dado interessante é apontado pelo Sindicato dos Vigilantes de Minas Gerais: em fevereiro de 2003, o contingente de trabalhadores em atividades de vigilância era de 18.000 (dezoito mil) profissionais!

Neste contexto, o trabalho aparece, tanto nos discursos oficiais quanto no de especialistas, como panacéia para todos os males, como o abre-te sézamo que transformaria as "classes perigosas" em "classe trabalhadora" /civilizada; mas parece não ser bem assim.

Em primeiro lugar, porque a correlação direta entre criminalidade e pobreza é desmentida de chofre constatação empírica da existência de um contingente importante de pessoas que, apesar das péssimas condições de vida material, se mantém dentro dos limites estabelecidos pela lei e pelo Estado, embora ameaçadas/submetidas pela violência. De fato, a precariedade de condições de vida decorrente do desemprego não significa uma vontade individual de não trabalhar, mas uma imposição do sistema produtivo, cada vez mais seletivo e excludente.

Segundo, porque é exatamente a crise econômica, marcada pelo desemprego cada vez maior e notadamente estrutural, a grande responsável por essa situação, conforme observa K (1994:65): "A grave crise econômica produziu funestas conseqüências no dia-a-dia das pessoas, das quais pode-se destacar o espraiamento da violência urbana em múltiplos sentidos. Não se trata apenas da polícia e dos bandidos. É também a banalidade cotidiana das horas gastas nos transportes coletivos, o ritmo e a duração a jornada de trabalho, a remuneração resultante, as espoliativas condições de moradia ou falência do sistema previdenciário".

Finalmente porque o trabalho ao assumir cada vez mais, na moderna sociedade capitalista, formas e conteúdos desprovidos de significados e de direitos e marcados pela instabilidade e insegurança, leva a crer que o simples acesso a alguma ocupação não garantirá o reconhecimento como cidadão e a manutenção da vida dentro da legalidade. Ter como fonte de renda bicos, trabalhos ocasionais e precários não configura uma vida valorizada. Como aponta S (1987): as sociedades, ao se fundarem na mercantilização, monetarização e no consumo, cria "não cidadãos" e em seu lugar cria o consumidor insatisfeito. Segundo ele, "Cada homem vale pelo lugar onde está. O seu valor como produtor, consumidor, cidadão, depende de sua localização no território (...) A possibilidade de ser mais ou menos cidadão depende, em larga proporção, do ponto do território onde se está.". (81)

É preciso notar, no entanto, que apesar da realidade do mundo laboral mostrar-se cada vez mais adversa ao trabalhador, na ideologia vigente o trabalho permanece como um valor em si mesmo, negando suas contradições e a natureza da atividade real, histórica e socialmente construída; em outras palavras, sua representação continua a mesma, ou seja, a de que estar trabalhando, por si só, criará condições para uma vida que faça sentido e assim a alternativa do crime como meio de vida ficará esvaziada.

Em nossa opinião, existem dois graves equívocos em tal premissa, que conseqüentement primeiro deles é não considerar a contradição entre o caráter genérico do trabalho e sua objetivação na sociedade capitalista como estranho ao trabalhador.

De fato, segundo a formulação marxiana da centralidade ontológica do trabalho, que reconhece seu sentido ativo (A, 2000), seu lugar central na experiência de auto-realização do homem e sua condição de elemento estruturante de sociabilidades, é no trabalho que o sujeito encontrará os elementos que vão participar da construção de sua identidade. Tal como afirma Marx: "Como criador de valores de uso, como trabalho útil, é o trabalho, por isso, uma condição de existência do homem, independentemente de todas as formas de sociedade, eterna necessidade natural de mediação do metabolismo entre homem e na (1983:50).

Dito de outra forma referimo-nos aqui ao trabalho entendido em seu sentido genérico, como expressão de uma relação do ser com a natureza, em sua dupla dimensão de alterar a natureza e ao mesmo tempo autotransformar este ser que trabalha, por meio da relação com a cultura, da identificação com o grupo, da auto-realização e do sentimento de auto-estima.

O trabalho estranhado, por sua vez, é aquele onde o trabalhador, transformado em força de trabalho, não se identifica, não se reconhece no que faz; é o trabalho que não garante autonomia e reconhecimento e ao garantir alguma sobrevivência material, o faz de tal forma que aos trabalhadores fica vedada qualquer outra possibilidade que não seja a cotidiana reprodução de suas forças.

O que faz o senso comum é afirmar a importância do trabalho, seu valor social, ocultando ao mesmo tempo, suas reais condições (aí incluído o acesso cada vez mais difícil) e a materialidade adversa que gera nos trabalhadores.

O segundo equívoco refere-se ao fato de que ignora a busca por reconhecimento como um anseio inerente a cada um de nós e que, se por um lado esse anseio pode ser mobilizador da construção de algo novo, alternativo, de novas formas de sociabilidade e de autonomia, por outro lado pode também assumir um caráter negativo, de conseguir sucesso a qualquer preço. Segundo G(1996), o acirramento da competição e a valorização do desempenho individual em todos os campos da vida em detrimento de valores éticos e morais é uma característica marcante do mundo contemporâneo. Para ele, "... o mérito individual se gere em função de exigências da produção, não depende mais de qualidade morais do indivíduo. A estima não é mais do registro da virtude. Ela se mede pelos critérios do poder econômico, seja o dinheiro, o status profissional ou o reconhecimento midiático (...) o culto da performance propõe novos modelos sociais, os campeões esportivos são símbolo de excelência social quando eram o símbolo do lazer popular (...) o chefe de empresa se transformou em modelo de conduta para cada um, enquanto ele era o emblema da dominação dos grandes sobre os pequenos" (1996:43).

Neste sentido, se através do trabalho não se consegue sair do anonimato, ou seja, imprimir sua marca ao mundo e outras condições de reconhecimento estão igualmente impedidas (participação política, cultural,...) a busca por reconhecimento dar-se-á, muito provavelmente, por outras vias que poderão não estar circunscritas aos limites da lei. "Quando o olhar de outrem só exprime o não reconhecimento, a indiferença (...), o desdém, a violência, o sentimento que o indivíduo em questão não tem nenhum lugar marcado e admissível, então isso fere profundamente e de forma duradoura o narcisismo do sujeito" (CARRETEIRO, 2001:159) que, fragilizado, poderá ficar mais vulnerável às promessas de dinheiro "fácil" e de poder (ter uma arma, por ex.) do narcotráfico[1].

1. Ver SALES, M.M. *A favela é um negócio a fervilhar: olhares sobre a estigmatização social e a busca de reconhecimento na Pedreira Prado Lopes,* dissertação de mestrado em Psicologia Social, FAFICH/UFMG, 2003

2. Delimitações em um mundo de exclusão

Partindo destas reflexões, pretendemos, a partir de dados de pesquisa, apresentar algumas reflexões preliminares relativas ao papel do trabalho tanto na prevenção quanto na solução de problemas associados à violência urbana.

Nossa proposta é singela: buscarmos compreender o trabalho em um mundo denominado, muitas vezes, de excluído. Para efeito deste texto, utilizamos a expressão mundo excluído no sentido de que engloba indivíduos que se encontram em situação de precariedade quase irreversível das condições materiais e sociais de vida e que, marcados pela desqualificação, parecem sofrer uma interdição permanente de participar do jogo das relações sociais. O que leva a pensar em não participação social, em não relação é a ausência de relações econômicas, observadas nestes casos, mas é importante lembrar que se trata de uma não participação na lógica daqueles que participam e que estão, portanto, "incluídos".

É inegável, no entanto, que os sujeitos ditos "excluídos" permanecem, efetivamente, dentro das fronteiras da convivência, participando e criando estratégias para sobreviver, que vão de uma adesão passiva a esta lógica a ações no sentido de transgredir/influenciar e/ou mudar as regras do jogo.

No primeiro caso, da adesão passiva, verifica-se uma assimilação/reprodução da ideologia neoliberal de que cada um pode, isto é, tem o direito de participar, de competir de acordo com seus méritos, suas escolhas e capacidades – assim, o sucesso ou fracasso é de responsabilidade exclusiva do indivíduo. Os problemas não são percebidos como resultado de relações de força, mas são moralizados e pior, naturalizados – explicados por incapacidades individuais culturais, biológicas, herdadas ou adquiridas, de se integrar e participar.

No segundo caso, de confronto e/ou transformações do estabelecido, encontram-se os sujeitos de nossas reflexões: aqueles que tentam subverter/transgredir a ordem instituída, tanto através de movimentos que buscam valorização/qualificação de vidas e espaços estigmatizados, quanto através de movimentos que confrontam violentamente esta ordem. Como observa Castel, "A exclusão não é uma ausência de relação social, mas um conjunto de relações sociais particulares da sociedade tomada como um todo. Não há ninguém fora da sociedade, mas um conjunto de posições cujas relações com seu centro são mais ou menos distendidas: antigos trabalhadores que se tornaram desempregados de modo duradouro, jovens que não encontram emprego, populações mal escolarizadas, mal alojadas, mal consideradas..." (1988:323) e que reagem, de uma maneira ou de outra, a essa situação.

A base empírica de nosso estudo foi realizada em dois segmentos distintos: mulheres presas na carceragem feminina do Departamento de Investigações (DI) de Belo Horizonte e jovens moradores de favelas, também em Belo Horizonte, uma delas tida pela mídia local como "uma das mais violentas" da cidade.

A escolha destes sujeitos se deu em função de seu caráter "maldito": tidos como perigosos, são estigmatizados, condenados a viver em fronteiras sociais segregadoras, rigidamente construídas, como se separassem civilizados e bárbaros. Como bem lembra Mattos (2005:115) "O desviante não é respeitável. Não produz e via de regra não consome. Nada se pode fazer a não ser segregá-lo para longe da *urbe*, da *polis*. Os guardiões da defesa social criam o zoológico das anomalias, ou se vocês preferirem, do comportamento desviante... A visão que até hoje prospera é aquela de viés conservador e repressivo, os pobres são divididos entre delinqüentes e delinqüentes em potencial. Sem saída".

Conforme já dissemos, a favela vem sendo identificada, marcadamente, como o *locus* da pobreza e precarização, apesar de não resumir-se a tal[2]. Mostra ser expressão evidente do processo de desqualificação social a que seus moradores são sujeitos e onde a presença do Estado se faz, via de regra, para reprimir "delinqüentes e delinqüentes em potencial". Desamparados pelo poder público, sem um projeto político ou políticas públicas capazes de transformar a grande desigualdade social existente, são obrigados a buscar alternativas de vida que permitam esca-

---

2. Ver Nogueira, M.L.M. *Mobilidade Psicossocial: A história de Nil na cidade vivida*, dissertação de mestrado em Psicologia Social, FAFICH/UFMG, 2004.

par à miséria cotidiana, negociando condições sociais que lhes são particulares e muitas vezes "fora da ordem" instituída por este mesmo Estado, que os deixa à deriva e que se mostra impotente diante dessa realidade.

"As atitudes e comportamentos dos favelados passam a ser vistos como poluentes, capazes de oferecer perigo aos que não são da favela. Isso porque estes que se incluem na categoria geral de favelado são tidos como 'ladrões, 'bandidos', 'assaltantes', 'delinqüentes', 'marginais', 'violentos' e 'perigosos'." (RINALDI, 1998:306).

As carceragens, por sua vez, refletem o sistema penitenciário, historicamente marcado pelo confinamento e extermínio. São espaços já inscritos na vida de moradores de favelas: estão na maioria dos "delinqüentes" que vão "superlotar" as celas. Na carceragem feminina pesquisada, 95% das detentas viviam em favelas antes de serem presas; as outras 5% vieram de bairros pobres da periferia e uma detenta de um bairro de classe média alta. Em oito celas amontoavam-se aproximadamente cento e setenta mulheres cujos crimes, em sua maioria vinculados ao tráfico de drogas, variavam entre furtos, roubos, estelionato e homicídio. Além do confinamento, a superlotação, o ambiente insalubre (úmido, sujo, sem ventilação, sem sol, instalações sanitárias e elétricas precárias...) a promiscuidade e a ociosidade configuram este universo da detenção. Para elas os dias não passam, se repetem monotonamente.

Metodologicamente, utilizamos métodos distintos para a coleta de dados: com as mulheres, trabalhamos com o método de História de Vida na perspectiva da Psicossociologia Clínica, buscando compreender a relação entre trabalho e criminalidade ao longo de suas trajetórias de vida. Durante aproximadamente 08 meses, ouvimos 20 mulheres, em encontros semanais dentro da carceragem[3].

---

3. Estas entrevistas foram realizadas por alunos do curso de graduação em Psicologia da UFMG, participantes do Núcleo de Psicologia Política e na disciplina de estagio supervisionado em Abordagem sócio-clínica do trabalho, durante o primeiro e segundo semestre letivo de 2004, com supervisão da professora Vanessa Andrade de Barros, que também participou do recolhimento de histórias de vida.

Os jovens foram ouvidos em grupos focais, no âmbito de um projeto de pesquisa[4] cujo tema central é o processo de construção do direito e da sociedade em realidades marcadas pela violência. Foram constituídos dois grupos de jovens entre 16 e 25 anos, e as discussões giraram em torno de suas vivências e representações da vida em sociedade e de aspectos constitutivos da violência em suas várias facetas. Para este texto, analisamos em especial a representação que constroem sobre o trabalho.

Buscamos por meio das entrevistas com as mulheres e dos grupos focais com os jovens apreender uma dupla dimensão: a descrição de fatos/situações cotidianas e a busca de sentido. Na experiência de vida singular de cada um, procuramos entender os fatos inscritos num universo de relações sociais de classe e de poder, que reenviaram, por sua vez, às condições sociais da existência; já o sentido foi buscado no que faz sentido para os sujeitos em suas experiências, como por exemplo, na busca (ilusão?) de um trabalho (qualquer trabalho) que pudesse proporcionar uma vida que fizesse sentido retirando-os da precariedade sócio-econômica e cultural e proporcionando reconhecimento social.

Nosso objetivo principal foi compreender, no dia-a-dia desses sujeitos, o lugar e o significado do trabalho. Ao lidarmos com o cotidiano, tivemos acesso a informações preciosas sobre a vida "fora da ordem" que muitos de nossos sujeitos entrevistados desvendaram e que impuseram a necessidade de questionar os limites e o significado desta ordem e seus múltiplos sentidos.

3. Trabalho e ordem social

Instituída no paradigma positivista defensor da prescrição, da predição e da previsão de algo tido como irrefutável, a "ordem" estatal impõe-se sobretudo através de normas de intervenção moral (como por ex. a criminalização do uso de substâncias psicoativas e a re-

---

4 . Pesquisa em andamento, realizada por professores e alunos do curso de Direito da Escola Superior Dom Helder Câmara, em Belo Horizonte

pressão à prostituição, entre outros) que negam a alteridade, não reconhecendo a diferença que deve ser eliminada - simbólica ou até mesmo concretamente. Neste sentido, políticas higienistas que visam "limpar" espaços públicos e áreas tidas como nobres, empurram para periferias e favelas o diferente, o que não condiz com o modelo prescrito: emprego, carteira assinada e uma vida "organizada", ou seja, dentro da ordem estabelecida.

Alia-se a este quadro a imposição, pela "nova ordem social", da necessidade crescente de qualificação exigida pelo "mercado" e a "ilusão" da empregabilidade, "palavra que o capital usa para transferir aos trabalhadores as necessidades de sua qualificação" (ANTUNES, 2002), mergulhando-os na ideologia do desenvolvimento/construção de competências, habilidades e formação especializada, como a porta de entrada para o paraíso perdido do emprego.

A carteira assinada, sinônimo de emprego formal, embora não garantindo acesso material aos direitos, tem o papel de controle de populações excluídas dos direitos fundamentais, especialmente o pobre e o negro: "sou trabalhador, não sou bandido" aparece no discurso corrente, como uma dicotomia que caracteriza o sujeito; o discurso moralista do "ou é uma coisa ou outra" é assimilado e reproduzido tanto pela própria população 'marginalizada' – que está à margem dos direitos, sobretudo do direito ao trabalho, e por isso mesmo é marginalizada no sentido criminal - quanto pelos aparelhos repressivos que colocam sob suspeição aquele que não tem como provar que "é um trabalhador", ou um cidadão. Como aponta BRANT (1991:88) "... o único documento hábil para separar os 'cidadãos' dos 'elementos', ou suspeitos, é a carteira de trabalho, com contrato assinado".

Ocorre que o mundo do trabalho contemporâneo, sob o domínio do chamado "capitalismo flexível" caracteriza-se fundamentalmente pela redução do proletariado estável e pela ampliação da desqualificação e precarização (terceirização, *part-time*, informalidade), situações desprovidas de direitos e marcadas pela insegurança que geram, na vida cotidiana, além do desemprego estrutural a insegurança e a instabilidade para aqueles que trabalham.

"... carreira, por exemplo, significava originalmente, na língua inglesa, uma estrada para carruagens, e como acabou sendo aplicada ao trabalho, um canal para as atividades econômicas de alguém durante a vida inteira. O capitalismo flexível bloqueou a estrada reta da carreira, desviando de repente os empregados de um tipo de trabalho para outro.... as pessoas fazem blocos, partes de trabalho, no curso de uma vida" (SENNETT,1999:09). Não se pode mais planejar e construir um futuro associado à profissão, à uma "carreira", à grupos de interesses semelhantes, a um "pertencimento de categoria profissional". Ou mesmo não se pode mais planejar e construir um futuro, seja qual for, pois para uma significativa parcela da população nem o dia-a-dia do presente é garantido dignamente.

"Amontoados em favelas ou conjuntos habitacionais e oprimidos ante as necessidades da 'moderna sociedade do consumo', os jovens são empurrados a buscar alternativas de vida que permitam condições melhores que as possibilitadas por seus pais. Apesar de não possuírem condições de consumir, não participando assim dos mercados, são portadores de todas as carências incutidas pela publicidade. Não são cidadãos, mas têm desejos próprios da cidadania dos tempos do mercado e do consumo" (BRAGA, 2005:95).

Assim, atividades proibidas, consideradas criminosas, associadas/decorrentes do tráfico de drogas, são muitas vezes a única maneira encontrada para responder aos apelos do mercado e do consumo, do que, para este autor encarnaria a "moderna cidadania".

> ...esses jovens estão presos em uma contradição entre o que devem ser para se adaptar a seu meio social e o que é preciso que eles sejam para estar conforme as normas sociais. A violência, a ilegalidade, a recusa à autoridade são meios de escapar à miséria, à dominação e à desesperança na qual vivem. Reprovamo-los ser o que são, mas não lhes damos os meios de viver de outra maneira (GAULEJAC: 1996:18).

A história de Daniele (22 anos, grávida de seu segundo filho, presa pela segunda vez por roubo a mão armada), desvenda esta relação consumo/criminalidade. Segundo ela, começou a roubar "desde uns 10 anos, pra ter as coisas que queria e não tinha dinheiro para comprar". Seu primeiro furto foi de uma bolsa "(...) que achei bonita, tava com uma amiga, ela já roubava e ela falou assim, vâmo pega umas coisa por aí... a gente pega e sai correndo... depois disso tinha tudo que queria porque meus amigos também roubava e me dava as coisa, levava coisa pra casa... carne, sorvete... sabonete... xampu... perfume... esmalte, coisa pra criança... brinquedo, leite em pó, bala... (...) minha mãe não punha as coisas dentro de casa, trabalhava na casa dos outro, mas seu dinheiro não dava pra nada (...) meu pai tinha sumido... (...) daí comecei a beber com os amigo, cheirar cola e fumar *crack* e foi a desgraça porque o que roubava era tudo pra droga... fiquei grávida, me pegaram a primeira vez mas me soltaram logo porque era primária... comecei a ir no hospital fazer exame e descobri que tava com HIV... parei com a droga, tomei remédio pra doença não passar pro neném, ia no hospital todo mês pegar os remédio, ganhei as roupinha, ficava mais na casa da minha mãe, mas passava falta das coisa... não tinha carne pra comer, não tinha fruta e fui vendo aquilo, fui vendo e comecei a roubar de novo, nas loja do centro. Arrumei um marido, ele era evangélico, mas já tinha tado preso, mexia com droga mas tinha parado. Arrumou casa pra nós morar, lá no Estoril, mas não tinha as coisa direito, o neném nasceu, mas a irmã dele começou a me chamar pra ir pra rua, me oferecia *crack*, acabei voltando. Queria ter as coisa direito, casa com sofá e televisão, um fogão, roupa bonita pra mim e pro meu filho, mas acabei roubando pra comprar droga e aí me pegaram de novo. Agora não sei mais o que vai ser da minha vida... fiquei sabendo que ele tá preso também, começou a mexer com droga de novo e eu tô aqui, não sei quando o neném nascer se vou poder ficar com ele... queria mudar de vida, criar meus filhos direitinho... o outro tá com a minha avó, mas quero ficar com os dois quando sair daqui, arrumar um emprego, mas não sei fazer nada...".

Depoimentos que indicam dificuldades de todo tipo para enfrentar contextos adversos relacionados ao trabalho são recorrentes:

"Trabalhei um dia inteiro fazendo faxina em uma casa, trabalhei duro, a casa era grande e ganhei R$50,00. Não dá pra comprar nada, no tráfico, em uma hora posso ganhar até R$300,00."

"A patroa pediu minha identidade e eu disse que tinha esquecido. Eu nem tenho, quero tirar, mas pela identidade vão saber que estou presa, que tenho processo pra julgar ainda. Não vai me querer mais. Ninguém quer pra trabalhar na sua casa uma presa, ou uma que já foi presa e eu não sei fazer mais nada, então não tenho mesmo saída pra minha vida, não tem solução."

"Mas o que que você queria, sempre vivi pela rua, sem estudar, sem trabalhar, sem saber fazer nada. Minha mãe sempre morou lá na favela, não tinha nada dentro de casa, ela não ligava pra nada mesmo. Comecei a roubar pra ter as coisas. Pra comer, pra cheirar".

"Nunca trabalhei na minha vida. Sempre vivi na rua, não aprendi nenhuma profissão. Agora que estou presa queria entrar pro projeto, aprender a fazer bonecas. Isto pode ser uma profissão?"

Os jovens, por sua vez, embora apontando as adversidades com as quais convivem cotidianamente, demonstram a expectativa de que um emprego/trabalho poderia melhorar suas vidas. O problema, para eles, é encontrar este meio de vida adjetivado como "honesto". Apesar de indicarem os vários fatores que os aproximam da violência e da criminalidade como alternativa de sobrevivência, seguem buscando o trabalho como fator fundamental para uma vida mais organizada e estruturação pessoal. É importante ressaltar que um dos grupos dos jovens pesquisados foi composto dentre pessoas que se inscreveram para um curso de elevação de escolaridade e de formação profissional, o que indica, de certa forma, um vínculo com os valores culturais do trabalho.

Analisando suas experiências e representações, identificamos entre eles tanto uma adesão passiva à lógica do mercado quanto à tentativa de romper com esta lógica. Se alguns buscam desenvolver competências e habilidades que supostamente os capacitariam para um emprego formal e neste sentido investem como podem em formação escolar e profissional, outros já demonstram um desencantamento que é recorrente nos depoimentos:

"...não adianta trabalhar para ganhar um salário mínimo que não dá para nada. Não sobra para comprar roupas, livros, para se divertir. Não dá para ir aos parques porque não sobra para a condução..." e tentam denunciar, através das maneiras que lhes são próprias, este sistema que marginaliza os jovens e os inclui perversamente em tramas que não lhes dizem respeito.

Neste sentido, quando falam de si, notamos certa desilusão em relação á construção de uma vida melhor vivida, com acesso à educação, saúde, moradia, cultura e lazer. Em suas experiências concretas, cotidianas, observamos o enfrentamento da intolerância e das demarcações estigmatizadoras como uma constante. Assim, um dos grupos, que se organizou na comunidade em torno do teatro, nos relata: "...mesmo quando vamos apresentar alguma coisa, quando participamos de alguma atividade cultural, somos identificados como favelados; lá vêm aqueles favelados..." ou ainda "... somos olhados como bichos exóticos num zoológico (...) acabou a apresentação deixamos de existir, volta cada um pro 'seu' lugar".

Quando falam de outros jovens, é como se estivessem resgatando a história das mulheres encarceradas e de tantos outros que alimentam as estatísticas da realidade criminal no Brasil: crianças, de 6, 7 anos, vivendo em situação de extrema vulnerabilidade social, recrutadas e exploradas pelo narcotráfico como "aviões"; meninas e meninos reunidos em grupos para assaltar, roubar, seqüestrar. Nestes casos, segundo relatos, algumas mães são conscientes da situação de seus filhos e outras não, mas as que o são, fingem não ver, fazendo "vista grossa" porque o filho traz dinheiro para casa e só quando esse filho é morto mostram-se revoltadas. Famílias desamparadas pelo poder público passando por dificuldades de toda ordem, pela impossibilidade de encontrar trabalho, têm muitas vezes como única fonte de sustento o dinheiro que o (a) filho (a) traz para casa, não importando muito de onde vem este dinheiro. Como dizia Lena, uma jovem detida por estelionato na carceragem feminina: "... minha mãe nunca me perguntou onde eu arranjava dinheiro. Eu comprava muitas coisas, gastava e ela nunca nem me perguntou nada...".

Este contexto miserável, construído e conformado pela precariedade de condições de vida e ausência de políticas públicas aparece, nas tramas do sistema, como existindo por si só e como causador da desordem, da delinqüência e da marginalidade.

A violência, isolada de um contexto mais amplo, é reduzida a um "produto" de galeras violentas das periferias, morros e favelas, reforçando uma idéia de indissociabilidade entre bandidagem e estes locais. Reforça-se desta forma o preconceito em relação ao endere-

ço residencial e, como conseqüência, verifica-se um acréscimo ao
rol de dificuldades para se conseguir um emprego, uma das principais possibilidades de sair desse círculo vicioso. São freqüentes depoimentos que desvendam as determinações estigmatizantes[5] inscri-
tas no espaço onde vivem estes sujeitos como inibidoras de mobilidade, tanto objetiva quanto subjetivamente. Vale observar, no entanto,
uma espécie de "naturalização" deste preconceito que parece incorporado e se reproduz entre os próprios sujeitos envolvidos:

"Se você mora em uma favela, é porque não tem condições de
ter uma vida melhor, estudar em boas escolas, conviver com pessoas
de bem, aprender o que é preciso pra vencer na vida. Eu não sei
nada, não tenho condições de melhorar de vida nem vou ter nunca."

"Você não pode dizer que mora na favela. Se falar dança no
emprego. Quantas vezes já ouvi não tem vaga, mas a placa de vagas
estava lá e o cara falou, mas pra você não tem".

O que observamos nos depoimentos dos jovens aproxima-se
muito dos relatos das mulheres encarceradas: total e absoluta dificuldade material, precariedade de vínculos socioafetivos, apelos de toda
ordem ao consumo e a forte sedução que exerce o "ganho fácil" no
narcotráfico.

4. Considerações finais

Tentando fugir da monotonia e passar um tempo fora da cela,
buscando aprender uma atividade que lhes permita ganhar a vida "lá
fora" e ainda visando à remissão de pena, algumas detentas partici-
pavam, à época de nossa pesquisa (2004), de um projeto criado por
uma detetive da delegacia de investigações e uma artesã, denominado Projeto Esperança.

Com o objetivo proposto de re-educação, ressocialização e recuperação das detentas através do trabalho, oferecia-se cursos bá-

5. Ver SALES, M.M. *A favela é um negócio a fervilhar : olhares sobre a estigmatização
social e a busca de reconhecimento na Pedreira Prado Lopes*, dissertação de mestrado
em Psicologia Social, FAFICH/UFMG, 2003, op.cit.

sicos de artesanato[6], visando fornecer condições de reintegração social quando do término do período de acautelamento. Os objetos produzidos eram comercializados em feiras e bazares e o dinheiro arrecadado seria ser utilizado para a reposição de material e para aquisição de matéria prima a ser doada às mulheres por ocasião de sua saída da prisão, o que poderia facilitar uma nova inserção profissional.

Segundo depoimentos de detetives e das detentas, com o início do projeto as condições de vida na carceragem melhoraram bastante: aumentou a auto-estima das mulheres que passaram a se sentir mais valorizadas e com novas possibilidades de vida, as rebeliões e as brigas internas diminuíram significativamente e o ambiente físico ficou limpo e arrumado. Além da existência desse projeto, buscou-se também oferecer a elas maiores e melhores cuidados como consultas ginecológicas, exames e remédios e atendimento psicológico.

Durante os relatos de história de vida, foram apontados vários problemas relativos à participação nesse projeto como, por exemplo, não receberem remuneração pelo trabalho que realizavam, serem exploradas realizando outros trabalhos como bordar vestidos de festa para outras pessoas e falta de objetividade dos critérios para selecionar quem participaria do projeto. Apesar das críticas, a oportunidade de aprender algo e de remissão de pena foi valorizada em todos os depoimentos.

No caso dessa experiência, observamos que houve, de fato, a aquisição de algo novo na vida dessas mulheres, representado tanto pela aprendizagem de um ofício, no caso o artesanato, quanto pela criação de uma oportunidade de viver fora do crime ao serem soltas. A possibilidade de poder sair da prisão e refazer a vida de uma maneira aceita socialmente era um grande alento para elas, um conforto na loucura do encarceramento, mas a realização concreta dessa possibilidade encontrava dificuldades de toda ordem. O caso de Kátia é exemplar: condenada em dois processos por tráfico de drogas e aguardando o julgamento em mais quatro, cumpria pena já há algum

---

6. Aprendiam a fazer bonecas, bolsas, tapetes, bijuterias, sabonetes, velas e bordados.

tempo e possuía algumas conquistas, como passar os finais de semana em casa ("descida"), sair sem escolta para vender o artesanato produzido no projeto em uma feira próxima. Ela possuía ótimo relacionamento com todos da carceragem, tanto com as presas quanto com os policiais e planejava, ao sair, construir uma vida melhor, cuidar de sua filha e de sua mãe, que passavam sérias dificuldades. Durante suas "descidas", entretanto, ficava "tentada" (sic) a não voltar para a prisão, a retomar a vida marginal, pois as condições de vida de sua família eram cada vez mais precárias e pareciam não poder esperar. Para ela as dificuldades materiais vividas por sua mãe e sua filha eram intransponíveis se não voltasse ao tráfico. Somava-se a isto a indefinição de quanto tempo ainda ficaria detida, pois tinha vários processos para serem julgados e o fato de receber recorrentemente convites de antigos conhecidos para ganhar muito mais se voltasse a traficar e fazer "programas". Em um final de semana que foi para casa não mais voltou à carceragem. Foragida, quatro meses depois foi apanhada por policiais no centro de Belo Horizonte fazendo "ponto" com quatro pedras de *crack* na boca.

Obviamente este episódio não invalida o projeto, apenas aponta para uma complexidade de relações que têm que ser consideradas. Lamentavelmente, com a saída por motivos pessoais da artesã no início de 2005, o Projeto Esperança ficou desestruturado e logo em seguida é implantada uma decisão, tomada havia algum tempo, de acabar com a carceragem feminina e as mulheres que ali se encontravam foram gradativamente transferidas para uma penitenciária. A proposta para o próximo ano é retomar o projeto, desta vez na penitenciária para onde foram.

Interessante observar que esse projeto se distingue das demais formas de utilização do trabalho como proposta "ressocializadora" por seu caráter mais democrático no sentido de não ser obrigatória a participação, mas especialmente pela dimensão de humanização criadora do artesanato ensinado a elas, pelo reconhecimento que pode proporcionar e ainda por manterem o controle sobre seu trabalho.

Brant (1991) já indagava sobre o porquê de estarmos habituados a considerar certos trabalhos apropriados para presos. De fato, o que se observa via de regra é a utilização da mão-de-obra encarcerada para realizar atividades que dependem de operações monótonas, repetitivas, pouco valorizadas, como por exemplo, costurar bolas de couro, dobrar caixas, montar conta-gotas, fazer vassouras, entre outras que igualmente não exigem nenhum conhecimento prévio, mas que "especializam" o detento. Além de realizarem esse tipo de atividade sem sentido, ainda são cobrados pela qualidade e produtividade e não possuem nenhum direito trabalhista. Em muitos casos as empresas enviam para as prisões a matéria prima e as exigências de produção deslocando para lá parte de suas atividades em forma de empreitada que por sua vez não cria vinculo contratual legal.

"A gorjeta que se paga aos presos é um simples disfarce da escravidão, dado que eles não estão propriamente trabalhando, mas fazendo laborterapia ou se reeducando para que se transformem em pessoas normais. Parece muito meritório propiciar-lhes essa oportunidade e os empresários que fazem este favor ganham indulgências, não no purgatório, que não tem crédito na praça, mas aqui mesmo, onde engordam os bolsos e amaciam os travesseiros" (BRANT, 1991:14).

Essas duas perspectivas mostram-nos o duplo caráter do trabalho: como recurso terapêutico e ressocializador e como mera metodologia adaptativa. Neste último caso, "em 1910, já se dizia: 'aos pobres e ociosos, há que pó-los a trabalhar" (PINTO, 1988:23).

Embora reconhecendo a importância de iniciativas do tipo Projeto Esperança, há que se pensar que apenas oferecer condições para inserção profissional poderá não ser suficiente em um processo de ressocialização e consequentemente para impedir a recaída na marginalidade. Como bem aponta BRANT (1991)

"a reinserção de um ex-presidiário no mundo social de que ele se viu excluído, às vezes por longos períodos, envolve aspectos que vão além de sua capacidade profissional, de sua habilitação para concorrer no mercado de trabalho e de sua disposição (...) o retorno ao convívio social tem o lado de reaprendizado de certos códigos que a prisão subverteu. Ao contrário do mito da re-socialização verifica-se que o universo carcerário representa, ele próprio, desvio. Reaprender o convívio social só será possível 'na rua', em sociedade. E aí entram em cena a família, os amigos e o trabalho" (1991:119/120).

No caso das mulheres acauteladas na Delegacia de Investigações, observamos uma dupla estigmatização: além de faveladas, presas. Se como nos foi relatado, o local de moradia pode ser um grande obstáculo para a obtenção de um posto de trabalho, quais serão as possibilidades de trabalho para essas mulheres que, em sua grande maioria voltará a viver em favelas, mas, além disso, serão também egressas do sistema penitenciário? Será possível retornar ao mundo do trabalho sem expor as marcas do encarceramento?

Voltando aos jovens entrevistados (que vivem atualmente uma situação similar à das mulheres antes de tomarem a via do crime), estes estabeleceram uma diferença entre aqueles que "caíram", que estão envolvidos com o crime, e eles próprios que, por sua vez, mantêm a ilusão de sair dessa espiral através de um trabalho. Ao final de uma discussão nos grupos, ao serem indagados se queriam falar algo mais, uma jovem se manifestou: "quero um emprego, pelo amor de Deus... qualquer emprego".

Essa interpelação remete-nos à questão da contradição, já discutida, entre a idéia que fazem de um trabalho e o trabalho real que porventura possam conseguir. Conforme depoimento citado mais acima, receber um salário mínimo não atende às demandas da vida cotidiana e neste caso indagamos: o tipo de trabalho que encontrarão atenderá suas aspirações? Qual será a apropriação que esses jovens farão de seu trabalho e como se manifestarão seus desdobramentos vitais - transformação, autoconstrução, realização, sociabilidade, liberdade? Tais questões não podem ser respondidas no momento, uma vez que a relação dos sujeitos pesquisados com o trabalho ainda se dá em termos de expectativas. Porém, elas indicam a importância do aprofundamento de estudos sobre esse tema, mais especificamente em torno das possibilidades do trabalho como contribuição para a estruturação dos sujeitos, grupos e coletividades em situação de risco social, mas, sobretudo em torno das conseqüências da falta do trabalho no processo de constituição dos sujeitos e da sociedade e em sua relação com a violência e a criminalidade. Necessário se faz pesquisar, criticar, apontar novas possibilidades de análise e de propostas alternativas ao que está colocado, pois, fazendo nossas as palavras de Lima (2002:115): "É pelo trabalho que o homem produz as condições de se liberar progressivamente da necessidade imposta pela natureza, é também pelo e no trabalho que ele pode construir um espaço de liberdade" e, acrescentamos, de reconhecimento social.

Referências

ANTUNES, R. (2002) *Os sentidos do Trabalho-Ensaio sobre a afirmação e a negação do trabalho*. São Paulo:Boitempo Editorial

_____. (2000). *Adeus ao Trabalho?* São Paulo:Cortez..

BATISTA, V.M. (1998). *Difíceis ganhos fáceis: drogas e juventude pobre no Rio de Janeiro*. Rio de Janeiro: Instituto Carioca de Criminologia.

BATISTA, N. (1990) *Punidos e mal pagos – violência, justiça, segurança pública e direitos humanos no Brasil de hoje*. Rio de Janeiro: Revan.

BRAGA, G.P. (2005). *Eu não suporto o outro. Ele não sou eu. In*:Veredas do Direito 2 (3), 91-100.

BRANT, V. (1991). *O trabalho Encarcerado*. Tese apresentada ao Departamento de Sociologia e Antropologia da FAFICH-UFMG.

GAULEJAC, V. (1996). *Les sources de la honte*. Paris: Desclée de Brouwee.

CARRETEIRO, T.C. (2001) *Perspectivas da Cidadania Brasileira: entre as lógicas do Direito, do Favor e da Violência. In*: GARCIA DE ARAÚJO, J.N. (org.) *Cenários Sociais e Abordagem Clínica*, São Paulo:Escuta. Belo Horizonte: FUMEC.

CASTEL, R. (1998). *As metamorfoses da questão Social – uma crônica do salário*. Petrópolis:Vozes.

KOWARICK, L. (1994). *São Paulo Passado e Presente. As Lutas Sociais e a Cidade*. São Paulo:Paz e Terra.

LIMA, F.P.A. (2002). *Ética e Trabalho. In* GOULART, I.B. (org.) *Psicologia Organizacional e do Trabalho; teoria, pesquisa e temas correlatos.* São Paulo: Casa do Psicólogo.

MATTOS, V. (2005). *Mal-nascida, Malcriada, Implicante e Controladora: O que se pode esperar da criminologia? In:* Veredas do Direito. 2 (3), 111-121.

MARX, K. (1993). *O capital, vol.1/1.*São Paulo:Abril Cultural.

SALES, M.M. (2003) *A favela é um negócio a fervilhar: olhares sobre a estigmatização social e a busca de reconhecimento na Pedreira Prado Lopes.* Dissertação apresentada ao Mestrado em Psicologia Social da FAFICH-UFMG.

SANTOS, M. (1987). *Sociedade e Espaço: a formação social como teoria e como método. In:* Boletim Paulista de Geografia, n. 54.

SENNETT, R. (1999). *A corrosão do caráter conseqüências pessoais do trabalho no novo capitalismo.* São Paulo:Record.

RINALDI, A.A. (1998). *Delinqüentes e Vítimas: um estudo sobre a Representação da Categoria Favelado no Tribunal do Júri da Cidade do Rio de Janeiro. In:* ZALUAR,A. e ALVITO,M. (orgs.) *Um século de Favela.* Rio de Janeiro: Editora Fundação Getúlio Vargas.

VELHO, G. (2000). *Debate Violência e Cultura. In:* VELHO,G. ALVITO, M. (orgs.) *Cidadania e Violência.* Rio de Janeiro: Editora UFRJ; Editora FGV.